가려진 역사

WILLDEN

가려진 역사
깊이 잠들어 있던 인류의 '역사'를 발굴하다

초판 인쇄 2024 년 12 월 19 일
초판 발행 2024 년 12 월 27 일

지은이 김승현
펴낸이 김승현
편집장 김채은
책임편집 김채은 , 배선순
디자인 비행물고기

펴낸곳 주식회사 윌든 | 출판등록 2019 년 1 월 29 일 제 2019-000045 호
주소 경기도 수원시 팔달구 덕영대로 695, 301 호
이메일 hello@willdencorp.com

ISBN 979-11-90752-52-7 03900

이 책은 저작권법의 보호를 받는 저작물이므로 무단전재와 무단복제를 금합니다 .
윌든은 기후변화에 대한 영향을 최소화하기 위해 재생지 인쇄를 원칙으로 합니다 .
여러분의 의견에 항상 귀 기울이고 있습니다 .

잘못된 책은 구입하신 서점에서 교환해 드립니다 .
기타 교환 문의 010-9214-7652

basilhada.com

가려진 역사

깊이 잠들어 있던 인류의 '역사'를 발굴하다

WILLDEN

지금도 이곳,
지구에서
여섯 번째 멸종을 염려하며
고군분투하고 있는 지구의 모든 이들을 위해...

지구

46억 년 전 태양과 함께 태어난
태양의 세 번째 행성.
해양과 대기가 있고
우주에서 푸른 빛을 띠어
'블루 마블'이라 불린다.
약 39억 년 전
생명이 나타나기 시작해,
다섯 번의 생태계가 있었다.
지금 지구에서는 여섯 번째 생태계가
위태롭게 유지되고 있다.

인간

46억 년 전 지구에 나타난
여섯 번째 생태계의 포유류.
직립 보행하고 두 손을 쓰며
사고력이 뛰어나
'만물의 영장'이라 불린다.
언어, 조직화에 능한
사회성을 바탕으로
전 지구의 것을
인간을 위한 자원으로 쓰고 있다.
22세기가 되면 110억 명에 이를 예정이다.

들어가며

역사가 우리에게 전하는 것

　이 책의 시작은 《바질 지구생활안내서》에서였다. 2018년 9월, 우리나라는 제로 웨이스트 운동이 휩쓸고 있었고 지구 반대편 스웨덴에서는 열다섯 살의 툰베리가 등교 거부 운동을 시작했다. 그때쯤 나는 경기도 연천 두루미 서식지를 사서 지키겠다는 마음으로 그곳을 찾아 두루미 지킴이 활동을 하는 환경 운동가들을 만났다. 그곳 활동가들에게 겨울에 두루미들이 찾아오는 날이 줄어들었다는 이야기를 들었다. 겨울 기온이 예전 같지 않다는 것이었다. 기후변화가 동물들에게는 이미 현실이 되고 있었던 거다.

　기후변화 문제는 거슬러 가면 이미 1970년대부터 본격화된 이야기이고, 1992년 유엔기후변화협약이 체결된 데다, 이미 1997년 수정 협약인 〈교토 의정서 Kyoto Protocol〉이 나왔다. 더 나아가 이

체결이 만료된 후 적용할 협약이 2015년에 전 세계 195개국의 동의를 거쳐 〈파리 협정Paris Agreement〉이 체결해 각국이 온실가스 감축목료를 수립하고 실천하기 시작했다. 우리는 잘 몰랐지만 기후변화 대응을 위한 논의는 글로벌하게 계속 진행되고 있었다.

그리고, 2018년 10월, 인천에서 열린 IPCC 총회에서 〈지구온난화 1.5도씨 특별보고서Special Report on Global Warming of 1.5 °C〉를 만장일치로 채택했다. 이 보고서에는 기후변화 문제에 당장 적극적인 대처에 나서야 하며, 파리협정에서 목표로 삼았던 지구 평균 기온 상승 2℃를 1.5℃로 낮추어야 그나마 현재 우리가 누리는 삶을 지킬 수 있다는 내용이 담겼다. 그에 관한 수많은 과학적 증거와 함께 2℃를 지켰을 때와 1.5℃를 지켰을 때 우리가 겪게 될 상황을 비교해 제시했다. 이 보고서는 전 세계적인 충격을 던졌다. 파리협정으로 2도씨를 목표로 삼은 것이 불과 3년 전이었다. 기후변화 상황은 예상했던 것보다 훨씬 심각하고 빠르게 흘러가고 있었다.

하지만 내가 느끼기에 당시 기후변화는 누구나 알고 관심을 두는 주제는 아니었다. 오히려 그해 중국이 쓰레기 수입을 중단한 여파로 생긴 쓰레기 처리 문제가 더 심각했다. 전국에서 쓰레기 줄이기를 위한 제로웨이스트 운동, 플라스틱 프리 운동 등이 일어났다. 그렇다고 기후변화 문제가 전혀 이야기되지 않고 있는 것은 아니었다. 몇몇 청년단체나 시민단체가 기후변화 문제를 다루고 있었다. 다만 전국은 중국에서 거부한 쓰레기 수입과 평택항으로 들어오는 필리핀이 반환한 플라스틱 가득한 쓰레기가 눈앞에 바로 펼쳐진 환경 문제였다. 한 가지 더 문제라면 기후변화 이야기가 나오더라도 심각한 것은 알겠는데, 그래서 뭘 해야 할지는 모르겠다는 이가 많았다.

그런 상황에서 월든 구성원들이 뜻을 모아 〈바질 지구생활안내서〉라는 정기간행물을 발행하기로 했다. 기후변화를 알리는 것이 먼저라는 생각 때문이었다. 그래서 우리가 책을 발행하며 세운 원칙이 있었는데, 초등학생도 읽을 수 있을 만큼 쉬워야 하고 바로 실천에 옮길 수 있는 내용이어야 하며, 흥미를 끌 수 있는 재미있는 것이어야 한다는 것이었다.

이 원칙을 지키기 위해, 좋은 이야깃거리를 찾기 위해 고군분투했다. 우리에게 인사이트를 주면서 재미있는 이야기를 찾기 위해 정말 온갖 자료들을 뒤졌다. 현재와 과거, 국내와 국외, 가리지 않았다. 그 과정에서 현재 우리가 겪고 있는 환경 문제, 지구라는 환경에 적응하기 위해 벌어지고 있는 일들이 비단 오늘날만의 일이 아니라는 것을 알게 되었다. 완전히 새로운 문제라기보다는 오랜 과거와 연결고리가 있었다는 것을 알게 되었다. 과도한 벌목이 문명을 쓰러뜨리는 데 일조했다는 사실, 11세기에 이미 대기오염 문제로 석탄 사용을 금지했었다는 환경 문제부터 지구에서 살아남기 위해 자연을 활용하는 과정에서 벌어진 일들을 하나씩 찾으면서,

숨겨진 보석들을 찾아내는 기분이었다. 잘 보이지 않게 가려져 있었지만, 분명한 존재한 역사였다. 바로 그 이야기들을 쇼트스토리로 엮어 바질을 구성했다.

사실 쇼트스토리를 처음 기획했을 때만 해도 우리가 겪는 환경 문제는 산업화 이후 사회에서만 겪은, 인류가 처음 겪어보는 일이라고 생각했었다. 그런데 조사를 하면 할수록 반복된 문제였다는 것을 알게 되었다. 다루는 것이 달라 상황이 달라졌을 뿐이었다. 예전에는 쓰레기 문제가 오물 문제였다면, 지금은 플라스틱 폐기물 문제가 심각한 것처럼 말이다. 더 나은 방향으로 가기 위해 노력해 온 과정도 있다는 것도 알게 되었다. 정말 풍성한 이야기들이 나왔다. 하지만 당시 바질에는 지면 한계로 부득이하게 짧게 담았다. 이 책은 당시 충분히 담지 못했던 이야기를 남고자 한 책이다.

이 책은 인류가 나타나 적응해 나간 과정, 자연을 변화시키려고 했던 일들, 그 사이의 시행착오와 앞으로 공존을 위해 살펴봐야 할 지구와 인간의 사이의 일로 구성되어 있다. 하지만 꼭 순서대로 읽을 필요는 없다. '인간에게 이런 일들이 있었구나'라는 마음으로, 목록에서 호기심이 생기는 부분을 읽으면 된다. 어떤 이야기든 결국은 인간이 지구에서 살아온 이야기이니 말이다. 우리는 지구라는 긴 역사 속에서 존재해 왔다. 46억 년 지구의 역사를 1년으로 바꿨을 때 인간이 나타난 시간은 12월 31일 오전 10시 47분이라는 과학자들의 비유처럼 인간은 매우 짧은 시간 동안 지구에 머물며 지구를 변화시켰다. 마지막 다섯 번째 대멸종으로 사라진 공룡들은 이 계산법으로 11일간, 실제 시간으로는 1억 5천만 년에 가까운 시간을 살다 가며 그들은 자연의 일부로 살다 갔다. 인류는 그들이 살았던 시간의 700분의 1의 시간도 머물지 못했다.

인류는 갈림길에 서 있다. 우리가 역사를 배우는 이유는 과거를 들여다봄으로써 앞으로 더 나은 길로 나아가기 위한 단서를 찾기 위해서이다. 나는 이 책이 그 단서를 찾는 데 조금이라도 도움이 될 수 있기를 바란다. 과거의 교훈은 현재에도 유효하다.

목차

들어가며 역사가 우리에게 전하는 것   11

1부 낯선 지구에서

생존의 시작   20
살길을 모색하다   35
물을 관리하다   60
풍요의 기원   74

2부 자연과 거리 두기

계절을 옮겨가다   96
더 좋은 물을 찾아서   115
깨끗함의 추구   128
길을 떠나다   144

3부 미처 생각하지 못했던 것들

달콤 씁쓸한 당 162
쓰레기와 함께 178
물고기의 물, 인간의 공기 195
빛으로 잃은 것들 207

4부 생존의 길을 찾아서

먹는 것으로부터 230
기울어진 생태계 243
여섯 번째 멸종의 갈림길 272
자연의 해법을 찾아서 284
인간은 지구에서 지속될 수 있을까? 304

맺는 말 인간은 지구에서 지속할 수 있을까? 310

1부
낯선 지구에서

생존의 시작

처음 그곳에 가 봐서는 알 수 없다. 어디든 생명이 있는 자연은 여러 번 가봐야 그 속의 숨겨진 것들을 볼 수 있다. 숲도 그렇다. 갈 때마다 보이는 것이 달라진다. 처음에는 나무나 운 좋게 내 앞을 날아가는 새만 보이다가 점점 세밀한 것들이 보이기 시작한다. 쓰러진 나무가 보이고, 굳건히 서 있는 나무뿌리 근처 바닥에는 이끼가 나 있고, 바위에는 지의류가 나 있다. 공기가 깨끗하다는 이야기이고 땅이 건강하다는 신호다. 좀 더 눈을 크게 뜨고 보면 쓰러진 나무에도 하나의 세상이 펼쳐져 있는 것이 보인다. 버섯들이 오밀조밀 자라고, 그 사이로 이끼도 보인다. 개미를 비롯해 눈에 잘 띄지도 않은 미세한 생물들이 부지런히 움직이는 것도 관찰할 수 있다.

나무도 나무인 줄 알았는데 나뭇잎도 수피도 키도 서로 다른 모습이라는 것을 보게 된다. 또 그 속에 수많은 생명이 있다는 것을 보게 된다. 나무에 자신을 숨긴 채 밤을 기다리는 나방, 둥지를 만드느라 분주한 오색 딱따구리, 꽃 속을 탐색하는 개미, 나무 틈새를 비집고 자라는 이끼와 그 틈에 달팽이, 응애, 지네 등 숲은 살아 있는 생태계로서 모습을 비로소 드러낸다.

생태계의 생명

생명은 그 말 자체로 신비롭다. 스스로 살고 증식하는 존재라니! 이런 존재가 어떤 이유로 생겨났는지를 설명하는 수많은 이론이 있지만, 어느 것도 명확한 것은 없다. 다만 살아있어야 생명이라 할 수 있다는 것은 확실하다. 그래서 생명이라 이름 붙은 모든 존재는 살아남기 위해 각자 방식으로 생존에 필요한 양분을 흡수하고 에너지를 만들어 생명 활동을 이어 나간다. 각자의 수명이 얼마나 되는지는 상관없다. 지구가 태어날 때 함께 태어난 바위도 다른 생물, 무생물과 어우러져 생태계를 이루며 살아간다.

생태계는 어떤 곳일까? '생물다양성의 아버지'로 칭송되는 에드워드 윌슨Edward O. Wilson은 생태계의 복잡성에 대해 말하길, 인간은 1%도 알아내지 못했다고 말했다. 그럼에도 매우 단순한 형태의 생태계 피라미드를 통해 우리는 생태계의 기본 원리를 들여다볼 수 있다. 땅 위에 세워진 피라미드는 가장 아래에 생산자인 식물이 있고 이 식물을 먹고 자라는 1차 포식자인 초식동물, 그 위에 이를 먹는 2차 포식자가 있다. 또 그 위로 이를 잡아먹는 최상위 포식자가 자리 잡는다.

이 피라미드를 구성하고 있지는 않지만, 피라미드가 발을 딛고 있는 땅에는 미생물이 분해자로 자리 잡고 있고 하늘에는 태양이 떠 있다. 태양은 땅을 비추고 식물은 땅에서 빨아들인 물과 무기질을 이용해 광합성을 한다. 그 결과로 양분을 생산한 식물은 초식동물에게 먹힘으로써 순환이 시작된다. 초식동물이 흡수한 영양은 2차 포식자에게, 2차 포식자가 흡수한 영향은 3차 포식자인 육식동물로 넘어간다. 식물이나 동물이 죽거나 유기물을 배출하면 땅속의 미생물과 분해자는 이들을 분해해 다시 식물이 빨아들일 영양으로 분해해 준다. 이 과정은 계속 순환되는데, 이는 먹고 먹히는 관계이기도 하지만 동시에 에너지를 주고받는 과정이기도 하다.

식물이 태양과 땅으로부터 에너지를 흡수해 이른바 '영양'을 만들면 이를 초식동물이 먹고 에너지로 만들어 이용한다. 영양은 광

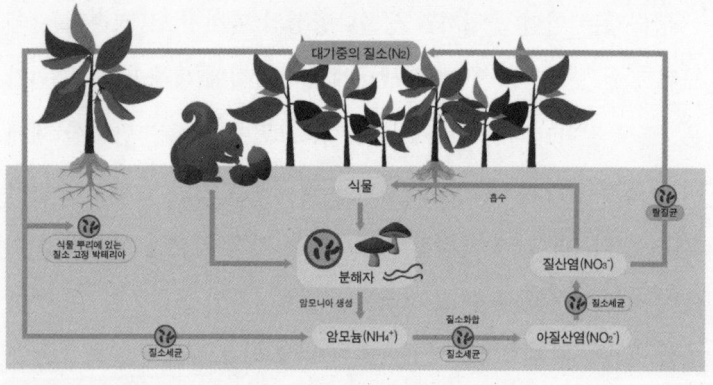

생태계 에너지 및 영양 흐름도 식물 동물은 물론 미생물들까지 에너지와 영양의 순환 안에서 영향을 주고받으며 서로의 생존을 책임지고 있다.

합성에서 출발한다. 초록빛을 띤 잎이 낮에 태양 빛을 흡수하고 공기에서 이산화탄소를 흡수하면, 식물은 이산화탄소에서 탄소를 분리하고, 남은 찌꺼기인 산소를 밖으로 배출한다. 이렇게 얻은 탄소는 식물 안에서 뿌리가 흡수할 다른 원소들과 만나 탄수화물, 단백질, 지방, 비타민 등 각종 영양소를 만들어낸다. 대개 흙을 파고드는 뿌리는 물과 질소, 칼슘, 인 등 필요한 영양소를 얻기 위해 발을 뻗어낸다. 이런 식물 전체에서 벌어지는 활동의 결과로 모인 영양소는 잎이나 열매, 뿌리 등에 저장된다. 이것을 초식동물이 먹어 생존에 필요한 영양소를 얻게 된다. 이처럼 식물은 스스로 영양을 만들어내는 존재이기 때문에 '생산자'라 불린다.

그에 반해 동물은 스스로 필요한 영양소를 만들어내지 못한다. 그래서 다른 생명을 먹어 영양소를 얻고 그 생명을 유지한다. 초식동물은 열매와 풀을 먹고, 육식동물은 다른 동물을 먹는다. 이 과정을 통해 식물이 만들어 둔 영양소를 취하게 된다. 그러니 결국 생태계는 모두 식물에 의존적일 수밖에 없어 보이지만, 식물도 스스로 모든 것을 해결하지는 못한다. 뿌리로 흡수할 영양소를 제공해 줄 조력자가 필요하다. 그들이 바로 미생물과 지렁이, 개미, 애벌레 등 땅속에 살아가는 작은 생물이다.

바다가 키운 것은 바다로 돌아가고, 땅이 키운 것은 다시 땅으로 돌아간다. 식물도 제 수명을 다하면 시들어 땅 위에 쓰러지고, 곤충도, 포유류도, 인간도 땅 위로 쓰러진다. 유기물로 이루어진 이들을 받아들여 다시 땅으로 돌리는 것은 바로 미생물이다. 미생물은 이들 유기체를 분해해 무기물로 만드는 과정에서 에너지를 얻어 살아 나간다. 미생물의 유기체 분해는 효소를 써서 이루어지고, 효소는 땅속 탄소와 질소를 이용해 미생물이 만든다. 나무의 리그닌처럼 아주 질겨서 소화되지 않을 것 같은 잎의 줄기나 나뭇조각을 녹여 먹고 에너지원을 얻는다.

미생물은 이런 역할 때문에 분해자라고 불리는데, 그들이 에너지를 얻기 위해 열심히 일한 결과로 무기질이 남게 된다. 이런 활동은 미생물 말고도 땅 위의 작은 생물들도 함께 참여하고 있다. 지렁이는 흙과 낙엽을 먹고 지렁이 똥을 남기면서 땅을 풍요롭게 해주고, 장수풍뎅이는 좋아하는 부엽토를 먹으면서 영양을 땅으로 보내준다. 집을 갉아먹는다고 알려진 흰개미도, 해충으로 분류된 바퀴벌레도 열심히 낙엽과 죽은 나무, 동물 유해를 미생물과 함께 힘을 합쳐 열심히 분해한 후 식물이 먹을 영양을 땅으로 돌려준다.

이제 다시 순환이 시작되었다. 식물은 땅속에 깊이 자리 잡은 촘촘하고 미세한 뿌리를 통해 이를 흡수하기 시작할 것이고, 광합성을 통해 탄소를 포집하고 에너지와 영양소를 만들어낼 것이다. 생산자가 되어 순환계 안으로 다시 들어온 식물은 다시 동물의 에너지원이 되고 그 동물이 다시 다른 동물의 에너지원이 되어 생태계 순환은 다시 돌아갈 것이다. 아마도 지구가 사라지기 전까지는 그러할 것이다. 모든 생명은 지구의 일부로 존재한다.

영양소, 인간이 살기 위한 조건

　지구 위의 모든 생명은 종으로서 영속성을 위해 자기 유전자를 남긴다. 영장류에 속하는 동물인 사람도 마찬가지이다. 생명을 유지하는 데 필요한 것을 가지고 있는 자연의 무엇, 이른바 먹을거리를 발견하면 그것이 안전하다고 확인하고서는 입을 벌려 이로 뜯고 씹어 삼킨다. 그러면 내장 기관들은 들어온 음식을 온갖 소화제를 써서 분해하는데, 이때 나온 것 중 생명 유지에 필요한 것은 모두 흡수하고 나머지는 몸 밖으로 배출한다. 이는 대부분의 사람이 하루 세 번 하는 활동이며, 이 활동이 중지되면 몸은 에너지원이 부족해지고 건강에 영향을 받게 된다. 먹는다는 것의 본질은 맛에 있는 것이 아니라 바로 생존에 있다.

　인간의 몸은 물 56~68%, 단백질 14~19%, 지방 12~20%, 탄수화물 0.4~1%, 무기질 5~6%와 기타 물질로 이루어져 있다. 이것을 유지하는 데 필요한 것이 영양소인데, 이 영양소는 우리 몸을 이루는 요소와 똑같이 단백질, 지방, 탄수화물, 단백질, 비타민, 무기질, 물이다.

　탄수화물은 글루코스^{glucose}로 분해되어 근육을 움직이는 에너지를 내는 데 쓰인다. 지방은 세포를 구성하고 체온과 장기를 보호하거나 세포 간 소통, 비타민 흡수에 사용됨은 물론, 케톤으로 분해되어 글루코스를 대신해 에너지원으로 사용한다. 단백질은 신체 조직을 구성하고 호르몬, 항체 등 주요 생체 기능을 수행한다. 탄수화물과 지방이 제공하는 에너지원이 사라지면 단백질도 에너지원이 된다. 이들 영양소 불균형이 생기면 신체에 이상 증상이 나타나게 되며, 심각할 경우 목숨을 잃을 수도 있다. 사람에게 '먹는다'는 것은 생존을 위한 영양소 확보를 위해 매우 중요한 과정이었다.

이런 영양소를 얻으려 초기에 사람은 다른 유인원들처럼 과일, 열매, 잎사귀 등과 함께 다른 동물의 알, 시체 등을 먹는 등 채집과 수렵으로 먹을 것을 구했다. 시간이 지나면서 불을 다루고 농사를 지을 줄 알게 되었으며 요리의 힘을 빌려 영양을 얻는 다양한 방법을 알게 되었다. 어떤 것을 먹고 먹지 말아야 할지, 무엇이 몸에 좋은지 나쁜지, 언제, 어떤 방식으로 먹어야 안전한지 등의 경험을 통해 쌓인 지식은 문화라는 이름을 빌려 전승되었다.

르네상스 시대가 도래하면서 사람에 대한 관심이 커지고 콜럼버스의 신대륙 발견이 사람의 개척 정신에 관한 자신감을 불어넣어 주기 시작하면서 계몽사상이 확산하여 갔다. 근대적 개념의 국민국가 개념이 형성되면서 자연스럽게 사람이 먹는 것, 영양에 관한 연구도 활발해졌다. 근대 과학은 여기에 힘을 실었다. 영양에 관한 이해를 높여주었고, 영양을 더 잘 섭취할 수 있는 방법을 찾는 데도 영향을 주었다. 많은 변화가 일어났다.

18세기까지만 해도 생명체의 부속물 정도로만 취급되던 유기화합물이 19세기에 들어서자, 유기화합물을 분리해 무엇으로 되어 있는지 찾아내려는 과학자들이 늘어났다. 1806년 프랑스의 화학자 루이 니콜라 보클랭Louis-Nicolas Vauquelin이 조수와 함께 아스파라거스로부터 단백질 구성 물질의 한 종류인 아스파라진asparagine이라는 아미노산을 발견했다. 1838년에는 역시 프랑스에서 뒤마Jean-Baptiste Dumas가 18세기 말 건포도에서 분리해 낸 당 성분을 '글루코스'로 이름 붙였다. 탄수화물을 이루는 물질이었다. 이렇게 탄수화물, 지방, 단백질이 어떻게 이루어졌는지 하나씩 베일을 벗었다.

주요 영양소의 원소 구조들 위부터 탄수화물, 단백질, 지방의 분자 구조. 이들은 탄소, 수소, 산소를 기본으로 구성된다. 단백질에만 질소가 더 들어간다.

과학의 한편에서 유기화합물을 밝히기 위한 시도들이 이루어지고 있는 동안 독일에서 1803년 태어난 유스투스 폰 리비히 Justus von Liebig는 열세 살이 되던 해에 극심한 기근을 겪었다. 14세기 후반부터 18세기까지 약 400년간 지속되었던 '소빙하기'였다. 전반적으로 기온이 낮아 농사가 잘되지 않았고 먹을 것이 부족했다. 사람들의 불만은 쌓여갔다. 어떤 학자는 소빙하기가 1798년 일어난 프랑스혁명을 촉발했다고 분석하기도 할 만큼 식량 문제는 심각한 상황이었다. 그 와중에 인도네시아에서 탐보라 화산이 1812년부터 분화를 시작하더니 1815년 4월이 되자 대폭발을 일으켰다. 화산이 있던 숨바와섬에 살던 1만 명이 넘는 사람 중 오직 26명만이 살아남았고 인도네시아 전역에서 추가로 8만 2천 명이 추위와 굶주림으로 죽었다.

탐보라 화산 폭발의 여파는 여기서 끝나지 않고 삼 년이나 더 이어졌다. 대폭발로 뿜어져 나온 화산재가 30킬로미터도 더 위에 있는 성층권으로 올라가 지구를 덮었다. 화산재는 태양 빛이 지상에 내리쬐는 것을 차단했다. 다음 해인 1816년은 그 영향이 더 끔찍하게 나타났다. 많은 나라가 1816년을 여름이 없었던 해로 기록했다. 한 예로 여름이 평균 153일인 아일랜드는 이 해에 142일 동안 차가운 비가 내렸고, 6만 5천 명이 굶주림과 전염병으로 죽었다. 전 지구가 추위와 굶주림, 전염병에 시달렸다. 리비히도 끔찍한 여름을 보내고 있었다. 당시의 어려움은 리비히가 평생에 걸쳐 유기화합물과 동식물의 성장에 관해 연구하는 계기가 되었다. 그가 일군 혁신으로 농업기술은 1816년의 비극을 '서구 세계의 마지막 생존 위기'였다고 말할 수 있을 만큼 급속히 발전하였다. 리비히는 1842년 발간한 저서 ≪동물 화학Animal chemistry≫에서 사람 신진대사를 대상으로 양적분석 방법에 관한 이론적 기초를 제공하기도 했다. 리비히는 '농예화학의 아버지'로 불린다.

의학 분야에서도 사람이 어떻게 에너지를 얻는지에 관한 연구가 꾸준히 진행되어, 수많은 인체 작동의 원리가 밝혀졌다. 인체는 40조 개에 가까운 세포로 구성되어 있으며, 이를 유지하기 위해서는 단백질, 지방, 탄수화물 외에도 무기질 등이 더 필요하다는 것과, 글루코스 혹은 포도당이라 불리는 단당류가 세포의 에너지 생성을 돕는다는 사실도 알게 되었다. 그리고 이 물질은 지구 위의 모든 식물과 씨앗에 함유되어 있다는 사실도 밝혀졌다. 지방이 분해되면서 나오는 케톤이 탄수화물로부터 나오는 글루코스를 대신해 에너지원 역할을 하기도 하지만 부작용을 일으키기도 한다는 것도 밝혀졌다.

이런 발견의 과정에서 알게 된 놀라운 사실은 영양소라는 것이 어떤 하나의 덩어리가 아니라 원소로 이루어져 있다는 것이었다. 단백질, 지방, 탄수화물 등 모두 지구에 존재하는 원소가 다양한 형태로 결합해 뼈도 만들고 살도 만들며 생체 리듬을 조절하는 것은 물론, 에너지를 생성하고 있었다. 이를 분석해 보니 결국 몸을 이루는 것들을 탄소와 수소, 산소, 질소가 체중의 96%를 차지하고 있었고, 나머지를 칼슘, 인, 칼륨, 황, 나트륨, 염소, 마그네슘 등 무기질과 미량 원소가 채우고 있었다.

무엇보다 가장 큰 발견은 인간의 몸이 닫힌 개체가 아니라 주변과 연결된 개체였다는 것이었다. 인간의 모든 세포가 짧게는 하루부터 길게는 몇 년이면 모두 바뀐다는 것도 놀라웠지만, 장내에 있는 10조 개의 박테리아 도움을 받아야 건강을 유지할 수 있다는 것도 이해하게 되었다. '마이크로바이옴Microbiome' 혹은 '미생물군 유전체'라 불리는 이들은 음식 분해와 양분, 비타민 흡수를 돕고, 나쁜 박테리아를 차단해 주고 있었다. 우리는 우리의 몸이 자연계로부터 독립적으로 존재한다고 오랫동안 믿어왔다.

인체에 관해 연구가 거듭될수록 우리 믿음과 달리 몸은 여러 가

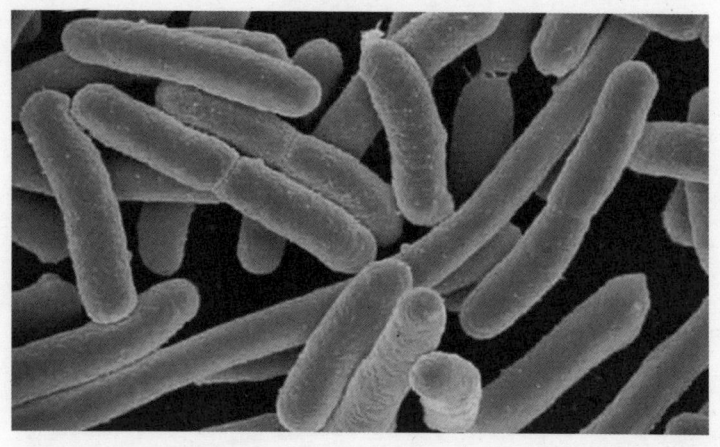

마이크로바이옴의 하나인 대장균 인체는 다양한 생물이 공존하는 공간이다.

지 생물이 공존하는 공간이라는 것이 밝혀졌다. 마이크로바이옴에 관한 연구가 더해지면서 이 유전체가 농약과 화학비료, 항생제 등 화학물질에 취약하다는 사실이 밝혀졌다. 연구 결과 항생제를 먹자 몸에서 마이크로바이옴이 3분의 1 이상 사라져 버렸다. 그러니까 만약 우리가 농약과 화학비료, 합성 향신료 등 각종 화학물질에 노출된 음식을 계속 먹고 항생제를 남용하면, 이들의 도움을 받아 이루어지던 소화, 면역체계 등이 심각한 타격을 받게 될 수 있다.

끊어진 생태계와의 순환고리

인간과 영양에 대한 이해가 깊어질수록 생태계를 건강하게 가꾸는 것이 중요하다는 것도 점점 더 많은 사람이 알게 되었다. 동시에 늘어나는 인구를 감당하기 위해 어떻게 식량을 확보할지에 대한 고민도 깊어지고 있다. 오래전 멘델은 종 교배를 통해 더 많은 영양을 얻을 수 있는 품종을 개발했다. 리비히는 유기화학을 통해 더 많은 식량을 거둬들일 수 있는 비료를 창안했다. 더 많은 식량을 위한 기술은 발전을 거듭해 이제는 유전자가위 등의 유전자 조작 기술로 먹거리를 통제하고 있다. 낱알이 더 많이 열리게 하거나, 특정 곤충이 싫어하게 한다든지 등의 방법으로 수확량을 늘려가고 있다. 그 결과 80억 명이 넘는 인구에도 식량의 양만을 따졌을 때 모두가 먹고살 수 있는 극적인 식량 증산을 이루었다.

그 이면에는 복잡한 세계 경제로 식량을 분배받지 못하는 8억 명에 가까운 사람들이 있고, 유전자 변형 작물GMO이 주는 부작용에 관한 우려도 있다. 이중 유전자 변형 작물은 사람들의 우려에도 동물용 사료, 바이오 연료 등으로 질보다 양이 중요한 곳에서는 많이 쓰이고 있다. 상업성까지 더해져 수익을 위해 씨앗을 유전자 조작하여 그 씨앗을 심어야지만 열매를 맺을 수 있고, 거기서 수확한 열매를 심으면 열매를 맺지 못하도록 하고 있다. 생태계의 일원으로 역할을 하던 식물은 인간을 위한 소비재로만 취급되며 생산된다. 비닐하우스에서부터 수직형 식물 플랜트까지, 기술이 만들어낸 영양 배합 주스를 마시며 자라고 있다. 뿌리를 내려 물과 필요한 영양을 찾아내 흡수하던, 살고자 하는 생명력 대신 일렬로 늘어선 수관에서 안정적으로 나오는 인공 주스를 마시며 생명을 유지하고 있다. 동물이라고 다를까? 그들도 마찬가지다.

인간은 어느덧 다른 생명을 스스로 자라나는 먹거리일 뿐인 존재처럼 취급하고 있다. 필요에 따라 더 좋은 식량이 될 수 있도록 기술의 이름을 가지고 메스를 들이댄다. 단백질만 강화하기 위해 다른 종의 유전자를 DNA에 추가하는가 하면, 더 많은 우유를 생산할 수 있도록 소의 다리가 감당할 수 있는 하중은 생각하지 않고 그들의 젖 분비량을 늘려 버린다. 더 통통한 살을 가진 치킨을 더 빨리 생산하기 위해 닭이 서 있지도 못할 만큼 많은 살집을 가지도록 유전자를 조작한다. 인간이 선호하는 맛이 나도록 조작하기도 한다. 동물과 식물의 유전자를 결합하기도 한다. 어둠에서 형광색을 띠는 물고기를 관상용으로 만들기 위해 관상용 물고기인 제브라피쉬의 유전자에 산호에서 추출한 형광 물질 유전자를 넣어 글로피쉬Glofish라는 것을 만들어냈다. 이 물고기는 동물유전자의 인위적 변형을 두고 격렬한 논란을 촉발했다.

그러나 이런 연구는 기후위기로 더 활성화될 것으로 보인다. 특히 기후변화의 원인으로 축산업 등 동물성 식품이 지목되자, 동물성 식품을 식물성 식품으로 대체하기 위한 연구가 활발히 일어나고 있다. 이용한 이런 움직임은 식물만으로도 인간 생존에 필요한 영양소를 모두 확보할 수 있다는 연구를 바탕으로 하고 있다. 대표적으로 곡물을 이용한 스테이크, 녹두로 만든 달걀물, 식물성 새우와 치킨 등이 출시되어 시장에서 긍정적인 평가를 받고 있다. 또한, 관련 기술 투자가 늘어나면서 실제와 유사한 맛, 질감을 구현

형광빛의 글로피쉬 Karen Swain 관상 목적으로 물고기에 형광빛이 나도록 유전자를 변형했다. 이런 변형은 다양한 생물을 대상으로 일어나고 있다.

해내고 있다. 이는 신제품 개발 확대와 함께 소비 수요 증가에도 기여할 것이라 전망한다.

인류는 250만 년이 넘는 시간을 생존하고 번식하기 위해 영양소를 자연에서 끊임없이 구해왔다. 과학의 발달은 영양소를 구하기 위한 수많은 자연의 이치를 밝혀왔다. 그 결과 태양과 땅, 물이 전하는 영양소가 식물에서 동물로 전달되고 사람은 이를 식물이나 동물로부터 다시 전달받는 것을, 그것이 다시 자연으로 돌아가 순환한다는 것을 알게 되었다. 자연과 우리가 따로 떨어진 존재가 아니므로 지구라는 이 공간을 건강하게 가꾸어야 우리 또한 건강할 수 있다는 상호 의존성을 인식하기 시작했다.

이제야 이 사실을 제대로 인식하기 시작했는데, 이미 인간은 기후위기라는, 지금까지와는 결이 다른 생존 위기에 놓였다. 인간의 통제범위를 넘어서는 대규모 가뭄과 홍수는 생존을 위한 영양소 확보에 위기가 왔다고 말해준다. '인간'이란 생물종이 지구에서 사라질 수도 있다고 경고한다.

살길을 모색하다

모든 생물은 각자 처한 상황에서 살아남기 위해 다양한 전략을 펼친다. 미생물부터 최상위 포식자까지, 적도에서부터 극지방까지 가릴 것 없이 그러하다. 양분을 얻기 위해 아예 나뭇잎을 잘라 와 버섯 농장을 차리는 개미도 있는가 하면, 새끼를 보호하기 위해 아예 위장에 넣어 키우는 개구리도 있다. 공생관계를 선택하는 생물도 있다. 민물고기인 묵납자루는 조개 속에 알을 낳아 새끼를 보호하고, 조개는 묵납자루 몸에 자기 알을 붙여 멀리 이동시킨다. 소나무는 송이에 포도당과 탄수화물을 공급하고, 송이는 소나무에 수분과 인 등의 무기질을 준다. 자작나무는 미송나무에 수분을 공급하고 자작나무는 질소를 공급해 서로 상생하기도 한다. 그런가 하면 다른 생명체가 도전하지 못했던 극한의 길을 도모하기도 한다. 지의류는 바위를 녹여 필요한 영양소를 얻고 그 결과 바위를 흙으로 만든다. 인간이라고 다르겠는가? 300만 년 전 아프리카에 '호모' 종으로 나타난 이후, 인류는 빙하기와 간빙기의 반복 속에 뛰

제우스의 불을 옮기는 프로메테우스 1636~1638, 얀 코시에르, 프라도 미술관 인간에게 불을 전달한 대가로 프로메테우스는 독수리에게 간을 쪼이는 형벌을 받는다.

어난 적응력을 무기로 살아남았다. 30만 년 전 나타난 호모 사피엔스는 매우 혹독한 환경이었던 빙하기에 나타났음에도 더 뛰어난 적응력으로 살아남았다. 그들은 아프리카를 벗어나 유라시아를 거쳐 아메리카 대륙까지 진출했고, 타 인류보다 높은 협동심으로 상황을 개척해 나갔다. 150만 년경부터 다루던 불을 더 적극적으로 사용되기 시작했고, 1만 년 전에는 직접 먹을 것을 생산하기에 이르렀다. 유발 하라리는 ≪사피엔스Sapiens≫에서 신화, 국가, 민족 등을 가상의 것을 믿는 능력이 엄청난 집단 협력을 끌어냈다. 이는 우리가 지금 사는 이 인류의 시대를 열었다.

신이 전해준 불

우리나라를 비롯해 많은 나라에 불과 관련한 설화가 내려온다. 우리나라에서는 미륵이라는 거인이 태초에 솥뚜껑처럼 생긴 세상을 하늘과 땅으로 나눈 후 해와 달, 별을 만들었다고 한다. 그런 다음 남자와 여자를 만들고는 인간을 위해 물과 불의 근원을 찾아주었다고 한다. 물의 근원으로는 소하산에 있는 샘물을 알려주었고, 불의 근원으로는 금정산에 들어가 차돌을 들고 쇠로 치면 불이 생겨난다고 알려주었다고 한다.

고대 그리스에서는 프로메테우스가 인간에게 불을 전달했다. 티탄족의 신이었으나 올림포스 신인 제우스에게 투항했던 프로메테우스는 제우스의 명을 받아 인간을 창조했다. 자신이 창조한 인간을 아꼈던 프로메테우스는 올림포스의 신과 인간이 소의 어떤 부위를 나눠 가질지 정할 때 인간이 고기를 먹을 수 있도록 속임수를 인간에게 알려줬다. 이를 눈치챈 제우스는 인간의 속임수에 격노하며 불을 빼앗았다. 이 때문에 인간이 고기를 먹기 힘들어지자 프로메테우스는 이를 안타깝게 여겼다. 결국, 인간을 위해 헤파이스토스의 대장간에서 불을 훔쳐 그들에게 전했다. 인간은 불을 다시 찾았다. 고기를 다시 잘 먹을 수 있게 되었고, 도구를 만들어 경작도 할 수 있게 되었다. 인간들은 불을 선사한 프로메테우스를 칭송했다. 하지만 프로메테우스가 치러야 할 대가는 혹독했다. 격분한 제우스는 프로메테우스를 캅카스의 바위에 묶고 매일 독수리가 그의 간을 쪼아 먹게 하는 형벌을 내렸다. 죽지 않은 신이었던 그는 매일 끔찍한 고통에 시달려야 했다. 3만 년의 시간이 흘러 헤라클레스가 황금사과를 찾기 위한 방법을 물어보기 위해 찾아왔을 때가 되어서야 드디어 풀려날 수 있었다.

실제 불을 어떻게 사용하게 되었는지는 고고학적 흔적으로 살펴볼 수 있다. 가장 오래된 불 사용 흔적은 남아프리카공화국 북단에 있는 스왈시크란스 동굴^{Swarkrans}에 남아있는 150만 년 전으로 추정되는 터이다. 142만 년 전의 것으로 추정되는 케냐 체소완자^{Chesowanja}에서 발견된 터는 화로로 보이는 오 십여 개의 진흙 조각들과 함께 동물 뼈, 울도완^{Oldowan} 석기로 분류되는 구석기의 것이 출토되었다. 이미 불을 이용해 음식을 익혀 먹었음을 추측하게 했다. 이런 흔적은 아프리카에만 앞의 두 곳을 포함해 열세 군데

가 현재 남아있다.

인간은 불을 다룰 수 있게 되면서 동물로부터 자신을 지킬 수 있게 되었고, 활동 시간대가 밤으로 넓혀졌다. 영양 섭취를 날로 하다가 익혀 먹는 방식으로 변했는데, 이는 신체 특징을 바꾸는 데에도 영향을 미쳤다. 인류 진화 생물학자인 리처드 랭엄 하버드대 교수는 저서 ≪요리본능 Catching Fire≫에서 다음과 같이 말했다.

음식을 익히면 우리가 그로부터 얻는 에너지 양이 늘어난다. 최초로 음식을 익혀 먹은 사람들은 이처럼 추가된 에너지 때문에 생물학적으로 매우 유리해졌다. 생존율과 번식률이 높아져 유전자를 더 널리 퍼뜨릴 수 있게 된 것이다. 그들의 신체는 익힌 음식에 생물학적으로 적응했고, 새로운 식단을 최대한 이용하려는 자연 선택의 힘으로 형태를 갖추어 나갔다. 이어서 해부학적 구조, 생리작용, 생태, 생활사 심리, 사회에 변화가 일어났다.

그는 익힌 음식은 날음식보다 에너지를 80% 더 방출한다며, 불을 이용한 요리는 인류가 신체 대비 큰 뇌, 상대적으로 약한 턱과 치아, 작은 소화 기관을 가지고도 살아남을 수 있도록 하였다고 밝혔다.

이러한 이야기는 인간이 불을 사용함으로써 많은 변화를 겪었다는 것을 추측하게 해 준다. 많이 알려진 바대로 인간은 초기에 열매를 채취하거나 죽은 동물 주검을 먹거나 다른 동물의 알을 훔쳐 먹었다. 어떤 방법이든 완전히 안전한 것은 없었을 것이다. 처음 보는 열매는 목숨을 걸고 먹어야 했고, 죽은 동물은 경쟁자가 많았을 것이다. 다른 동물의 알을 얻으려면 알을 지키는 어미로부터 목숨을 걸고 훔쳐내야 했을 것이다. 그런 점에서 농사는 다른 동물로부터 위협에서는 벗어났지만 긴 기다림의 결과가 성공일지 아닐지 모르는 위험이 있었다. 그랬기 때문에 인간은 살아남기 위해 본능에 따라 적은 음식으로도 살아남을 방법을 찾아 나섰다는 생각이 든다. 또한, 이런 과정이 인간이 선택한 조금이라도 더 원소 흡수력을 높이기 위한 진화의 방향이 아니었을까 생각하게 된다. 농경이라는 것도 말이다.

흙과 식물에 대한 이해

농사를 제대로 이해하려면 흙과 식물에 대해 먼저 이해하고 가야 한다. 농사에 빠져서는 안 될 흙은 아주 작게 부서진 암석과 점토, 온갖 동식물의 유해가 섞여 만들어진다. 이것은 지역, 환경 등에 따라 색상은 물론 구성성분까지 차이가 있지만, 대체로 짙은 갈색빛을 띠고 있으며, 지구 육지의 30%를 덮고 있다. 육지 생물이 죽고 나면 흙에 사는 미생물이나 작은 곤충, 동물이 이를 분해한다. 이를 분해하며 나온 영양소는 식물들이 자라는 데 쓰인다. 흙

위에 자라는 온갖 식물 중에는 인간 생존을 책임져 주는 식물들도 포함된다. 그래서일까? 우리는 짙은 고동빛을 띤 흙을 보면 비옥하다는 느낌을 받는다. 영양분이 풍부해 식물이 잘 자라나는 흙은 '토양'이라 불린다.

지구 중심에서 지표면까지 거리는 대략 6,400킬로미터인데, 흙의 두께는 지구 반지름의 640만 분의 1밖에 되지 않을 만큼 얇다. 이렇게 얇지만 생겨나는 데는 만만치 않은 시간이 필요했다. 46억 년 전 지구가 태양에서 떨어져 나와 행성으로 위치를 잡았을 때만 해도 지구에는 흙이란 없었다. 무려 41억 년이 지나고서야 흙이 생성되기 시작했다. 지구 나이를 1년으로 바꿨다고 가정했을 때 10월 22일 아침 7시 55분을 넘은 시점이었다. 이 시점은 식물이 나타나기 시작한 시점이기도 했다. 그렇다. 흙은 식물이 나타나면서 비로소 생겨날 수 있었다.

풀과 나무가 등장하기 전 육지에는 바위만 있었다. 바로 이 바위 위에 움튼 생명체가 이끼였다. 이끼는 바위로부터 생명을 유지해 줄 인과 칼슘, 칼륨을 뽑아내 흡수했다. 단단한 바위에서 이들을 뽑아내는 것은 결코 쉽지 않은 일이었지만, 이끼는 해냈다. 볕을 받아 광합성을 했고, 이렇게 만들어진 당분은 유기산을 만들어 냈다. 이 유기산은 바위에 들러붙어 끊임없이 내보냈고, 그렇게 바위를 녹였다. 그 속에서 필요한 것들을 구했다. 이끼의 생존 전략은 견고

한 바위에 빈틈을 만들었다. 이윽고. 바위는 침식되고 쪼개져 모래와 점토가 되었다. 바위를 깨는 일에는 녹조류, 지의류도 함께 했다. 양치식물이 나타나기 전까지 이들은 열심히 바위를 부숴 모래와 점토를 만들었다. 모래처럼 잘게 쪼개진 바위에 죽은 이끼와 동물 사체 등의 유기물이 분해되어 섞이면서 흙이 처음으로 만들어졌다. 그들이 의도한 바는 아니었지만, 이는 식물과 함께 다양한 생물이 살아갈 생태계 터전이 될 흙이 지구에 나타나는 순간이었다.

4억 2,500만 년 전 고생대 실루리아기 때 최초의 관다발 식물인 '쿡소니아'가 나타났다. 양치류의 일종인 이 식물은 뿌리를 가지고 있었다. 그 덕분에 흙이 더 많이 만들어질 수 있었다. 식물이 뿌리에서 뿜어내는 산성 물질은 바위의 풍화 속도를 더 빨라지게 했다. 약해 보이겠지만 식물의 뿌리가 얼마나 강한지는 산에 가면 볼 수 있다. 나무뿌리가 바위를 뚫고 지나가는 것을 보고 있으면 경이롭다. 식물이 많다는 것은 그만큼 뿌리가 많다는 것이고, 이는 흙이 만들어질 가능성도 높음을 의미한다.

당시 지구는 지금보다 3도 높은 평균 기온과 높은 습도는 양치식물이 잘 자라기 좋은 환경이었다. 경쟁자가 없는 양치식물이 지구를 덮었고 숲이 생겨났다. 하지만 양치식물은 줄기가 약해 바람이 불면 쉽게 쓰러졌다. 그 유해들이 땅 위로 쌓여갔다. 수많은 양치식물을 미생물들이 분해했는데, 당시 환경은 미생물들도 활발하게 활동하기 좋은 환경이었다. 죽은 양치식물이 분해된 유기물은 부서진 바위와 함께 쌓여갔다. 그렇게 토양이 지구에 출현했다. 바로 그 위에 겉씨식물들이 등장하고 버섯이 나타났으며 수많은 나무와 풀이 자리를 잡았다. 토양 위의 생물이 다양해지는 만큼 쌓이는 유기물도 다양하고 풍부해졌다. 5억 년에 걸쳐 10미터에 가까운 깊이로 흙이 지구 표면을 덮었다. 인간의 눈에는 두터운 흙이었지만 지구 반지름의 백만 분의 1밖에 되지 않을 만큼 위태로운 두께였다.

흙 위에 터를 잡다

모두를 먹여 살리는 흙 위에 인간도 터를 잡았다. 1만 5천 년 전부터 곡식을 가꾸기 시작했다. 이러한 흔적은 1984년에 발견된 우리나라 금각 소로리 선사 유적지부터 중국, 인도 등 전 세계에 남아있다. 농사를 짓는다는 것은 인간이 저절로 자라난 식물이나, 식물 등을 먹고 영양을 축적한 동물을 통해 영양소를 얻는 것과는 차원이 다른 일이었다. 자신이 직접 자연을 제어한다는 것이자, 땅으로부터 영양분을 직접 채취하고자 하는 적극적인 행위였다. 그렇게 쌀을 재배하고 밀과 옥수수를 재배했다. 특히 1알을 심으면 120알이 되는 벼는 많은 지역에서 식량으로서 관심 둘 수밖에 없는 식물이었다. 하지만 따뜻한 기후를 좋아하고 물을 많이 먹는 작물인지라 물이 풍부한 아열대 지역으로 일부 지역에 한했다. 이 외에 다른 작물들도 인간이 농사짓는 작물로 속속 편입됐다. 기원전

8000년경에는 완두콩을, 기원전 3500년경에는 포도를 재배하기 시작했다. 우리나라도 5천 년경부터 조, 기장, 피를 재배했고 3천 년 전에 벼를 기르기 시작했다.

흙이라는 것이 인간의 뜻대로만 되면 얼마나 좋겠는가? 그러기에 흙은 아주 복잡하고 아주 오랜 시간이 걸려 생성되는 결과물이다. 그래서 지구는 5억 년이 지나는 동안 농사와 함께 인구가 증가하면서 점점 더 많은 식량이 필요해졌다. 그만큼 흙에서 더 많은 영양소를 뽑아내야 했다. 아무런 영양이 추가되지 않는 땅은 당연히 황폐해졌다. 인간이 자연의 복잡성을 잘 몰랐고, 흙이 생겨나는 데 얼마나 긴 시간이 걸리는지 몰랐다. 농사지은 곳의 흙이 척박해지면 그 땅이 다시 회복할 수 있도록 다른 곳으로 이동해 경작했다. 이 방법은 아마존을 비롯해 다양한 지역에서 여전히 쓰이고 있는 방법이기도 하다. 작물을 길러 내 황폐해진 땅을 거름 등 유기물로 가꾸게 된 것은 오랜 시간이 지난 뒤의 일이었다. 그 사이 연약한 흙은 과도한 경작에 황폐해졌고, 이 상황이 심각해지면 문명마저도 사라지는 일이 반복해서 일어났다.

농사가 확대되면서 먹고 남는 작물이 생겨났다. 잉여 생산물을 관리하기 위해 회계, 문자 등이 나타났다. 풍부해진 식량은 인구 증가에도 영향을 미쳤다. 공동체의 규모가 커지면서 공동체 질서를 지킬 법이 생겨났다. 새로운 직업도 생겨나기 시작했다. 사회가 복잡해지고 인구가 늘어나는 만큼 농사 생산도 늘려야 했다. 생산량을 늘릴 방법들이 하나씩 쌓여갔다. 늘어난 식량만큼 또다시 인구가 늘어났고, 다시 식량 생산도 늘려야 했다. 이는 지금까지도 반복되고 있다.

농사를 통해 주식을 해결하면서 인간의 식습관에서 달라진 점도 있었다. 이전에는 야생에 자란 것을 채집하거나 수렵해 먹어야 했기 때문에 먹을 것은 늘 부족했다. 먹을 수 있는 것이라면 동물 사체, 알, 열매 등 가리지 않고 먹었다. 먹을 것은 늘 부족했고, 무엇이든 섭취했다. 농경을 시작한 후로는 농사지을 수 있는 식물을 위주로 식생활이 바뀌었다. 쌀, 밀, 옥수수 같은 것들을 비롯해 그리고 젖과 알, 고기 등 먹거리를 제공하고 농사를 도와줄 동물이 하나씩 가축으로 편입되기 시작했다.

야생의 동물을 길들이다

최초로 사람과 어울린 동물이라 알려진 것은 개이다. 언제부터 사람의 삶으로 들어온 지는 명확하지 않으나 발견된 화석으로 봤을 때 적어도 1만 3천 년 전에 이미 개는 가축화되었는데, 농사를 짓기 시작하면서 더 많은 동물이 가축으로 들어왔다. 양, 염소, 돼지가 기원전 8천 년 전, 소가 기원전 6천 년 전에 가축이 되었다. 그 뒤로 말과 당나귀가 기원전 4천 년 전, 라마가 기원전 3천 500년 전, 그리고 마지막으로 낙타가 기원전 2천 500년 전에 가축이 되었다. 사람은 아마도 수많은 동물을 가축으로 만들려고 시도했

이집트 나케트 묘의 벽화 Tomb of Nakht, BC 14C~15C, 고대 이집트 당시 가축과 협업한 농사 장면이 등장한다. 이는 오래전부터 가축을 길렀다는 것을 보여준다.

1부 낯선 지구에서

을 것이지만, 성공한 것은 10여 종에 불과하다. 이를 두고 19세기 과학자였던 프랜시스 갤턴은 가축에 관하여 "모든 야생동물은 한 번쯤 가축이 될 기회가 있었다. 그중 일부는 이미 오래전에 가축이 되었고 대부분은 과거에 실패했으며 앞으로도 야생 상태로 남아 있을 운명인 듯하다."라고 말했다.

동물은 인간과의 공생을 선택하면서 가축이 되었다. 인간으로부터 먹이와 안전하게 쉴 곳을 얻었고, 그 대가로 인간이 필요로 하는 것을 제공했다. 인간이 식량과 재산을 비축할 수 있게 된 것도 가축이 있었기 때문에 가능했다. 멀리 떨어진 곳까지 인간이 진출할 수 있는 데에도 기여했다. 문명 중 가축의 도움을 받지 않은 것이 없었다. 가축 대부분은 인간에게 먹거리를 제공하거나 노동을 제공하기 위해 길러졌다. 특히 소는 젖과 고기, 농사에 필요한 노동력을 제공했으며, 죽어서는 가죽을 제공했다. 그렇게 인간과 동물은 오랫동안 서로 돕고 함께 사는 관계였다.

농사를 짓는 데 정말 중요했기 때문에 고기 목적으로 소를 잡는 것을 제한하는 경향이 강했다. 인도 힌두교에서는 시바 신이 흰 수소를 타고 다니고, 가장 사랑받는 신인 크리슈나가 흰 암소를 보호하고 있기 때문에 신성한 힘을 지니고 있다고 생각했다. 그래서 인도 사람들은 흰 암소를 돌보거나 그 앞에 서 있는 것만으로도 신의 보호를 받는다고 생각했다. 현실에서도 소는 인간에게 많은 것을 제공했는데, 그들의 젖은 우유와 치즈, 버터가 되었고, 그들이

누는 똥은 연료가 되었기 때문에 그들을 해치는 것이 금기시되는 것은 당연했다.

마당에 채소를 가꾸다

곡식을 재배하고 가축을 기르는 것은 일상이 되었다. 비록 화석이나 기록으로는 남아있지 않지만, 학자들은 곡식 재배 이후 다른 작물로 채소류도 재배했을 것으로 추정한다. 문헌에 나타난 고대 이집트인은 빵을 기본 식단으로 하되, 렌틸콩, 양파, 리크, 양상추 등이 식사에 곁들였다. 고대 그리스인은 빵에 올리브, 무화과, 가축에서 나오는 치즈를 곁들여 먹었으며, 로마인은 누에콩과 함께 완두콩, 양파, 순무를 재배해 먹었다. 우리나라에서도 채소에 관한 기록이 남아있다. 단군신화에서 곰과 호랑이는 백 일 동안 채소인 쑥, 마늘만 먹어야 했다. 신라의 시조 중 한 명인 박혁거세는 채소인 박에서 태어났다. 이러한 이야기들은 우리나라에서도 아주 오래전부터 채소를 먹었다는 것을 짐작하게 해 준다. 공식적인 기록으로는 고구려의 상추 재배에 관한 것이 가장 빠르다. 조선 후기 학자였던 한치윤은 ≪해동역사海東繹史≫에서 고구려에서 재배하던 상추에 대해 청나라 문신인 고사기가 쓴 ≪천록지여天祿識餘≫를 인용하여 소개했다. 고구려 사신이 수나라에 갔을 때 그 나라 사람들이 아주 비싼 값으로 상추씨를 사려 했다는 것이다. 신라에서 나는 가지에 관해서도 기록했는데, 달걀 모양으로, 꼭지가 길고

맛이 달아 그 종자를 수나라에서 심어 당시 중국에 퍼졌다고 한다. 삼국시대, 통일신라 시대를 지나 고려에서도 채소 재배는 쭉 이어졌다. 이규보의 문집 ≪동국이상국집≫과 ≪고려사≫에서는 당시 재배되던 채소 이름인 오이, 가지, 무, 파, 아욱, 박, 배추, 상추, 생강, 토란 등의 이름을 발견할 수 있다. 1064년 고려에 흉년이 들자, 개경의 길목인 임진강 나루에 임시급식소인 '진제장'을 설치하고 죽과 채소를 준비해 나눠주었다는 기록이 있다.

비록 채소에 관한 기록이 남아있지는 않지만, 감자, 옥수수, 콩, 양파 등 다양한 채소는 오래전부터 필수 식품이었다. 그래서 이들은 집 마당 안쪽이나 근처, 혹은 공터에 채소를 기르는 텃밭을 가꾸었을 가능성이 크다. 조선 시대 기록을 보면 공터만 있으면 채소를 심는 것이 일상적이었는지, 한양(지금의 서울) 도성은 좁으니 도성 내에서는 공터를 채소밭으로 만들지 말라고 하기까지 했다고 한다. 하지만 관청 내 공터에서도 텃밭을 만들어 채소를 기르고 있었으니, 도성 내 공터에 채소를 심지 못하게 하는 것은 어불성설이었던 듯하다.

밥이 쌀농사로 대표된다면 반찬은 텃밭 가꾸기로 대표된다고도 할 수 있을 만큼 밥과 반찬으로 구성된 우리의 식사에서 텃밭은 온갖 반찬 재료를 가까이에서 해결할, 꼭 있어야 할 공간이었다. 텃밭은 채소를 주로 기른다고 하여 '남새밭'이라고도 불렸는데, 오래전부터 사람들에게 친숙한 공간이었다. 자급자족의 공간이기도 한 이곳에는 채소는 물론 옥수수, 쌀과 같은 곡물을 재배하기도 했다.

밭 둘레로 꽃을 길러 정원으로도 활용했다.

　서울 창덕궁에 가면 조선시대 최대의 궁중 정원인 후원이 있다. 여기에는 주합루, 존덕정, 부용정 등 화려한 정자들과 달리 소박하게 초가로 지붕을 인 정자가 있다. 청의정이다. 먹는 것이 귀한 시절에는 먹을 것을 잘 확보하는 것은 나라를 잘 다스리는 것이나 다름없다. 농사를 근본으로 하고 상업을 억제한다는 '농본억상' 정책을 폈던 조선은 이 생각을 궁궐 내에서도 펼쳤다. 왕이 농민의 마음을 헤아리기 위해 손수 벼를 심고 수확하던 곳으로 지붕의 초가 볏짚도 여기서 수확하고 나온 것으로 만들었다. 왕과 왕비는 창경궁에는 뽕밭을 두었고 내농포의 도움을 받아 손수 관리하기도 했다. 내농포는 내관들이 왕실에 필요한 채소와 과일을 재배하던 관서로, 그 모습은 동궐도에서도 확인할 수 있다.
　후원에 농경지가 조성된 이후, 궁궐에 빈 땅이 있으면 나인, 내관 등 궐 내 사람들의 끼니를 목적으로 한 텃밭이 조성되었다. 그 위치는 경복궁의 후원인 향원지 일대로, 과수원도 있어 이곳에서 나는 과일을 왕께 진상하기도 했다고 한다. 이는 전통이 되었다. 다만 너무 많아 문제가 되기도 했다. 《중종실록》에 보면 이자화가 '궐내 채소밭이 15개 처나 된다.'고 중종에게 아뢰니, 중종이 "전일부터 경종 하던 것이니, 어찌 해로울 것이 있겠는가!"라고 말하였다고 한다.
　온실을 조성해 겨울에도 상추 같은 채소들을 재배해 먹었는데,

52　가려진 역사

동궐도
순조 24년(1824)~30년, 고려대박물관

(위) 순조 재위 당시 동궐도 전체 모습
(맨왼쪽) 왕이 직접 농사를 짓던 청의정
(가운데) 과수원터로 추정되는 위치
(오른쪽) 겨울철 채소를 재배하던 온실

세종 때 어의였던 전순의는 ≪산가요록≫에서 이러한 채소를 재배하는 방법을 자세히 기록으로 남기기도 했다.

1800년 정조가 승하하자 11세였던 순조가 즉위했다. 정순왕후는 즉시 3정승을 새로 임명하고 어린 순조를 대신해 수렴청정에 나섰다. 영조의 사도세자 처분을 두고 정조와 갈등이 있었던 정순왕후는 반대 계파 제거를 위해 천주교 탄압을 명분으로 내세워 신유박해를 일으켰다. 평소 서학에 관심이 많았던 다산 정약용도 무사할 수 없었다. 결국, 그는 한양에서 아주 멀리 떨어진, 땅끝에 가까운 전라남도 강진으로 유배를 떠났다. 그는 이곳에서 11년간 머물며 ≪목민심서≫를 비롯해 ≪경세유표≫, ≪흠흠신서≫ 등 500여 권에 달하는 저서를 남겼다.

평소 농사에 관심이 높았던 다산은 편농·후농·상농을 주장했다. 편농은 농사일이 편해야 한다는 것이고, 후농은 이익을 높이는 것이며, 상농은 농민의 신분을 높이는 것이었다. 다산 스스로도 다산초당 앞에 텃밭을 만들고 직접 작물을 가꾸며 농업의 소중함을 설파했다. 제자 윤혜관에게도 "귀족의 후예라고 해도 먼 지방에서 몇 해를 지내고 나면 벼슬길이 마침내 끊긴다. 오직 농사를 지어야만 노인을 봉양하고 어린 것들을 기를 수 있다. 하지만 농사일은 천하에 이문이 박한 것이다."라며 농사의 소중함을 가르쳤다.

다산 같은 이도 있었지만, 농업을 천시하는 이도 많았다. 그들이 노고를 들여 기른 농작물을 먹고 살아가면서도 궁궐에 퇴비 냄새가 나니 텃밭을 없애자고 건의하는 이도 있었다고 한다. 아이러 니한 일이었다. 이런 상황에도 궁궐과 한양에 사는 사람이 많아지고 점점 도시화되자 텃밭도 자리를 잃어 갔다. 상추를 기르는 과정도 사람들과 멀어졌다. 자연히 상추 한 장에 담긴 수고로움도 사람들에게 잊히고 있었다.

도시민들, 호미를 들다

13세기 까지만 해도 영국, 봉건제도의 끝자락에 있던 당시만 해도 농지를 제외한 곳은 모두 공유지였다. 이곳에서 사람들은 야생 식물을 채취하거나 양이나 소 등 가축을 풀어놓고 길렀다. 하지만 13세기 이후 곡물 시장이 성장하고 토지 거래가 늘어나면서 지주와 부농들이 공유지를 사유화해 울타리를 치기 시작했다. '인클로저Enclosure'가 일어나기 시작한 것이다. 그런 상황에서 소규모 경작지를 대규모 농장에 합병할 수 있도록 하자, 많은 땅이 이들 지주와 부농들의 농장에 편입되었다. 19세기 전반이 되자 영국 토지 대부분에 울타리가 쳐졌다. 그 여파로 소규모 영농이나 공유지에서 농사를 짓고 살던 사람들은 살 곳을 서서히 잃었다. 살던 땅을 빼앗겨 많은 이가 소작농이나 임금노동자로 전락했다. 자작농일때보다 먹고 살기 어려워졌다. 일자리를 찾아 도시로 가는 이가 속출했다. 워낙 많은 이가 도시로 몰려들었고 어디든 일할 수 있는 곳으로 가야했기 때문에, 도시 하층 공장 노동자로 전락하게 되었다. 이들은 산업혁명을 일으키는 노동력의 바탕이 되었다.

　공장 노동자가 된 농민들은 가난했던 만큼 그들이 차지할 수 있는 거주 공간도 아주 좁았다. 땅도 없었다. 농촌에서처럼 땅에 심어 길러 먹는 것은 불가능했다. 빵, 햄, 채소 등등 모두 사 먹어야 했다. 도시에 몰려든 사람들만큼 도시의 식량 수요는 많아졌다. 이는 다시 대규모 농장이 확대되는 것을 도왔다. 그 결과 또다시 농촌에서 경작지를 잃고 도시로 편입되는 농민이 늘어나는 악순환이 되풀이되었다. 먹거리와 사람들의 거리는 멀어졌고 텃밭은 사라져 갔다. 이제는 직접 기르는 것이 아니라 사 먹는 것이 당연해졌다.

　이런 상황은 우리나라에서도 마찬가지였다. 광복 후 우리나라가 성장하는 과정에서 농촌보다는 도시 중심이었다. 새마을 운동이 일어나 농촌 현대화도 일어났으나, 공장을 세우고 물건을 만드는 제조업이 변화의 중심에 있었다. 공장에는 많은 사람이 필요했고, 농촌에서 먹고 살기 어려워진 사람들은 일자리를 찾아 도시로 갔다. 영국에서 산업혁명 당시 도시로 간 사람들의 삶이 어려웠던 것처럼 우리나라에서도 농촌을 떠나 도시로 간 사람들의 삶은 팍팍했다. 낮은 임금, 오랜 노동에 처하거나, 일자리를 구하지 못해 도시 빈민층으로 전락했다. 그럼에도 점점 더 많은 사람이 도시로 몰려왔다. 그 결과 현재 우리나라는 91.9%가 도시에 산다.

　도시는 분명 편리한 면이 있다. 돈이 있다면 세탁, 청소 등 많은 것을 남에게 맡길 수 있다. 갈 곳들은 밀집해 있어 이동도 편리하다. 먹을 것을 구하기도 좋다. 식당과 마트는 넘쳐나고, 전자레인지만 돌리면 바로 먹을 수 있는 음식도 넘쳐난다. 사방에서 안심하고 먹으라며 메시지를 흘려보낸다. 하지만 어두운 면도 있다. 잊을 만하면 터지는 집단 식중독 사건, 불량 식품 사건이 우리를 불안하게 만든다. 수많은 사람과 부대껴 사는 정서적 스트레스도 증가했다. 거기에다 시골보다 훨씬 적은 녹지도 정신을 건강하게 관리하기 어렵게 한다. 스웨덴 스톡홀름 리질리언스 센터가 2018년 발표한 논문에 따르면 자연 녹지 환경이 20% 미만일 경우 우울증, 스트레스, 불안 증세에 빠질 가능성이 크지만, 오직 13%의 도시 인구만이 녹지가 20% 이상인 곳에 거주하는 것으로 나타났다. 2021년 차미영 기초과학연구원[IBS] 수리 및 계산과학연구단 데이터 사이언스 그룹 CI[Chief Investigator] 연구팀이 정우성 포스텍 산업경영공학과 교수, 원동희 미국 뉴저지공대 교수 등과의 공동연구에서 세계 60개 국가를 분석한 결과 "국가의 경제적 상황과 무관하게 모든 도시에서 녹지의 면적이 넓을수록 시민 행복도가 높아지는 경향이 있음을 파악했다"라고 연구 결과를 밝혔다. 녹지가 가지는 긍정적인 영향에도 불구하고, 서울을 기준으로 시민이 접근할 수 있는 도심 녹지 비율은 3.7%밖에 되지 않는다.

도시의 이런 상황이지만, 인간의 본능은 자연인 것일까? 워라밸의 추구 등으로 시간 여유가 생기면서 많은 도시민이 음악, 여행, 미술 등 정서적 안정을 추구할 방법을 찾아 나서고 있다. 그 중에서도 수천 년간 인간에게 내려온 농부 유전자도 한몫하고 있는 것 같다.

서울은 물론이고, 뉴욕 등 대도시의 도심에서 사람들이 호미를 들고 직접 먹을 채소 등을 기르기 위해 텃밭을 가꾸기 시작했다. 도시농업에 대한 관심은 2004년 도시농업 운동으로 연결되었고, 2011년 '도시농업의 육성 및 지원에 관한 법률'이 제정되었다. 농림축산식품부의 발표로는 우리나라 도시 농부는 2010년 15만 3천 명에 재배 면적 104헥타르에서 불과 10년 사이 184만 8천 명이 넘었고 텃밭 면적도 1천 60헥타르로, 12배 넘게 늘어났다. 2020년대 초반을 휩쓴 코로나19도 도시농부의 증가를 도왔다. 이는 부수적인 효과도 가져왔다. 농촌진흥청에 따르면 도시 텃밭을 위해 도심 건물 옥상을 농원화함으로써 냉난방비 16.6%를 절감하는 효과가 있으며, 도시 텃밭 100㎡마다 온실가스 22.75kg을 줄일 뿐 아니라, 매년 대기오염 물질 2kg을 줄이는 효과가 있다고 밝혔다. 정서적 친밀감과 공동체 의식을 높이는 것은 물론이다.

미국에서는 이런 일도 있었다. 트럼프가 대통령으로 당선되자, 백악관에 있는 텃밭을 둘러싸고 소동이 벌어졌다. 트럼프 전 정부인 오바마 정권 때 미셸 오바마가 가꾼 텃밭 때문이었다. 미셸 오바마는 '더 건강한 미국을 만들자'는 슬로건 아래 백악관에 텃밭을 만들고 자신은 물론 사람들을 초대해 이곳을 정성스레 가꾸었다. 이는 오바마 정부의 메시지이기도 했다. 미셸 오바마가 적극적으로 밭을 일구는 모습은 미국인들에게 깊은 인상을 주었고 많은 이가 텃밭 가꾸기에 참여하게 되었다. 그러다 보니 트럼프 정부가 이 텃밭이 유지하느냐 여부는 사람들에게 큰 관심거리였다. 워낙 반대 성향의 트럼프이다 보니, 미셸 오바마가 사람들과 함께 정성 들여 가꾸던 텃밭을 갈아엎는 것이 아니냐는 우려가 나왔었다. 이 일은 멜라니아 트럼프가 텃밭을 계승하겠다는 성명을 내면서 일단락되었다.

우리는 지구에 살아가고, 이 폐쇄된 공간 안에서 살아남기 위한 방법을 끊임없이 모색하고 있다. 인간의 발전사는 살고자 하는 의지를 반영하는 역사였다. 그러나 그 과정은 순탄치 않아 지금도 수많은 시행착오를 겪고 있다. 기후변화 문제도 그러하다. 그 어떤 방법에도 인간은 먹고살 것이 나오는 작은 땅이라도 있어야 살아갈 수 있다. 우리 자신을 존재하게 해주는 건강한 먹거리를 키우려면 흙, 태양, 바람, 비, 곤충 그리고 미생물까지 어느 것 하나 중요하지 않은 것이 없다. 그 속에서 우리는 우리 자신도 생태계의 일부임을 배우게 된다. 지금 우리는 살길을 모색하는 과정에서 다시 호미를 들기 시작했다. 이는 어쩌면 지구가 병들어 가는 것을 보면서 본능적으로 움직이고 있는 우리의 생존 의지가 아닐지 생각해 본다.

물을 관리하다

날이 풀리고 볍씨가 싹을 틔워 한 뼘 길이로 자라나면 농부는 모내기로 바빠진다. 논으로 옮겨간 모는 여름 내내 논에 대어진 물을 마시며 무럭무럭 벼로 자라난다. 워낙 물을 좋아하다 보니 논에 물이 마르지 않게 하는 일은 정말 중요하다. 그래서 벼가 잘 자라도록 적절히 내리는 비는 아주 소중한 물이 된다. 하지만 날씨라는 것이 늘 농부의 마음대로 되지는 않는다. 논에 물이 적당하도록 농부의 노고가 쌓이고 선선한 바람이 불어오면 벼는 이제 알곡을 채워 고개를 숙인다. 추수의 계절이다. 가을볕과 바람에 잘 익은 벼가 고개를 숙이면 농부는 추수를 시작한다. 벼는 탈곡 후 쌀이 되고 시장을 거쳐 우리 식탁으로 오르게 된다. 전 세계 60%가 주식으로 먹는 밥의 원료인 쌀은 이렇게 우리에게 온다. 밥을 짓기 위해 쌀의 1.2배 되는 물이 필요하다. 이 물은 쌀이 밥이 되는 데 필요한 마지막 물이다. 150g의 쌀로 지은 밥 한 공기가 되기까지 약 2백 L의 물이 필요했다. 그 물을 위해 농부는 벼가 자라는 내내 물을 신경 써야 했다.

 벼를 가지고 물을 이야기 했지만, 모든 작물을 키우는데 물은 꼭 필요하다. 그래서 물을 어떻게 할 것인가는 인류가 농사를 시작하는 순간부터 함께했고, 농사에서 물을 어떻게 관리하느냐는 먹거리 확보를 위해 가장 중요한 요소이다.

곡식을 키우기 위한 필수 조건, 물

 인간이 주로 먹는 곡물은 쌀, 밀, 보리, 옥수수, 콩 등이다. 이 가운데 쌀이 열리는 벼는 단위 면적당 생산량이 가장 높은 곡물로, 한 알을 심으면 120알이 열리며, 전 세계 인구의 60% 이상이 주식으로 삼고 있다. 벼의 생육을 살펴보면, 여느 식물처럼 볍씨에 싹이 터 모로 자라난다. 어린 벼가 되면 벼꽃인 이삭이 핀다. 이삭이 바람의 힘을 빌려 수정되면 이것이 영글어 쌀이 될 낱알로 열린다. 이렇게까지 자라려면 벼는 본격적으로 자라나는 모가 되었을 때 적절히 따뜻한 17~18℃가 유지되어야 하고 많은 물을 먹어야 한다. 그러다 보니 벼는 재배하려면 따뜻한 기후와 함께 풍부한 물이 필요하다.

 1998년 4월, 금강 소로리 선사유적지에서 수십 개의 볍씨가 발견되었다. 볍씨에는 인위적으로 자른 듯한 자국이 있었다. 연대를 측정해보니 1만 5천 년 전의 것으로, 지금까지 발견된 볍씨 중 가

소로리 볍씨 한국선사문화연구원
벼를 기르기 위해 오래전부터
치수가 필요했다.

장 오래된 것이었다. 이 발굴은 전 세계 역사학계를 놀라게 했다. 지금까지 정설이었던 '벼는 인도에서 중국을 거쳐 한반도로 전파되었다'는 것을 뒤집는 증거였기 때문이다. 중국에서 발견된 것보다 4,500년 이른 것이었다. 소로리에서 발견된 볍씨는 벼의 역사를 훌쩍 앞당겼다. 게다가 더 거슬러 올라간 선사시대를 탐구할 중요한 단서가 될지도 몰랐다. 볍씨의 발견은 벼를 길렀다는 사실 뿐 아니라, 벼를 기르기 위해 물관리를 했을 가능성을 보여준다.

인류는 곡식을 기르기 시작하면서 떠돌이 생활을 관두고 정착했다. 사실 먹을 것을 찾아 떠돌아다니며, 사냥하고 열매를 구하는 것은 불확실의 연속이었다. 사냥에 늘 성공하는 것도 아니었고, 열매는 쉽게 상해 한 철만 먹을 수 있을 뿐이었다. 직접 식물을 길러 그 열매를 따 먹는 것은 비록 오랜 시간이 걸리지만, 먹을 것을 얻게 될 확률을 높였다. 자연히 생존 확률도 높였다. 물론 처음부터 녹록지는 않았을 것이다. 그래도 시간이 지나며 점점 식물을 잘 기를 수 있는 노하우가 쌓여갔다. 그 과정에서 물이 있어야 벼든 조든 자랄 수 있다는 것도 알게 되었다.

비록 우리나라는 기후 때문에 따뜻해지는 봄부터 가을까지 일 년에 한 번만 재배할 수 있지만, 일 년 내내 따뜻하고 물이 풍부한 아열대 지역의 필리핀, 베트남 등은 이모작, 삼모작까지도 한다. 벼만큼은 아니지만 다른 작물들도 충분한 물이 있어야 잘 자라난다. 그런데 이 물이 일정한 듯하면서 늘 일정한 것은 아니다. 가뭄으로 물이 부족해지기도 하고, 폭우가 내려 아주 짧은 시간 동안 강물이 불어나 홍수가 일어나기도 한다. 물이 부족하면 벼는 잘 자라지 못하고 냉해 등의 피해도 쉽게 입는다. 반대로 물이 너무 많아지면 침수로 제대로 자라지 못한다. 비가 오는 시기도 중요한데, 만약 수확을 위해 논을 말려야 하는 시기에 태풍이라든가 큰비가 내리면 수확량은 줄어든다. 이처럼 한 줌의 쌀이 우리 밥상에 오르려면 필요한 시기에 필요한 만큼의 물이 공급되어야 한다.

옛사람들은 물의 중요성을 농사를 처음 지을 때는 몰랐어도 점점 경험이 쌓이면서 깨달았을 것이다. 물이 수확량에 영향을 미친다는 것도 알게 되었을 것이다. 그렇게 인류의 물관리도 시작되었다.

물 관리를 시작하다

기원전 3,200년 전, 현재 중동 지역인 티그리스-유프라테스강

하류에 생성된 삼각주에 사람들이 자리 잡았다. 수메르인들이었다. 이들이 자리 잡은 곳은 땅이 비옥하고 물이 풍부했다. 물이 풍부하다고 물이 마음대로 된다는 것은 아니었다. 물관리가 필요했다. 수메르인들도 이런 사실을 일찍부터 깨닫고 있었다. 그 생각은 메소포타미아 신화라고도 불리는 수메르 신화에 잘 나타나 있다. 수메르 신하에서 여신들은 세상의 하늘과 땅이 생기던 낮과 밤에, 신들을 낳았고 음식을 준비했다. 나이 많은 신들은 작업을 감독했으며 젊은 신들은 수로를 팠다. 이 수로에 담수와 바다를 관할하는 물의 신이자 가장 먼저 땅의 지배자가 된 신, 엔키^{Enki}가 물을 흘려 보내 식물들이 자랄 수 있도록 했다.

하지만 이 수로에는 흙이 잘 쌓여서 젊은 신들은 계속 진흙을 퍼내야 했다. 고된 날들이었다. 젊은 신들은 눈물을 흘리며 불평했고, 그 소리가 엔키의 어머니인 남마 신에게까지 닿았다. 남마 신은 잠든 엔키를 깨워 신들을 도울 인간을 만들라고 하였고, 이에 엔키와 또 다른 신 닌막이 힘을 합쳐 인간의 몸과 운명을 만들어 냈다. 엔키는 모든 계절과 시간을 조절했고 인간이 농사를 지을 수 있게 했으며, 수확은 물론 가축도 풍성하게 불어나게 했다. 수메르가 남긴 신화에 나온, 물과 농사에 관한 이야기를 통해 그들이 얼마나 이를 소중히 여겼는지 추측할 수 있다.

오래전부터 물과 농사를 중요시한 곳으로 고대 이집트도 빠질 수 없다. 아프리카 동북부에 있는 이집트에는 세계에서 가장 긴 강

고대 이집트의 나일로미터 나일강 범람을 예측하기 위해 탑, 계단 등 다양한 형태의 나일로미터가 나일 강변에 설치되었다.

인 6천 650미터의 나일강이 흐른다. 이 강은 에티오피아고원에서 시작하는 청나일강과 빅토리아호, 앨버트호, 에드워드호로부터 내려오는 백나일강이 만나 이집트를 거쳐 지중해로 합류한다. 이 중 청나일강은 나일강 유량의 80% 이상을 담당하는데, 에티오피아고원에 내리는 비와 빙하가 녹은 물이 이 강에 합류하면서 나일강 유량을 증가시키는데, 이것이 이집트를 흐르는 나일강의 범람을 일으킨다. 범람은 매년 4월 이집트 남부에 있는 하르툼에서 시작해 점점 북쪽으로 올라오는데, 10월까지 이어진다. 이 시간 동안 강이 불어 넘친다. 대신 '나일강의 선물'이라고 불릴 만큼 비옥한 검은 흙을 하류로 날라준다. 영양을 가득 실은 이 흙이 이집트 사람들에게 풍년을 기원할 수 있게 한다. 고대 이집트는 매년 찾아오는 이 선물을 잘 활용할 수 있도록 나일강 수위를 측정해 관리하기 시작했다. 이를 위한 공간을 만들었는데, 바로 나일로미터Nilometer이다.

나일로미터의 형태는 계단, 우물, 건물 등 다양했다. 수위를 표시하는 방식도 다양했다. 벽면에 표시하거나, 수위가 표시된 기둥을 세웠다. 현재 남아있는 나일로미터는 861년에 지어진 카이로의 로디섬에 있는 것으로, 이집트 역사를 이끌어 왔다고 해도 좋을 만큼 중요한 건축물이다.

이곳은 지상에서 나일강의 바닥 면에 가까운 깊이까지 파고 내려가 공간을 만들고 이곳에 나일강 물이 들어올 수 있도록 했다. 이곳의 물 높이는 나일강의 수위와 같았으며, 이 수위만 보면 범람이 얼마나 가까워졌는지 알 수 있었다. 그 표시를 보고 사람들은 범람을 대비할 수 있었다. 범람이 지나고 나면 앞서 말한 것처럼 이집트의 강을 끼고 자리 잡은 경작지는 영양이 풍부한 검은 흙으로 뒤덮여 농사짓기 좋은 상태가 된다. 이집트인들은 자연이 준 풍요 속에 풍요로운 문화를 일굴 수 있었다.

이집트에 나일로미터가 있었다면 로마에는 뛰어난 관개 시설이 있었다. 역사적으로도 많이 회자하는 로마의 관개시설은 로마에만 만들었던 것이 아니라 로마가 진출했던 북아프리카 지역에까지 만들어졌다. 지금은 사막인 이곳은 로마인들이 살던 시절만 해도 로마인들이 농작물을 키우기 위해 멀리서부터 물을 끌어들인 물 덕분에 비옥한 지역이 되었다. 아쉽게도 로마인은 떠났고 이곳은 사막이 되었다. 역사에 가정은 없다지만, 그래도 만약 로마인이 북아프리카에 오래도록 살아 이곳을 가꾸었다고 상상해 본다면 바싹 마른 모래뿐인 북아프리카의 풍경을 바꿔놓지 않았을까?

중국은 '치수'로 역사가 시작되었다고 할 만큼 고대부터 물관리를 중요하게 생각해 온 곳이다. 태평성대라 불리던 요순시대, '요' 임금은 황하 유역에 가뭄과 홍수가 자주 발생하여 백성들이 고통을 받자, 이들의 고통을 줄여주기 위해 큰 물고기라는 뜻을 가진 곤鯤이라는 인물을 임명하여 이 문제를 해결하도록 했다. 이를 해결하지 못하자 요의 뒤를 이은 임금 '순'은 곤을 처형하고 그의 아들 '우'에게 가뭄과 홍수 문제를 맡겼다. 이에 우는 임무를 다하기 위해 황하의 물길을 터주는 등 치수에 최선을 다했고, 그 공을 인정받아 순이 죽은 뒤 제후의 추대를 받아 '하夏' 왕조의 천자가 되었다.

　우리나라도 마찬가지로 벼를 잘 기르기 위해 물관리에 심혈을 기울였다. 현재 남아있는 기록으로 가장 오래된 것은 33년 백제에서 벼농사를 했다는 기록이다. 물론 실제 물관리는 훨씬 이전부터 시작되었을 것이다. 기록이 시작되는 삼국시대는 안정적인 논농사를 위해 저수지의 축조나 수리에 많은 관심을 기울인 시기였다. 4세기 초 비류왕이 쌓은 것으로 추정되는 김제 벽골제에는 수문을 만들어 물이 들어가는 양을 조절한 흔적이 그대로 남아있어 나름의 체계를 가지고 관리하였다는 것을 알 수 있다. 통일신라 시대에 들어서서는 저수지에 수통을 설치하여 관개하는 방법을 개발했다. 이로써 물 낭비도 줄이면서 필요한 시기에 적절한 양의 물을 조절해 공급할 수 있게 되었다.

　고려에 들어서 물관리는 한 단계 더 본격화되었다. 국가가 수조水曹라는 기구를 설치해 직접 물관리에 나섰다. 조선시대에는 본격적으로 물을 관리하기 위해 제언사堤堰司를 두어 저수지의 신설, 조사 및 수리 등 물과 관련한 행정을 담당하게 했다. 나아가 세종 때에는 물을 끌어 올리는 양수기인 통차筒車를 만드는 것은 물론 장영실에게 명해 측우기를 만들었다. 이처럼 물관리는 우리나라 역사에서 지속해 국가 사안으로 다루어졌을 만큼 중대 사안이었다. 이는 지금이라고 다르지 않다. 식량 문제와 바로 연결되어 있기 때문이다.

농사를 짓는 방법은 크게 두 가지 방식이 있다. 하나는 볍씨 상태에서 직접 땅에 뿌려서 기르는 직파법이고, 다른 하나는 볍씨를 어린 모로 키워낸 후 논에 물을 대고 기르는 이앙법이다. 우리나라에서 벼를 기를 대부분의 방법은 이앙법인데, 직파법에 비해 노동력은 적게 들고 생산력이 좋다. 하지만 이러한 장점 때문에 이앙법을 들이고 싶었으나, 15세기 조선에서는 이를 금지했다. 효율은 높지만 모내기 시점에 가뭄이나 홍수가 들면 피해가 매우 컸기 때문이다.

나라는 금지했지만, 장점이 많은 이양법을 사람들은 포기할 수 없었다. 가뭄이나 홍수만 아니라면 문제 될 것이 없었다. 그 결과 이앙법으로 농사짓는 사람들이 점차 증가하였고 18세기 무렵이 되자 이는 일반적인 농사법이 되었다. 이렇게 이앙법이 퍼져 나갈 수 있었던 데에는 바로 작은 하천이나 개울에 둑을 쌓아 물을 저장하던 '천방'이라고 불리던 관개시설이 늘어난 것이 크게 작용했다. 어쨌거나 이앙법이 확산하면서 벼농사에 들어가던 노동이 줄어들자, 사람들은 남은 힘으로 밭농사까지 지을 수 있게 되었다. 그 결과 더 많은 식량을 수확할 수 있게 되었다.

지금으로 치면 댐의 역할을 하는 저수지나 천방은 19세기까지만 해도 높이가 그다지 높지 않고 흙으로 만들어진 것이었다. 그러나 1900년대 초반 포틀랜드 시멘트가 등장하면서, 콘크리트로 만든 댐이 등장했고, 그 크기도 비약적으로 발전하기 시작했다. 1939년 수력발전을 위해 완공된 높이 221미터의 후버댐은 그 규모 면에서 기록적이라고 할 수 있다. 사람들은 콘크리트로 만드는 댐을 만드는 기술을 관개용수를 위한 댐에도 적용하였다. 댐의 크기는 커졌고 많은 나라에서 댐 건설 붐이 일었다. 국내의 경우, 1960년대에 UN, 세계식량기구FAO 등 국제사회의 도움을 받아 농업용수 개발을 위한 유역 조사가 전국적으로 이루어졌고, 이는 댐 건설 사업으로 이어졌다. 수많은 댐이 세워졌다. 현재까지 완공된 관개용 댐만 해도 425개이다. 댐 규모도 커졌다. 이제 농사 짓는 데 가뭄과 홍수는 문제도 아닌 것처럼 보였다. 그런데 다른 곳에서 문제가 터졌다.

21세기 전쟁은 물 전쟁

인간의 몸은 3분의 2 정도가 물이다. 생존하려면 수분을 잘 유지해야 한다. 만약 수분을 2%를 잃으면 갈증을 느끼고, 4%를 잃으면 근육 피로를 느끼며, 12%를 잃으면 무기력, 15~20%를 소실하면 의식불명이 되거나 사망하게 된다. 그러므로 생명을 유지하려면 물을 꼭 마셔야 한다. 인간의 몸도 몸이지만, 우리가 먹을 식량 생산을 위해서도 물이 꼭 필요하다. 아시아권에서 많이 먹는 쌀은 물론이고, 밀, 보리 등의 곡물과 각종 채소를 기르려면 물이 있어야 한다. 지구에서 인간이 접근해 사용할 수 있는 지표 담수가 지구 전체 물의 0.77%이지만, 최근까지만 해도 인간이 마시고 곡식을 기르기 충분했다. 얼마 전까지는 말이다.

지구의 물은 한정되어 있고 지구에 사는 모든 생명체가 함께 쓴다. 물을 써야 할 생명체가 늘어나고 물을 쓸 곳이 많아지면 물은 자연스레 부족해진다. 지금이 딱 그런 상황이다. 1970년에서 2020년까지 50년간 야생 생물의 규모가 69% 줄어드는 동안, 인간은 37억 명에서 80억 명을 넘어섰고, 인간이 키우는 가축 수는 300억 마리를 넘어섰다. 이스라엘 바이츠만 연구소가 인구 70억 명이었을 당시 인간과 가축의 무게를 추정했더니 야생 포유류를 모두 합쳐도 각각 스무 배, 서른 배 많은 무게였다. 그리고 멸종하는 동물의 증가, 늘어나는 인구와 가축 수로 이 차이는 더 벌어지고 있다. 동시에 물을 나눠 먹어야 할 개체 수가 늘어났다. 그리고 우리에게 보이지 않지만 물을 써야 하는 곳에서도 엄청나게 많은 물을 쓰고 있다.

우리가 마시는 생수 한 병을 생각해 보자. 거기에는 500㎖의 물이 들어있지만, 이 물이 우리에게 오기까지는 물이 담긴 플라스틱 병을 생산해야 했고, 지하로부터 물을 뽑아 올리기 위해서는 기계의 힘을 빌려야 했다. 이때 연료를 써서 기계를 돌린다. 기계가 돌면서 열이 발생하면서 터빈이 돌고, 전기가 발생한다. 이 과정에서 터빈은 뜨거워지게 되고, 이를 식히기 위해 발전소에서는 물을 쓴다. 1L의 석유를 퍼 올리기 위해 18L의 물이 쓰인다, 기계를 만드는 과정에서도 물론이다. 바로 이렇게 생산과정과 이동을 위해 쓰인 물을 보이지 않는 물이라 하고, 물발자국이라는 개념으로 표시한다. 물발자국은 L로 표시한다.

이런 물발자국은 우리가 먹고 쓰는 모든 것에 포함되어 있다. 생수 한 병은 한 병 분량의 물만으로 만들어지지 않는 것이다. 부담 없이 입고 버리던 면 티셔츠 한 장을 위해 3,900L의 물발자국을 남긴다. 목화를 수확하고 실을 뽑아내고 탈색과 염색, 각종 가공을 위해 쓰였다. 가축을 기르기 위해서도 그러하다. 쇠고기 1kg을 위해 1.4톤 이상의 물이 든다. 특히 최근 소비가 급격히 늘어난 고기 소비는 물 사용을 급증시켰다. 옛날에는 명절에만 먹는다던 고기를 많은 사람이 거의 매일 먹고 있다. 그 고기를 기르기 위해 수많은 곡물과 물이 들어가고 있다.

물은 한정되어 있는데 쓸 곳이 이처럼 많아졌다. 그것도 보이지 않는 물로 말이다. 관개용 댐은 커졌지만, 인구가 늘어났고 공장이 만들어주는 물건 사용이 많아졌다. 그러다 보니 자연스럽게 물을 둘러싼 갈등이 많아졌다. 이를 두고 전문가들은 "21세기 전쟁은 물"이 될 것이라고 말한다. 나일강을 둘러싼 이집트와 에티오피아의 갈등, 요르단강을 둘러싼 중동 지역의 갈등, 가까이는 메콩강을 둘러싼 인도차이나 반도 국가들과 중국의 갈등 등 전 세계에서 물을 둘러싼 갈등이 일어나고 있다. 전쟁도 불사하는 상황이 벌어지고 있다. 사회학자 제레미 리프킨은 인류의 미래를 위해서는 지구는 '물의 행성 Planet Aqua'이라는 것을 기억해야 한다고 강조했다.

물의 다른 이면

농사만 지을 때는 물만 가둬 두면 해결되는 문제 같았는데, 이제는 달라졌다. 최근 들어 가뭄과 홍수 빈도는 물론 그 강도도 세지고 있다. 만 년 넘게 안정적이었던 기후가 변하고 있다. 벼가 자라는 환경은 더 뜨거워졌고 물 공급의 안정성이 줄어들고 있다. 지금 이대로라면 인류의 60%를 책임지고 있는 쌀을 먹을 수 없게 될지도 모른다. 그 위기감은 벼 품종 개발연구로 이어지고 있다. 가뭄에 잘 견디거나 침수에 잘 견디는 품종을 개발하기 위해 우리나라를 비롯하여 베트남, 필리핀 등 주요 쌀 생산국에서 연구가 진행 중이다. 야생 벼에 대한 유전적 연구도 이루어지고 있다. 이들은 오랜 시간 동안 극한 환경에서 살아남았기 때문에, 우리가 재배하는 벼에 가뭄과 홍수에서 살아남을 수 있는 단서를 제공해 줄지도 모른다.

그러나 이런 노력에도 품종 개발이 온전한 해결책이 되지 못하는 것은 해수면 상승으로 일어나는 경작지의 침수는 막기 어렵기 때문이다. 바로 기후변화 적응과 함께 기후변화 대응이 필요한 이유이다.

풍요의 기원

태양은 하늘에 떠서 그 빛을 땅과 바다에 차별 없이 고루 비추었다. 빛은 땅으로, 식물로, 동물에게로, 인간에게로 음식을 통해 전달되었다. 인간은 생명을 유지하기 위해 그 에너지가 필요했다. 인간도 다른 동물들처럼 에너지를 얻기 위해 먹을 것이 필요했다. 배가 고프다는 것은 에너지가 부족하다는 것이고, 이는 약해진다는 것이며 이는 죽음으로 연결되었다. 풍요롭다는 것은 에너지가 풍부하다는 것이었고, 강해질 수 있다는 것이었으며, 결국 살아남을 가능성이 높아진다는 것이었다. 신석기 시대가 되면서 사람들은 풍요를 위해 '신'으로 칭할 수 있는 자연의 절대자에게 빌기 시작했다. 풍요를 기원했다.

반구대의 고래

울산에서 가까운 울주 언양읍 대곡리 반구대. 이곳에는 신석기

울산 반구대 암각화
신석기 시대
고래를 비롯해 다양한 동물이 새겨져 있다.

시대에 만들어진 커다란 암각화가 있다. 반구대 암각화를 찬찬히 들여다보면, 이곳에 살았던 사람들은 고래 사냥을 했었던 것 같다. 무리 지어 헤엄치는 듯 대열을 맞춘 고래 무리가 보이고 새끼를 밴 고래도 보인다. 물개, 조개는 물론 사슴, 고라니 등의 동물들도 보인다. 바다와 육지를 이어주는 상징적인 존재였던 거북이의 모습도 보인다. 그리고 사람이 활로 사냥을 한다든가 두 손을 치켜든 모습, 악기로 보이는 긴 막대를 부는 듯한 모습 등은 사냥과 함께 일종의 종교적 행위를 연상시킨다. 농사를 짓기 전 식량은 수렵과 채집에 의존했다. 그 과정에서 양질의 단백질을 얻으려면 수렵 활동은 피할 수 없었다. 작고 순한 동물은 재빨라 잡기 어려웠고 손 쉬워 보이는 알을 훔치는 행위조차 목숨을 거는 일이었다. 큰 소를 잡거나 고래를 잡는 것은 여러 명이 한 번에 달려든다 해도 더 위험한 모험이었다. 그러니 사냥의 성공을 비는 것이 너무나 중요했을 것이다.

　반구대처럼 풍요를 기원하는 모습은 전 세계 곳곳에 남아있다. 구석기 초기 인류가 그렸을 것으로 추정하는 스페인 알타미라 동굴에는 들소 열아홉 마리와 멧돼지, 이리 등이 20만 년 전에 그려졌다고는 믿기지 않을 만큼 크고 생생하게 그려져 있다. 이 벽화에 그려진 들소는 크기만 2.5미터에 이르고, 검은색과 갈색을 주로 이용해 들소가 달리거나 상처 입은 모습 등을 다양하게 묘사했다. 이 벽화가 그려진 이유에 대해서는 여러 가지 설이 있으나, 암수 들소가 그려져 있는 모습에서 동물의 번식을 기원하거나 수렵의 성공을 위한 주술을 위해 그려졌을 것이라는 주장이 많이 받아들여지고 있다. 이 외에도 프랑스 라스코 벽화의 선명한 색상의 들소 떼와 동물들의 그림, 인도네시아 술라웨시섬의 물소와 사냥하는 사람들이 그려진 벽화에서 우리는 인류의 초기부터 풍요를 기원했음을 알 수 있다.

이는 풍만한 여성들의 조각을 통해서도 짐작할 수 있다. 가장 잘 알려진 것은 후기 구석기 조각인 '빌렌도르프의 비너스 Venus von Willendorf'이다. 기원전 2만 9500년경에 만들어졌을 것으로 추정되는 이 조각상은 1905년 오스트리아의 고고학자 요제프 촘바티가 오스트리아 니더외스터라이히주 뵐렌도르프 근교에서 발굴했다. 이 조각은 배 위로 흘러내릴 만큼 풍만한 가슴과 불룩한 배, 커다란 엉덩이가 강조되어 우리가 생각하는 미인상과는 전혀 다른 모습이었다. 왜 이런 모습으로 조각되었는가에 관해서는 '당시 이상적인 여인이었을 것이다.', '다산과 풍요를 상징하기 위해 만들었다.', '가족이나 조상을 신으로 표현한 것이다.' 등 다양한 주장이 나왔다. 머리는 있으나 얼굴은 묘사되지 않았고 몸은 풍만하게 표현했다는 점 등에서 이 조각상이 지니는 의미는 불안정한 생존 환경 속에서 풍요를 기원하기 위한 것이 아니었을까 생각해 볼 수 있다. 이렇게 풍만한 여성의 몸을 표현한 조각은 오스트리아 빌렌도르프를 비롯하여 물론 독일, 한국, 만주, 일본, 중국 등 전 세계에서 발견되고 있어, 풍요를 기원하는 마음은 당시를 살아간 인류가

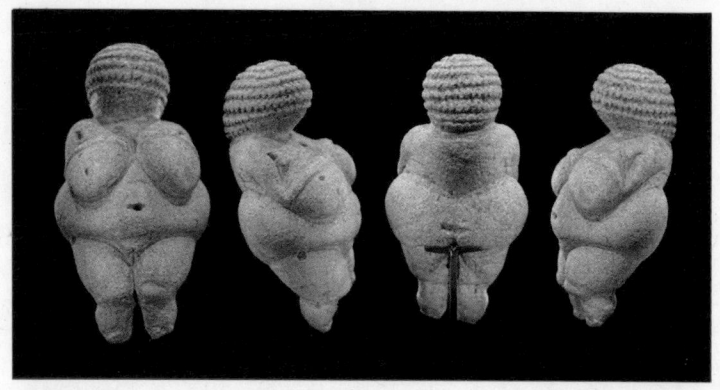

벨렌도르프의 비너스 BC25,000~BC20,000년경, 빈 자연사박물관 풍요로움을 향한 욕구는 풍성한 여성의 몸으로 상징화되어 표현되었다.

가졌던 공통적인 욕구였다는 것을 보여준다.

더 많은 곡식을 거두기를 빌다

누군가가 우연히 곡식을 발견했다. 이 발견은 삶의 방식을 바꿨다. 인간은 곡식을 키우기 위해 한자리에 정착해 살기 시작했다. 거의 모든 역사가 인간이 곡물로 농사를 짓기 시작하면서 안정을 찾기 시작했다고 말한다. 그러나 농사를 짓는 것이 무조건 안정적인 식량을 담보하는 것은 아니었다. 1년 동안 농사를 지어 수확한 것이 한 해를 살아가는 주요한 식량이 되는데, 이 농사를 망치게 되면 1년을 제대로 먹지 못한다는 이야기였다. 그래서 농사를 짓는 곳이면 어디든 한해 농사가 성공적일 수 있기를 기원하는 기도나

제사를 드렸고, 신은 인간을 축복했다. 이는 축제라는 형태로 발전했는데, 농사 전에는 하늘에 풍요를 기원하고, 추수 후에는 하늘에 제사를 지내서 감사를 올렸다.

우리나라는 농사가 중심인 나라로 성공적인 농사는 한 해의 식량 공급에 매우 중요한 일이었다. 그래서 농사의 풍요를 기원하는 축제나 의식들이 예부터 존재해 왔다. 신라 시대에 시작되었다고 알려진 대제는 한해 풍년을 기원하는 중요한 제사였다. 이는 고려, 조선 시대를 거쳐서도 계속 이어져 왔는데, 특히 조선 시대에는 임금이 친히 소를 몰고 논을 갈았다. 곡우를 전후해 이 행사로 농업의 소중함을 백성에게 알렸다. 단오에는 풍년을 기원하며 단오제, 단오굿을 지냈다. 이는 축제의 성격으로 창포물 머리 감기, 수릿떡 먹기, 그네 타기, 줄다리기 등을 즐겼다. 가을에는 추석이 있어, 갓 수확한 곡물을 올려 한 해 농사에 대한 감사를 올렸다.

이집트는 1년에 한 번씩 나일강이 크게 범람 후 물이 빠지면서 그 자리에 상류에서 실려온 영양분이 쌓여 비옥한 흙이 되었다. 사람들은 그 땅에 농사를 지었다. 나일강의 범람 덕분에 이집트는 풍요로워질 수 있었다. 이집트 신화에서 사람들에게 농사를 가르쳐 준 신은 오시리스였다. 인간들은 오시리스를 추앙했다. 이에 그를 시기한 동생 세트는 오시리스를 살해해 그 시체를 조각낸 후 사방에 뿌려버렸다. 오시리스의 아내인 이시스는 눈물을 흘리며 흩어진 오시리스의 조각들을 찾아내었고 생명의 숨을 불어넣어 오시리스를 부활시켰다. 이렇게 풍요의 신이었던 오시리스는 죽음과 부활의 신까지 되었다. 나일강의 범람이 오시리스의 죽음이었다면, 범람 후 이어지는 풍요는 오시리스의 부활을 뜻한다. 이런 오시리스를 기려 이집트에서는 가장 성대한 규모로 그를 기리는 축제가 열린다.

풍요에 대한 기원은 바다에서도 이루어졌다. 바다는 무한할 것처럼 먹거리들이 풍부했다. 그렇지만 위험하기도 했다. 바다 멀리 나갔다 빠지면 살아서 돌아오기는 힘들었고 고기가 잡히지 않으면 굶주려야 했다. 그래서 예부터 고기잡이하는 어부나 해녀들

제주 칠머리당 영등굿 장면 국립민속박물관 바다를 돌보는 영등할망에게 풍어를 빌며 음력 2월 초하룻날에 굿을 지낸다.

은 바다에 나가기 전에 안녕과 풍어를 기원했다. 제주도 영등할망은 바닷가에 살았던 이들이 어떤 마음으로 풍요를 기원했는지를 보여준다.

제주도에 가면 칠머리당이라고 있는데, 이곳은 일곱 신을 모시고 있다. 그중 한 명이 '영등할망'이라 불리는 영등신이다. 영등할망은 고기잡이를 나갔다가 외눈박이 거인들에게 잡힐 뻔한 어부들을 구해줬는데 그 사실이 발각되어 거인들에게 죽임을 당했다. 이후 영등할망은 신이 되어 고기잡이 어부나 해녀들의 안전을 지켜주고 바다의 풍요를 가져다주었다. 매년 음력 2월 초하룻날이 되면 제주로 돌아와 바닷가를 돌며 해산물의 씨를 뿌려 먹을 것이 풍성하게 해주었고, 고기잡이와 농사도 도와주었다. 그런 후. 음력 2월 25일이 되면 원래 있던 곳으로 돌아가는 것으로 사람들을 지켰다. 이에 사람들은 영등할망에게 감사의 마음과 풍어와 풍년을 기대하는 마음을 담아 제를 올리기 시작했다. 그 풍습은 지금까지도 이어져 제주 어촌에서는 고기잡이 때가 본격적으로 시작되면 배를 띄우기 전 영등할망에게 풍어와 안녕을 비는 제사를 지낸다. 그리고는 배 가득 물고기를 잡아오길 기원하는 오색 만선기를 배에 매달고 바다로 나간다.

베트남 하노이 트롱홍구에는 '반지아'라는 마을이 있는데, 이곳에는 오래된 전설이 내려오고 있다. 전설의 실체는 마을 어귀에 있는 오래된 사원, 바Va 사원에 가면 만나볼 수 있다. 이곳에는 베트남의 주요한 산신인 탄 비엔^{Tan Vien}을 모시는 곳으로, 매년 봄과 가을에 산신을 경배하는 축제를 열어 신의 가호와 함께 풍년을 기원한다. 이 중 음력 9월에 열리는 가을 축제는 틱^{Tich} 강에서 낚시하는 산신의 전설에서 유래한다. 전설에 따르면 산신이 하루는 틱강에 나갔는데, 온종일 물고기 한 마리도 못 잡은 노인을 만나게 되었다. 노인의 사연을 알게 된 산신은 노인을 안타깝게 여겨 노인 대신 틱강에 그물을 던졌는데 단번에 물고기 백 마리가 잡혔다. 그런데 그물에 걸린 물고기 중에 곧 알을 낳을 시기가 된 메기도 있었다. 메기를 본 신은 불쌍히 여겨 그 메기를 놓아주었고 메기는 강으로 돌아가 새끼를 낳았다. 알에서 깨어난 새끼들은 어미 메기가 그물에 걸려 자신들이 태어나지 못할 수도 있었는데, 이를 불쌍히 여겨 태어날 수 있게 해준 신에게 감사함을 느끼고 모두 스스로 돌로 변해 신에게 경의를 표했다. 이 사실을 알게 된 틱강 주민들은 메기 새끼들을 기리며 아흔아홉 마리의 하얀 잉어를 잡아 산신에게 바쳤다. 이후 하얀 잉어는 '다 응우^{Da Ngu} 낚시 축제' 때 공양물이 되었으며, 이 축제를 통해 사람들은 풍어를 기원하게 되었다.

 홍콩에도 풍어를 기원하는 축제가 있다. 바로 유엔 룽^{Yuen Lung}에서 열리는 바다 여신인 틴하우의 탄생 기념 축제이다. 멕시코 작은 어촌 마을에서는 풍어를 기원하기 위해 촌장이 악어와 결혼식을 올리는 풍습이 있다. 악어가 신부가 되어 결혼식을 올리는 것인데, 악어를 공주님이라고 부르면 이 악어가 많은 물고기와 새우를 잡게 해준다는 믿음 때문이라고 한다. 결혼식이 끝난 악어는 아침에 자연으로 돌려진다고 한다. 이렇듯 세계 각지에서는 그들만의 풍어를 위한 다양한 방식의 의식이 행해졌다.

오랫동안 이루어진 풍요의 기원 덕분일까? 적어도 표면상으로 우리는 매우 풍요로운 시대에 살고 있다. 많은 역사학자가 지금처럼 풍요로웠던 시대는 없다고 말한다. 이는 수많은 역사적 기록과 증거에서 확인된다. 과거 귀했던 소금, 옷, 설탕, 고기 등이 이제는 일상적인 것이 되었고, 시계, 자동차 등 과거의 사치품이 일상품이 되었다. 모피처럼 아예 퇴출해야 한다는 것도 생겼다. 어렵게 수렵과 채취를 통해 먹거리를 구하고 굶기에 십상이던 구석기인의 DNA는 여전히 우리 몸에 각인되어 있지만, 이제는 우리가 원하면 하루 종일 배부른 상태로 있을 수 있다. 먹거리는 넘치고 입을 것도 넘치며 가져야 할 것도 가지고 싶은 것도 넘치는 세상이다. 불과 이백 년도 되지 않는 시간에 이뤄낸 일이다.

그렇다고 해서 인간이 먹는 것이 바뀐 것은 아니다. 수렵 이후 농사를 짓기 시작한 1만 5천 년 동안 꾸준히 주로 농사를 짓고 가축을 길러 생존에 필요한 영양을 얻어 왔다. 지금이라고 달라졌을까? 크게 달라진 것은 없다. 그저 자연으로부터 얻은 먹을 것들을 먹는 방식이 다양화되었을 뿐이다. 문제는 먹을 것을 얻을. 터전이 점점 줄어들고 있는데, 인구는 점점 더 늘어나고 있으며, 가뭄, 폭서, 폭우, 한파, 폭설, 홍수 등 기후변화가 일으키는 이상기후 때문에 재배 환경이 점점 더 악화되고 있다는 것이다. 그런데 우리는 우리 스스로의 발목을 치려는 듯 줄어들고 있는 농지의 생산성을 올리겠다며 과도한 비료와 농약을 써서 땅의 생명력을 줄이고 있다. 우리는 과연 이 생명의 흙을 지킬 수 있을까? 적어도 역사에서 우리는 흙을 지키지 못하는 실수를 빈번히 반복했다.

수메르, 풍요의 비극

1928년 이라크 바그다드 부근에서 메소포타미아 초기 왕조 시대의 것으로 추정되는 기원전 4천6백 년경에 만들어진 유물이 발견되었다. 당시 기수로 추정되는 남자의 어깨 위에는 나무상자가 얹혀 있었는데, 이를 발견한 영국의 고고학자 레오나드 울리 경은 이 유물을 '우르의 깃발 Standard of Ur'이라 이름 붙였다. 울리 경은 이 유물이 전쟁에서 표지로 쓰기 위해 막대기에 고정해 깃발처럼 썼을 것이라고 추측했다. 하지만 이 유물에 관한 연구가 더 진행되면서 최근 학자들은 표지가 아니라 고대 현악기의 일부였을 것으로 추측한다. 악기에서 소리를 키우는 공명통 역할을 했을 것이라는 거다. 아직은 이 상자의 용도에 대해 여러 추측이 있을 뿐 명확한 용도는 알 수 없지만 적어도 화려하다는 점은 동의할 수밖에 없다.

상자 옆 네 면은 조가비, 붉은 석회암, 청금석으로 화려하게 장식되어 있다. 흰빛의 조가비는 깎아 넣어 사람을 묘사했고, 검은색을 써서 꾸민 그림이 새겨져 있었다. 앞면과 뒷면은 넓은 직사각형에 그림이 새겨져 있고, 좌우면은 좁은 사다리꼴로, 앞뒷면처럼 그림이 묘사되어 있었다. 네 면에 새겨진 그림 중 앞면은 '전쟁의 판'이라 불리는데, 전차와 말, 병사, 포로로 보이는 이들이 세 개의 수평층으로 묘사되어 있다. 뒷면은 '평화의 판'으로 불리며, 이 판에는 농사를 짓고 가축을 기르는 모습과 함께 왕에게 식량과 가축을 바치는 것이 묘사되어 있다. 학자들이 연구한 바에 따르면 당시 메소포타미아 지역은 지금과 달리 숲이 많았고 물이 풍부했다. 관개 기술을 이용해 경작 면적과 수확량을 늘려갔다. 이에 따라 인구도 증가했는데, 이는 모든 것의 공급이 증가해야 함을 의미했다. 먹을 것은 물론이고 집이나 땔감, 그릇 등 많은 것이 더 필요해졌다. 당시 숲은 사람들에게 집을 짓는 소재이자 음식을 하고 그릇을 굽기 위한 땔감 공급처로 취급됐다. 인구가 늘어나는 만큼 베어지는 나무도 증가했다. 자연스럽게 숲의 규모는 줄어들기 시작했고, 그만큼 숲이 유지해 주던 물의 양도 줄어들었다. 농사에 필요한 만큼의 물을 대기 위한 관개도 실패했다. 숲이 줄어들면서 나무와 풀이 지지하고 있던 토양이 드러나자, 비만 오면 흙이 쓸려 내려가 수로를 막아버렸다. 수분이 부족해지니 지하수 깊은 곳에 있던 소금기 많은 물이 토양으로 올라왔다. 소금기 때문에 토양은 빠르게 말라갔고 작물들도 함께 말라죽었다. 자연스레 사람들이 떠나고 화려했던 메소포타미아의 왕조도 막을 내릴 수밖에 없었다.

나일강을 둘러싼 갈등

우르의 깃발 중 평화의 판 *Standard of Ur - Peace Panel*, BC 4,600, 대영박물관 유물을 통해 당시 융성했던 메소포타미아 지역의 환경을 짐작할 수 있다.

1부 낯선 지구에서

고대 메소포타미아의 비극은 이집트에서도 일어났다. 앞에서 살펴보았듯이 고대 이집트는 나일강의 기적 속에 지금 봐도 놀라운 문명을 일으켰다. 원래 이 지역은 사하라 북쪽 땅은 사막이 있는 건조지역이다. 빙하기가 끝나고 기후가 따뜻해지기 시작하자, 나일강의 수량이 풍부해졌다. 청나일강과 백나일강이 만나 나일강을 이루었는데, 청나일강은 우기에 에티오피아의 고원이 침식되면서 흘러든 양분이 풍부한 흙과 모래를, 하얀 나일강은 중앙아프리카 빅토리아 호수에서 시작해 수단의 열대 이탄토 지역을 지나며 이곳의 풍부한 영양을 하류로 실어 날랐다. 매년 9월에서 10월 사이에 규칙적으로 일어나는 나일강 범람은 이집트인들의 풍요로운 삶을 위해서는 반드시 있어야 했다. 나일강을 중심으로 경작이 이루어졌고, 사람들도 나일강을 중심으로 주거지를 형성했다.

나일강 주변으로 인구가 늘어나자 자연스럽게 일어나는 이 범람을 조절할 댐이 필요하다는 의견이 나오기 시작했다. 거기에다 댐을 짓게 되면 전기를 생산할 수도 있었다. 1899년 나일강의 폭이 급격히 좁아지는 여섯 군데 중 한 군데인 아스완Aswan시에 댐을 짓기 시작했다. 영국 윌리엄 윌콕스 경Sir William Willcocks의 설계로 영국이 참여해 건설한 이 댐은 1902년에 완공됐다. 그 후 댐 방식 개선을 위해 한 차례 증축이 1910년대에 있었으나, 1949년 나일강이 범람하면서 한 번 더 댐 공사를 하게 되었다. 이때는 범람을 완전히 막고자 댐 높이를 6km 더 높였으며, 수력발전을 본격적으로

이집트 아스완 댐 나일강을 막은 이 댐을 둘러싸고 식수부터 농사까지 다양한 갈등이 일어났다.

하게 되었다. 이 댐은 아스완 하이 댐으로, 1902년에 완공했던 댐은 아스완 로우 댐으로 불린다.

아스완 댐은 이집트 여행의 관광지 중 하나가 되었지만, 그 대신 댐 수몰 지역에 포함되던 고대 이집트의 주요 유적인 20미터 넘는 람세스 2세와 가족이 조각된 아부심벨 신전을 옮겨야 했으며 수많은 고고학 유산이 사라졌다. 더 심각한 문제는 더 이상 나일강이 영양이 풍부한 흙을 하루까지 실어다가 줄 수 없게 되었다는 사실이었다. 댐에 막혀 버렸기 때문이다. 건조한 기후 때문에 토양 침식과 염류화를 걱정해야 하는 땅이지만 나일강이 있어 풍요의 기적을 일굴 수 있던 지역이 바로 하류였다. 댐이 건설되면서 비옥하던 하류의 땅은 나일강의 도움을 받지 못한 채 건조한 기후를 온전히 받아내야 했다. 관개농수까지 끌어와 농사를 지었지만, 역부족이었다. 비옥하던 땅은 작물이 자랄 수 없는 땅, 소금기를 머금은 땅으로 변해갔다. 결국, 농사를 짓기 위해 부족한 영양을 화학비료로 채웠지만, 과도한 화학비료의 사용은 다시 물을 오염시키고 땅의 생명력까지 죽여. 더 황폐하게 했다. 과거 자연이 대가 없이 날라주던 비옥함을 이제는 전기를 써서 생산하는 비료로 돈을 주고 채워야 하는 상황이 되었다. 그런데 이것은 땅의 생명력을 줄이면서, 더 땅을 황폐하게 만들었다.

지구에서 인간이 살아간다는 것

인간이 살아가는 데 필요한 세 가지로 옷과 음식, 집을 말한다. 이 중에서도 단 하나를 남겨야 한다면 바로 음식이다. 음식은 생존 그 자체다. 그만큼 치열한 부분이다. 식량 부족이 일으킨 폭동은 인류사 전체에서 찾아볼 수 있다. 프랑스 혁명이나 2차 세계대전, 시리아 내전, 소말리아 기아 등의 문제에는 식량 문제가 늘 함께 했다. 전쟁이 일어나는 여러 가지 원인이 있겠지만, 정치적 명분 너머에 식량 문제가 크게 작용했다. 2000년대 초반, 전 세계를 강타했던 시리아 난민 문제도 그랬다.

리처드 시걸 컬럼비아대 기상학 교수를 비롯한 미국 기상학자와 지리학자들은 〈비옥한 초승달 지역의 기후변화와 시리아 가뭄의 연관성〉이란 논문에서 기후변화의 영향으로 2007년부터 2010년까지 시리아에서 지속된 가뭄으로 농민들은 도시 난민이 되었다고 밝히고 있다. 시리아는 오랜 기간 식량난에 시달리고 있었고 모자라는 식량을 러시아에서 밀을 수입해 메꾸고 있었다. 문제는 러시아도 기후변화로 농사에 타격을 받자 식량 수출을 제한했다. 시리아의 상황은 더 심각해졌다. 사람들의 불만은 '아랍의 봄' 시위로 이어졌고, 시위는 내전으로 이어졌다. 150만 명이 생존을 위해 시리아를 떠났다. 난민이 되어 유럽으로 몰려든 이들은 난민 수용 문제를 두고 각국에서 갈등을 일으키기도 했지만, 다른 한 편에서는 911사태 이후 다시 전 세계를 테러 공포로 몰아넣은 이라크 레반트 이슬람국, 통칭 IS의 출현에 영향을 주었다. 먹을 것을 구할 수 없는 척박해진 땅이 모든 갈등의 씨앗이었다.

10미터. 지구 반지름의 0.00015%에 불과한 10미터 두께의 토양에 인류는 생존을 걸고 있다. 그리고 이 흙은 1센티미터가 만들어지기까지 200년 넘는 시간이 걸린다. 사실은 우리가 만들고 싶다고 쉽게 만들어질 수 있는 존재가 아니다. 그런데도 우리는 여전히 토양에 무관심하다. 식량이 무기화가 되어 가고 있음에도 불구하고 말이다. 더 안타까운 점은 1909년, 최초의 화학 비료가 나온 이래 땅이 아주 빠른 속도로 고갈되기 시작했다는 것이다. 2020년 영국 랭커스터 대학 연구진이 중국, 벨기에 연구진과 함께 6개

대륙 38개국에서 조사한 바에 따르면 현재 관습적으로 경작하는 토양의 90%가 얇아지고 있으며, 이 중 16%는 100년 이내 고갈될 것이다. 반면 잘 보존된 토양 50%의 수명이 5천 년 이상인 것으로 나타났다.

이 순간에도 지구촌 곳곳에서는 흙을 살리기 위한 다양한 모색이 이루어지고 있다. 유기농법, 자연순환 농업, 자연농법, 혼작, 혼농임업, 무경운 등은 이러한 시도들이다. 한 예로 아프리카의 농부 사와도고는 혼농임업을 통해 사막화되었던 마을을 경작이 가능한 곳으로 탈바꿈하였다. 사람들의 분뇨를 써서 땅에 영양이 많도록 살려내어 사막을 비옥한 땅으로 바꾸었다. 또 미국 농부 중 일부는 무경운 경작과 유기농업 등 자연의 힘을 이용한 재배를 통해 황폐해져 가던 농지를 다시 비옥한 땅으로 변화시켰다. 변화의 방법은 달랐지만, 이들의 공통점은 자연의 힘을 빌렸다는 것이다.

풍요의 딜레마를 극복할 수 있을까?

지금, 이 글을 보고 있는 대부분의 사람은 절대적 빈곤 상태나 기본 영양이 충족되지 않는 시대를 살아보지는 않았을 것이다. 돈이 있든 없든 먹고자 하면 먹을 수 있다. 야생에 있던 인간은 농사를 짓고 협동하면서 식량의 문제를 끊임없이 극복해 왔다. 하지만 더 이상 극복하기 힘들지 모른다며 18세기 말 맬서스가 인구론을 들고 나왔다. 그는 자신의 이론에서 인구는 기하급수적으로 증가하는 반면 식량 생산은 산술적으로 증가하므로, 결국 인류는 심각한 식량 문제에 처하게 될 것으로 전망했다. 이 연구는 당시 서구 사회를 충격에 빠뜨렸다.

다행인 건지, 맬서스가 살던 당시 10억 명이었던 인구가 80억 명이 넘는 인구로까지 8배 넘게 증가했지만, 심각한 식량문제는 우려와 달리 벌어지지 않은 것처럼 보인다. 왜냐하면, 인구가 증가하면 필요한 식량을 채우기 위해 숲을 농지로 바꾸는가 하면 더 많이 수확할 수 있는 기술을 개발하는 등 방법을 찾아 해결해 왔으니 말이다. 그 과정에서 신에게 빌던 풍년과 풍어를 위한 기원은 과학과 기술에 내주었다. 풍요의 신을 향한 의식은 독특한 지역 문화 콘텐츠가 되었다. 그렇게 과학의 힘으로 식량을 늘렸지만 그만큼 안정을 찾은 사람들은 더 많은 자식을 낳아 다시 식량 부족 상황을 만들었다. 알고 보니 식량 생산량 증가와 인구 증가는 양의 되먹임 관계였다.

식량과 인구의 아이러니는 유엔이 내놓은 식량보고서에 담긴 '9명당 1명이 영양실조 상태에 놓여 있다'는 내용에서 고스란히 드러난다. 가장 많은 기아가 있는 곳은 사하라 이남 아프리카로. 세계은행(World Bank) 등의 조사에 따르면 빈곤이 고착화되고 있다. 아시아개발은행은 2050년 경이면 베트남 쌀 생산의 50%를 생산하는 메콩강 삼각주가 기후변화 때문에 40년 뒤면 완전히 물에 잠길 것이라는 전망을 내놓았다. 베트남은 세계 쌀 수출 2위이다. 유엔은 2050년이면 전 세계 인구가 97억 명에 이를 것으로 전망한다.

  2024년 상반기에 세계 인구는 이미 81억 명을 넘어섰다. 그리고 2050년쯤 세계 식량 수요 증가는 70%로 인구 증가율인 26%의 세 배에 가깝다. 반면 세계 곡물 생산 증가 속도는 멜서스의 예측대로 따라가지 못하고 있다. 1950년부터 1984년까지 연간 3%였던 것이 1984년부터 1989년까지 연간 1%로 떨어졌다. 또한, 세계식량기구가 내놓은 자료에 따르면 2023/24년도 세계 곡물 생산량은 2,818.8백만 톤으로 2022/23년도 대비 0.9%(26.5백만 톤) 증가할 것이며, 세계 곡물 소비량은 2,803.7백만 톤으로 전년 대비 0.8%인 21.8백만 톤 증가할 것으로 전망하였다.

2부
자연과 거리 두기

계절을 옮겨가다

농사를 짓고 가축을 기르기 시작하면서 인간은 먹거리를 구하는 것을 점점 통제하기 시작했다. 그렇다고 해도 사계절의 변화, 기후 등 지구라는 큰 흐름을 비켜나지는 못했다. 기울어진 지구는 태양 주위를 1년마다 돌며 봄, 여름, 가을, 겨울의 사계절을 만들거나 건기와 우기를 만들어냈다. 계절에 맞춰 기온도 강수량도 달라진다. 자전축을 중심으로 24시간을 주기로 돌며 낮과 밤과 만들어낸다. 이것은 지구에 사는 생물이라면 거스를 수 없는 자연의 섭리다. 이 모든 것이 어우러져 생명이 생겨나고 각자가 지구에 적응한 생명 주기에 따라 태어나고 사라진다. 계절마다 그 모습이 달라지고 그 속에 생명은 영속된다.

원래 야생에 살던 인간도 이 섭리 속에서 다른 동물이나 그 알을 먹거나 계절이 선사하는 열매 등에 의존하며 생명을 이어갔다. 무엇을 먹을지는 그 시점에 자연에 있는 것으로 결정되었다. 먹거리의 모든 주도권은 자연에 있었다. 그런데 농사를 짓기 시작하면서 자연으로부터 그 주도권을 약간 가져왔다. 수확 때까지 버텨야 하고, 수확 때가 되었을 때 충분히 많은 먹거리가 나올지는 확신할 수 없었다. 그럼에도 매일이 자연에 달려있던 전과 비교해 실패는 있을 수 있을지언정, 자연만 보고 있어야 하는 상태에서 조금은 벗어날 수 있었다. 게다가 쌀, 조 등 수확한 곡물은 오랫동안 보관할 수 있었다. 겨울이 와도 믿고 살아갈 수 있는 먹을 것이 생기는 일이었다. 그렇게 계절의 영향을 아주 조금 벗어났다.

그렇다고 곡물만 먹고 살 수는 없었다. 농사를 짓기 전 인간은 원래 돌아다니면서 야생에서 과일이나 채소를 채취해 먹었다. 농사를 지으면서 정착하게 되자 예전처럼 신선한 과일이나 채소를

쥬피터로 묘사된 로마 티베리우스 황제 BC42-AD37, 바티칸 박물관 그는 건강을 위해 매일 먹을 오이를 기를 온실이 만들어졌다.

구하러 멀리 떠나는 것은 만만치 않았다. 그렇다고 포기할 수는 없었다. 본능적으로 곡물만이 아니라 다른 것도 먹어야 생존을 위한 영양이 유지된다는 것을 알았다. 그래서 포기하는 대신 이들을 쉽게 구할 방법을 찾아냈다. 쌀도 기르는데 과일이나 채소라고 못 기르겠는가?

중국 윈난 공대가 이끈 국제 공동 연구진은 게놈 분석을 통해 포도가 1만 1천 년 전 코카서스와 서아시아 지역에서 재배되었다는 것을 밝혔다. 농사를 시작하는 시점부터 이미 포도를 길렀던 것이다. 이 외에도 마늘, 박, 오이 등 각종 채소를 길렀다는 것이 기록으로 전해져 온다. 그러나 인간이 원하는 바는 계절을 벗어나 먹고 싶은 것을 구할 수 있기를 바랐다. 농사의 시작도 먹을 것을 안정적으로 구하기 힘든 상황을 극복하고자 하는 욕구에서 출발한 것이었으니, 제철이 아닌 먹거리를 구할 방법을 찾아내리라는 것은 예견된 일이었다. 말이다. 오랜 시간이 걸렸으나 겨울에도 싱싱한 과일과 채소를 먹을 방법을 찾아 자연을 관찰하고 실험하면서 마침내 '온실'이라는 답을 내놓았다.

티베리우스의 겨울 오이

기록이 없던 시절의 일은 남아있는 흔적을 통해 유추한다. 온실도 그러하다. 온실에 대한 공식적인 기록은 서기 30년경 로마에 남아 있지만, 유적은 그보다 훨씬 전으로 거슬러 올라간다. 그리스에

가면 기원전 4~5세기경에 세워진 것으로 보이는 올린서스Olynthus 유적이 있다. 이곳에는 주거 터가 있는데, 남쪽으로 난 중정이 있다. 천장으로부터 들어오는 태양열이 두꺼운 석재 벽에 축적되어, 그 열을 효율적으로 쓸 수 있게 되어 있다. 전문가들은 이곳이 태양광을 이용해 보온 효과를 높였던 초기 온실이라고 보고 있다. 이런 온실은 그리스뿐 아니라 다른 지역에서도 발견된다. 고대 메소포타미아 지역, 이집트 나일강 인근의 카훈 지역에서도 그리스 올린서스의 것과 비슷한 유적지가 나왔다. 기록이 남아있지 않을 뿐, 온실을 두고 계절과 관계없이 무언가를 재배하고자 하는 것은 인류의 공통된 욕구가 아닐까 생각해 보게 된다.

온실에 대한 공식 기록은 앞에서도 말했듯이 서기 30년경 로마에서였다. 로마제국 제2대 황제인 티베리우스 율리시스 카이사르 아우구스투스Tiberius Julius Caesar Augustus는 기원전 42년에 태어나 서기 12년에 황제로 즉위하였고, 기원후 37년에 숨을 거뒀다. 네로와 함께 대표적인 로마의 폭군으로 불렸던 티베리우스는 노년이 되자 쇠약해졌다. 주치의는 그에게 건강 관리를 위해 오이를 매일 하나씩 먹을 것을 권유했다. 하지만 추운 겨울에 오이를 구한다는 것은 힘든 일이었다. 오이 기를 방법이 필요했다. 연구 끝에 추운 날씨를 이겨낼 수 있는 작은 이동형 온실이 만들어졌다. 서기 30년의 일이었다. 수레처럼 만들어진 이 온실은 라틴어로 관측소, 전망대 등의 뜻을 지닌 스펙큘라리움Specularium이라는 이름이 붙여졌다. 빛이 통하는 작고 반투명한 운모판을 써서 만든 작은 온실을 바퀴 달린 수레 위에 얹었다. 낮에는 오이가 볕을 잘 받을 수 있는 곳으로 옮기고, 해가 지면 얼지 않도록 추위를 피해 실내로 들였다. 초기에는 수레 위에 심은 오이를 가릴 벽 같은 것은 없었기 때문에 몹시 추운 날이면 외벽 쪽에 불을 쬐 주었다. 그러다가 나중에는 빛 투과율을 높이기 위해 기름을 먹인 천을 지붕으로 하고, 바람을 막기 위해 벽을 만들었다. 로마의 농업 작가였던 루시우스 주니우스 Lucius Junius Moderatus Columella와 가이우스 플리니우스 세쿤두스 Gaius Plinius Secundus가 이 온실에 관한 것을 기록으로 남겼다.

기원전 81년 중국 전한의 환관이 ≪염철론≫에서는 한무제의 철과 소금을 독점하는 것에 관한 논쟁을 기록하며, 당시 황실에서 겨울에 잿불로 온도를 높여 부추, 아욱, 파 등을 재배했다는 기록과 민간에서도 온실 재배를 했다는 기록을 함께 남겼다. 이렇듯 고대부터 겨울에 불을 지펴 채소를 길러 먹는 시도는 계속되어 왔다. 하지만 구체적으로 어떻게 온실을 지어야 하는지 그 설계법은 1,400년이 훨씬 지나서야 나타났다.

폐지 더미에서 찾은 온실

테베리우스의 온실 실험이 있은 후 13세기 뒤, 지구 반대편 조선 왕실에서는 겨울철에도 꽃과 과일, 채소를 먹을 방법을 찾아 실행에 옮기고 있었다. 우리나라가 언제부터 방법을 찾기 시작했는지에 관한 정확한 기록은 없지만, 적어도 조선의 네 번째 왕, 세종은 온실에서 감귤을 기르고 있었다. ≪세종실록≫에 따르면 1438년 세종은 제주 감귤나무를 강화도에 옮겨 심고 그곳에서 겨울을 날 수 있는지 실험하도록 했다고 한다. ≪연산군일기≫에는 '토우'라 이름 붙인 온실에서 시금치를 길러 먹었다는 기록이 남아 있다. 성종 때는 왕실의 꽃을 관리하는 장원서에서 겨울에 영산홍을 키워 성종에게 바쳤는데, 성종이 '제철이 아닐 때 피우는 꽃은 인공적'이라며 물리게 했다고 한다. 이 외에도 다양한 기록에서 온실에 대한 기록을 남겼다.

온실이 어떻게 생겼는지 들여다볼 수 있는 그림도 있었다. 조선 후기 순조는 도화서 화원들을 시켜 세자가 머무는 동궐인 창덕궁과 창경궁의 조감도를 그리도록 했다. 이 그림이 우리가 알고 있는 '동궐도'이다. 그림을 자세히 들여다보고 있으면 이곳이 어떤 역할을 하는 장소였는지 알 수 있는 단서들이 곳곳에 배치되어 있다. 그중에서도 특히 눈에 띄는 건물이 있는데, 궁궐에 있을 법하지 않은 초가를 이은 건물이다. 심지어 지붕에는 굴뚝으로 보이는 부분이 세 개나 올라와 있고, 광 같은 문을 가졌지만, 바닥은 집처럼 올라와 있다. 그뿐인가? 짚으로 이은 지붕 오른쪽 아래는 벽에 툭 튀어나온 공간도 보인다. 사람 사는 곳 같지 않은 모습인데 마당에는 꽃이 핀 듯한 나무를 심은 일곱 개의 큰 화분이 두 줄로 정갈하게 늘어서 있다. 도대체 무엇을 하는 건물일까? 바로 이 건물이 조선 왕실의 온실 '창사루蒼笥樓'이다. 이곳에서 조선 왕실은 왕에게 올릴 꽃과 과일, 채소를 재배했다. 겨울에도 궐을 풍성하게 하는 곳이었기 때문에 별도로 관리하는 이까지 두어 소중히 여겼다. 하지만 국운이 다하면서 궐의 운명도 풍비박산 났다. 일제의 침탈로 강제로 주권이 뺏기면서 궐의 많은 전각이 일제강점기 일본에 의해 헐려 나갔다. 창덕궁에 있던 창사루도 마찬가지였다. 그렇게 실체하던 조선의 온실은 허망하게 사라져 버렸고, 온실을 짓는 방법도 오리무중에 빠져 버렸다.

신승운 성균관대 교수가 2001년 청계천 8가 인근에 있던 고서점들을 돌아다니다가, 고서점 중 하나가 내다 버린 폐지 더미에 쓸만한 책이 없나 뒤지고 있었다. 가치 있는 책에 대해 매서운 눈을 가진 고서점 상인들이지만 그래도 간혹 놓치는 책이 있으니 말이다. 그리고 그 더미에서 기적처럼 이름으로만 전하던 전순의가 쓴 《산가요록山家要錄》 필사본을 발견됐다. 최고의 발견이었다.

산가요록은 세종 당시 최고 명의였던 전순의가 1453년에 쓴 책으로, 술, 밥, 죽, 국, 떡, 과자, 두부 등 229가지 조리법과 채소 재배법 등을 기록한 것으로 조선 초기 당시 시대상을 들여다볼 수 있는 중요한 사료였다. 신 교구사 발견한 필사본은 일부 훼손된 부분이 있었지만, 당시 식생활을 들여다보는 데는 문제 없었다.

그중에서도 '동절양채冬節養菜'라고 하여 겨울철 온실에서 채소를 기르기 위해 온실을 어떻게 만들면 되는지 자세히 나와 있었는데, 이는 지금까지 최초의 난방 온실설계법으로 알려진 독일 하이델베르크 온실설계법보다 170년이나 앞선 것이었다.

산가요록이 전하는 온실 만드는 법

≪산가요록≫에 기재된 온실 만드는 법은 이렇다. 온실 크기는 자유롭게 정하되, 삼면에 벽을 쌓고 바람을 막기 위해 기름종이를 발랐다. 해가 잘 드는 남쪽은 기름종이를 바른 살창을 덧대었다. 기름종이는 들기름을 먹여 말린 한지로, 바람은 막아주면서 햇볕 투과율이 높고 습도 조절 능력까지 있어 온실을 일정한 온도로 유지하는 데 유용하다. 구들도 설치해 줘야 한다. 구들은 차가운 땅을 따뜻하게 해 주어 식물이 더 잘 자라게 돕는다. 구들에 불을 때

산가요록에 따라 구현한 조선 14세기 초의 온실 모형 서울 농업박물관

어 실내 온도를 높여주면 습도가 낮아진다. 습도가 적절해야 식물이 잘 자랄 수 있으므로, 낮아진 습도를 조절하기 위해 날마다 온실 내부에다 물을 뿌려주어야 한다. 여기에 따뜻한 공기를 공급하기 위해 이와 함께 가마솥에서 물을 끓여 수증기가 온실 안으로 들어갈 수 있도록 해 실내를 데웠다.

이렇게 만들어진 온실은 과연 잘 작동할까? 강화군 농업기술센터가 2007년 우리문화가꾸기회와 한국농업사학회의 고증을 거쳐, 실제 이 책에 나오는 대로 온실을 남양주시에 지었다. 결과는 성공이었다. 온실을 가동해 보니, 온도, 채광, 습도까지 조절할 수 있었다. 하이델베르크의 온실이 공기만 데우는 것과 달리 땅의 온도까지 높여가며 채소를 재배할 수 있어, 생육도 좋았다.

하지만 조선 시대를 생각해 보면 아무리 훌륭한 온실이라도 하루 벌어 하루 먹고 살기 바쁜 백성들에게 온실은 언감생심이었다. 짓는 데도, 유지하는 데도 많은 돈과 노력이 드는 온실은 왕실과 돈 많은 양반들의 몫이었다. 그러니 여기서 키우는 채소들은 얼마나 더 귀했겠는가?

상황이 그렇다 보니 한겨울에 온실에서 기른 채소는 뇌물로 쓰였다. 채소는 임금의 마음도 움직일 만큼 힘이 셌다. 조선왕조실록 ≪광해군일기≫ 중 1619년에 쓰인 기록을 보면 이충은 겨울에도 귀한 채소가 듬뿍 넣어 만든 잡채를 만들어 광해군에게 진상하였는데, 임금은 이걸 기다렸다가 식사를 했다고 한다. 그렇다고 궁궐에 온실이 없었던 것은 아니었다. 하지만 이충의 채소 물량 공급 능력이 궁궐보다 좋았다. 그 덕이었을까? 그는 광해군 시절, 호조판서에까지 오른다. 그래서 ≪광해군일기≫에서는 이충을 '잡채상서'라고 불렀다. 잡채로 광해군의 환심을 사 호조판서에 오른 것을 가리키는 말이었다. 이렇게 겨울철 잡채를 만들 다양한 채소를 길러 낼 만큼 훌륭했던 온실도 조선 왕조가 몰락하면서 그 명맥이 사라졌다. 일제에 의해 전각은 헐리고 산가요록이 나타나서야 온실의 실체를 알게 되었으니 말이다.

빛을 끌어들인 유리온실

조선 왕실과 양반들이 온실에서 채소를 재배할 동안, 네덜란드 농민들은 온실에 유리를 결합할 방법을 고민했다. 16세기 중반에 반구형 유리에 채소를 덮어두면 생산량이 늘어난다는 사실을 발견했기 때문이다. 프랑스 식물학자 쥘 샤를 드 르클뤼즈Jules Charles de Lecluse가 이것을 개선해 1599년 네덜란드 라이덴 대학에 약용 식물을 기르기 위한 유리 온실을 지었다. 이후 사람들은 도시에 채소를 정기적으로 공급할 목적으로 유리 온실이 짓기 시작했다. 점차 용도가 늘어나 꽃이나 나무를 기르는 데도 유리 온실이 쓰이게 되었다. 하지만 한계는 있었다. 유리가 빛을 모아준 들, 겨울 추위를 극복하는 데는 한계가 있었다. 사람들은 열기를 만들기 위해 동물

배설물을 태웠는데 냄새가 너무 심해 고역이었다. 그런 상황에서 1619년 독일 하이델베르크에서 난로에 석탄을 태우는 방식으로 온실을 데우는 방법을 고안해 냈다. 문제는 난로의 열기 때문에 식물이 말라버리는 일이 벌어졌다. 이를 개선하기 위해 스팀으로 습도를 온실에 제공했는데, 이 열기가 너무 뜨거워 식물이 익어버리기도 했다. 온실을 데우기 위해 태워야 할 석탄량까지 많아, 거기서 발생하는 일산화탄소 등 유독가스 때문에 식물 성장이 더뎌지기도 했다. 더 큰 문제는 공기는 따뜻하게 데웠지만, 정작 식물이 영양을 빨아들여야 하는 토양은 차가웠기 때문에 좋은 성과를 내지는 못했다. 그럼에도 유리 온실은 겨울철 식물을 재배하기 위한 최고의 방법이었고, 꾸준히 시도되었다.

유리 온실의 성능이 어떻든 유리 온실이 시도될 수 있었던 배경에는 유리 기술의 발달이 있었다. 가까운 박물관만 가 봐도 고대에 만들어진 유리로 만든 문화재를 만날 수 있다. 기원전 35세기 메소포타미아에서 자연에서 얻어진 유리를 다듬어 사용하기 시작했고, 기원전 15세기가 되자 고대 이집트에서 본격적으로 유리를 제조해 사용하기 시작했다. 유리병 등 각종 장식물이 만들어졌다. 이때까지만 해도 유리는 불투명했다. 그러다가 로마에서 유리 기술이 급속히 발전했다. 기원전 1세기가 되자 핸드 블로잉 Hand blowing 기법을 빌명하게 되었고, 드디어 투명한 유리를 만들 수 있게 되었다. 4세기에 들어서자 유리를 묽게 녹여 평평한 돌 위에 붙는 방식으로 판형 유리를 만드는 데 성공했다. 하지만 너무 비싸 아무나 쓸 수 없었다.

시간이 흘러 16~17세기에 이르러 유리에 대한 수요가 증가하자 유리 생산 기술도 함께 발달했다. 유리 생산이 본격화되자 가격이 내려가면서 유리로 만든 온실 제작도 활기를 띠었다. 그만큼 온실 기술도 발전했다. 특히 프랑스에서는 귀족들이 사시사철 과일을 먹기 위해 유리 온실을 많이 지었다. 당시 가장 많이 심은 과일이 오렌지였고, 그 영향으로 프랑스어로 온실은 오랑주리Orangerie 인데, 오렌지가 어원이다.

유리 산업이 발달했다고 해도 유리 가격이 파격적으로 낮아진 것은 아니었다. 베르사유 궁 건설 비용에 관해 남아 있는 자료에

프랑스 메시 가든 온실, 오랑주리 *Orangerie du jardin Massey*, 18C 중반, 프랑스

따르면, 이곳에 있는 온실에 사용한 유리 가격은 고작 4㎡ 크기의 유리 한 장이 유리 기술자 한 사람의 4만 시간 임금에 해당했다. 온실은 귀족들의 사치와 향락의 상징으로도 여겨졌다.

원래 베르사유 궁전은 루이 13세의 사냥용 궁전으로 지어졌던 곳으로, 그가 죽은 후 방치되었던 곳이었다. 하지만 루이 14세가 방문한 이후 이곳은 왕궁이 되었고 대대적인 증축과 리모델링을 통해 프랑스 부르봉 왕조의 절대 권력을 상징하는 곳이 되었다. 이곳에서 루이 14세는 베르사유 예술을 발전시켰다. 이곳의 모든 것이 극도로 화려하면서 권위적이지만, 그 절정에 있는 곳 중 하나가 바로 '거울의 방'이다. 이 방에 들어가면 유리로 만든 수많은 거울이 벽면을 채우고 있어 무한 공간에 들어온 느낌을 받는다. 높은 천장에는 베르사유 조약 등 왕조의 중요한 장면들이 그려져 있고, 반짝임이 가득한 샹들리에가 이 방에 화려함을 더한다. 반대편으로는 베르사유 궁을 대표하는 정원이 보이는 유리창이 펼쳐져 있다. 이 화려한 방에서 황족의 결혼식, 외국 사신의 접견 등 중요한 행사가 이루어졌다. 이 화려한 방은 사람들을 사로잡았고, 그 명성이 퍼져 나갔다.

거울의 방을 계기로 많은 사람이 건축 자재로서 유리에 주목하기 시작했다. 판유리의 수요가 급격하게 늘어났다. 수요 증가는 자연스럽게 판유리의 공업화를 가속했다. 돈이 되는 판유리 제작을 위해 크라운법, 핸드실린더법, 피츠버그법 등을 거쳐 오늘날 쓰이는 플로트 공법까지 새로운 기법들이 발명되었다. 산업혁명이 일어나자 유리 산업은 더 빠르게 성장할 기회를 얻었다. 유리를 만들기 위해 쓰던 나무도 석탄으로 바꿔 비용을 줄였다. 유리를 만들 때 들어가는 알칼리 원도 해초, 나무, 풀을 태워 얻던 방식에서 소금과 암모니아에서 얻음으로써 일이 편해졌다. 유리를 녹이는 방법까지 쉬워져 생산 효율이 높아지자, 드디어 판유리를 대량 생산할 수 있게 되었다. 심지어 창문에 부과하던 세금인 창문세가 19세기 들어 영국이 폐지한 데 이어, 프랑스까지 1925년에 폐지하자 유리 온실은 부자를 중심으로 큰 인기를 끌었다. 하지만 여전히 유리 온실은 비쌌고, 유리는 깨지기 쉬웠다.

플라스틱 비닐이 이룬 백색혁명

1933년 영국의 유기화학자 레지날드 깁슨Reginald Gibson과 에릭 포셋Eric Fawcett이 에틸렌과 벤즈알데하이드를 연구하는 과정에서 비닐, 즉 저밀도 폴리에틸렌PE을 발견했다. 이는 인간의 삶에 획을 긋는 발명이었다. 과학자들은 폴리에틸렌의 강도를 높이는 방법을 연구했고, 그 결과 지금 우리가 많이 쓰는 비닐이 나왔다. 비닐은 유리보다 가벼웠고 유리처럼 깨지지 않았으며, 가격이 쌌다. 두께도 얇아 유리처럼 빛을 투과할 수 있으면서, 외부 공기를 차단해 주었다.

사람들은 유리 대신 비닐로 온실을 만들기 시작했다. 사실 그전까지 온실은 추운 겨울에도 과일과 채소를 키울 수 있는 곳이었지만, 유리를 이용해 지어야 했기 때문에 비용이 많이 들었다. 깨지기도 쉬웠다. 게다가 유리는 사치품으로 여겨져 세금이 많이 부과되었기 때문에 부자들만 지을 수 있었다. 그런데 이 모든 문제를 비닐이 한 번에 해결해 준 것이었다. 비닐 온실은 인기가 치솟았고, 그에 힘입어 비닐을 이용한 온실 건축도 비약적으로 발전했다. 유리온실로는 꿈만 꾸었던 농작물 온실 재배도 시도하기 시작했다.

비닐의 저렴한 가격과 비닐 온실의 손쉬운 건축법에 힘입어 일반인들도 다양한 가격대와 크기로 온실을 지을 수 있게 되었다. 이 비닐온실을 사람들은 비닐하우스라 불렀다. 곧이어 비닐하우스에서 작물 재배에 성공했다는 소식이 퍼지자, 하얀 폴리에틸렌 비닐과 함께 비닐하우스는 빠르게 퍼져 나갔다. 귀족의 전유물이었던 사시사철 푸른 채소와 과일을 일반인들도 먹을 수 있게 되었다. 이는 비닐하우스의 시대, '백색혁명'으로 이어졌다.

우리나라에는 이 백색혁명의 바람이 6.25전쟁 이후 전해졌다. 미군 전투 병력이 우리나라에 주둔하면서 한국산 채소를 대량 구매했는데 이를 위해 비닐하우스가 세워졌다. 1960년대 비닐하우스가 일반화되기 시작했고 1970년대 들어서 비약적인 발전을 이루었다. 1960년대 전국에 100헥타르였던 비닐하우스 면적이 1980년대에 이르자 약 7,300헥타르로, 약 70배 증가하였다.

백색혁명을 통해 사시사철 채소와 과일을 먹을 수 있게 된 이후로 온실은 다른 기술들이 결합되면서 더욱 발전했다. 물과 식물에 필요한 영양소를 이용하여 땅 없이 재배하는 수경재배나 식물을 여러 층으로 쌓아 재배하는 수직 재배는 물론, 온실 내에서 식물이 자라는 최적의 환경을 자동으로 설정해주는 기술 등 다양하게 접목하고 있다. 하지만 온실로 식물을 재배하는 것은 이들에게 계절과 관계없이 성장할 수 있는 온도, 습도 등의 환경을 제공해 줘야 하므로 많은 에너지가 들어간다. 이는 고스란히 비용이 된다. 만약 이 에너지가 태양, 바람 등 재생에너지로부터 오는 것이라면 염려가 없겠지만 대개 화석연료를 사용하기 때문에 탄소 배출을 늘려 기후변화에 영향을 미치고 있다.

아이러니한 것은 기후변화로 이상기후가 빈번해지면서 안정된 환경을 제공하는 온실의 필요성이 증가하고 있다는 사실이다. 이는 온실을 데울 에너지원을 화석연료에서 재생에너지로 바꿔야 한다는 것을 뜻하며, 온실로 인해 발생하는 환경오염을 줄이기 위한 노력이 이루어져야 함을 뜻한다.

기술이 100억 명을 먹여 살릴 수 있을까

지금 지구는 예상보다 빠르게 인구가 증가하고 있다. 2023년이 되어서야 80억 명을 넘을 것이라 예상했는데 예상보다 빠르게 2022년 11월에 이를 돌파했다. 지금 추세대로라면 100억 명에 도달하는 시기도 더 당겨질 것이다. 인구 증가로 필요한 식량과 거주지 등은 더 늘어나고 있는데, 지구의 현실은 기후변화로 인한 해수

스페인 남부 알메리아 비닐하우스 단지 이곳에서 길러진 채소, 과일, 화훼 등은 유럽 전역에 팔려나가고 있다.

면 상승과 그에 따른 경작지 감소, 태풍, 홍수와 가뭄 증가로 수확량 감소 등의 피해가 늘어나고 있다. 세계의 쌀 곡창지대라고 불리는 베트남의 최대 쌀 생산 지역인 메콩강 일대가 현재와 같은 기후 변화 추세라면 2100년이 되기 전에 침수될 것으로 예측하고 있다. 인구 증가로 이미 1억 명이 넘는 기아 인구를 2050년에 이르러 더 심각해지게 하지 않으려면, 현재 식량 생산량에서 70%가 더 생산해야 한다는 연구 결과도 있다. 거기에다 물 부족 문제도 있다. 모든 자원을 통제한다고 하지만 그 자원도 자연에서 온다는 것을 생각해 보며 온실이, 농사를 짓는 것이 힘들어진 상황에서 식량 문제 해결의 대안이 될 수 있을는지 고민하게 된다.

더 좋은 물을 찾아서

 지구가 처음으로 태양계에 모습을 드러냈을 때 모습은 지금과 사뭇 달랐다. 46억 년 전 지구가 태어난 그날, 지구는 태양에서 막 떨어져 나온 뜨거운 물질덩어리였다. 이 뜨거운 별은 점점 식으면서, 함께 떨어져 나온 물질들 간의 질서가 생겼다. 무거운 것들은 가라앉아 지구의 중심으로 모였고, 가벼운 것들은 위로 올라가다. 그 무게에 따라 물질들이 켜켜이 쌓였다. 가장 마지막에 먼 미래에 모든 생명이 발 디디게 될 땅이 생겨났다.
 뜨거운 열기로 생겨난 마그마가 여기저기서 표면으로 터져 나왔다. 화산 폭발은 쉼 없이 일어났다. 폭발했다. 화산 폭발과 함께 물 분자는 수증기 형태로 대기에 뿜어져 나왔고, 대기 중에서 서로 부딪쳐 덩어리가 된 채 그 무게를 견디지 못한 물 분자들은 비가 되어 내렸다.
 땅에 도달한 비는 수백 년을 땅줄기를 타고 흘렀다. 움푹 파인 곳에는 물이 고여 마침내 바다가 되었다. 솟아오른 곳은 강한 부분은 그대로 남아 산이 되고, 연약한 부분은 끊임없이 내리는 비와 흐르는 물에 깎여 평야가 되었다. 그렇게 물은 강과 바다를 이루었으며, 산과 들판을 만들었다. 물을 근간으로 지구에 생명이 하나둘 나타났고 인간도 모습을 드러냈다.

다른 생명들이 그러한 것처럼 인간에게도 물은 생명의 근원이었다. 동시에 물은 신비로움과 두려움의 대상이었다. 살려면 물이 있어야 했지만, 그 물 때문에 죽기도 했다. 비와 눈이 된 물은 추위를 느끼게 했고, 거대한 덩어리가 된 물은 홍수를 일으키며 땅 위의 모든 것을 쓸어갔다. 풀이며 나무, 동물과 인간, 어느 것도 예외는 없었다. 하지만 농사를 짓기 시작하면서 물이 더 많이 필요해졌다. 마냥 물을 두려워할 수만은 없었다. 농사를 위해 물은 더 가까이 두고 다루어야 하는 존재가 되어야 했다. 사람들은 물에 관해 더 많은 관심을 가졌다. 물에 대한 관심은 이야기가 되어 물의 신비로움을 경탄했다. 그 속에 수많은 신이 태어났고 수많은 전설이 탄생했다. 물의 생명력은 앵그르의 '샘The Spring'이라는 작품에서 물병을 든 정령이 이제 막 물에서 태어난 것 같은 모습으로 생생히 드러난다.

그리스의 신 포세이돈, 아프로디테를 비롯해 메소포타미아 원초의 신 남무가 물에서 태어났고, 진흙탕에서 태어난 이집트의 신 눈Nun은 원초의 물로 모든 신의 아버지이자 홍수를 상징했다. 그리스의 아프로디테와 로마의 비너스도 물에서 태어났다.

그들은 인간의 삶에도 관여했다. 대표적으로 압록강의 신이자 물의 신인 하백은 딸 유화를 낳았는데, 그 딸은 해모수와 결혼해 고

샘 *The Spring* 장 오귀스트 도미니크 앵그르, 1856, 오르세이미술관

구려 시조인 동명성황을 낳았다.

신의 선물, 샘

땅에서 솟아나는 물, 샘은 신비로움의 대상이었다. 샘은 생명 탄생의 상징이자 샘 솟아나는 지혜의 상징이 되었다. 북유럽의 위대한 신 오딘은 지혜를 얻을 수 있다는 미미르의 샘 앞에서 고민해야 했다. 지혜의 신인 미미르가 오딘에게 지혜에는 합당한 대가가 필요하다며, 그 대가로 그의 한쪽 눈을 두고 갈 것을 명했기 때문이다. 오딘은 고심 끝에 자신의 한쪽 눈을 내놓은 후 가장 지혜로운 자가 되었다.

샘을 잘못 만들어 곤욕을 치른 신도 있었다. 그리스 바다의 신 포세이돈과 지혜의 신 아테나는 한 도시의 수호신 자리를 두고 싸움을 벌였다. 그 도시 사람들의 마음을 얻기 위해 포세이돈은 땅을 쳐서 샘을 창조했고, 아테네는 그에 맞서 올리브 나무를 창조했다. 포세이돈이 만든 샘에서는 누구도 마실 수 없는 소금물이 뿜어져 나왔지만, 아테나가 창조한 올리브 나무는 사람들의 삶에 도움이 되는 존재였다. 사람들은 올리브 나무를 만든 아테나에게 자신들의 도시를 맡기고 그 이름을 '아테네'라 부르기로 했다. 포세이돈이 샘을 만드는 데 실수가 있었다면, 지구 반대편 하와이에 사는 신 카네는 다행히도 지팡이를 땅에 잘 내려쳤다. 화산암에 내리쳤는데, 이 돌이 쪼개지며 맑은 물이 담긴 웅덩이가 생겼다. 그래서 하와이 사람들은 카네를 물의 발견자라 하고, 이 물을 '신이 내린 물'이라고 부른다.

그리스와 하와이가 물을 창조하고 있을 사이, 우리나라에서도 세상을 만드는 일이 한창이었다. 미륵이 해와 달을 하나씩 떼어 북두칠성과 남두칠성 그리고 큰 별, 작은 별들을 하늘에 마련했다. 그러고는 산으로 가 칡넝쿨을 거둬내어 베를 짰고 그 베로 칡 장삼을 해 입었다. 그런 연후에 물과 불의 근본을 알아내기 위하여 쥐가 해주는 말을 듣고 먼저 금정산으로 들어갔다. 그곳에서 미륵은 차돌과 시우쇠를 구해 툭툭 쳐 불이 만들어 냈다. 그러고는 샘이 있다는 소하산으로 들어가 물의 근본을 알아냈다. 우리는 그렇게 샘을 가지게 되었다.

신이 손수 샘을 만들었지만, 인간이 신의 뜻을 따라 만들어낸 샘도 있었다. 그런 샘에는 '기적의 샘'이라는 별명이 따라붙었다. 전 세계적으로 유명한 프랑스 '루르드의 샘'도 그러했다. 1858년, 열네 살의 가난한 소녀 베르나데트 수비르는 프랑스 남서쪽 피레네 산맥에 자리 잡은 마을인 루르드에 살고 있었다. 그녀는 그곳의 숲에 갔다가 온화한 미소를 띤 낯선 여인을 만났다. 베르나데트는 그 여인을 여러 차례 마주쳤는데, 하루는 그 여인이 작은 흙탕물을 가리키며 그 물을 마신 후 몸을 씻으라고 했다. 소녀는 여인의 말을 따랐다. 그랬더니 그때부터 흙탕물이었던 곳에서 깨끗한 물이 엄청나게 솟아 나와 샘이 되었다. 사람들은 이 신비한 샘을 누가 발견했는지 궁금해하면서, 소녀는 자신이 겪은 일을 사람들에게 들려줬다. 많은 사람이 이 샘을 이용했다. 샘물을 마시고 병을 치료했다는 이야기가 퍼져 나갔다. 이를 들은 사람들은 샘을 알려준 그 여인이 성모 마리아임이 틀림없다며, 교황청에서 조사해 달라고 계속 요청했다. 사람들의 성화에 못 이겨 교황청은 이 샘이 과연 기적의 샘인지 알아보기 위해 팀을 꾸려 조사에 나섰다. 객관적인지 보기 위해 의사들까지 기적인지 면밀히 검토하는 심사에 동원되었다. 그 과정에서 수백 건의 치유 사례와 함께 샘을 알려준 그 친절한 여인이 성모 마리아라는 증거를 보여줌으로써, 이곳은 기적의 샘으로 인정받았다. 그 뒤 이곳은 더 많은 이가 찾는 곳이 되었다.

베르나르트가 찾은 루르드 샘처럼 전 세계에는 아픈 곳을 고쳐 주는 기적의 샘이라 불리는 곳이 도처에 있다. 세계 4대 기적의 물이라며 루르드 샘과 함께 독일 노르데나우의 샘물, 멕시코 테라코테의 우물, 인도 나다나의 우물이 꼽히기도 한다. 우리나라에도 질병에 효과가 있다는 약수가 여럿 있는데, 세종대왕이 눈병을 고쳤다는 초정 약수, 벙어리가 입을 열고 피부병과 위장병을 나았다는 약사골 약수 등이 유명하다. 그리고 이곳들에는 치유의 기적을 경험하려 많은 사람이 찾고 있으며, 그 물을 자신이 사는 곳으로 가져가고 싶어한다.

팔러니가는 샘물

피렌체에 사는 빌로도는 이집트의 아부 메나$^{Abu\ Mena}$로 성지 순례를 가기로 했다. 그곳은 성 메나$^{Saint\ Menas}$가 20대 초반의 어린 나이로 순교한 후 그가 묻힌 곳인데, 이곳에서 비잔틴 제국 황제의 딸이 나병을 고친 곳이자, 성 메나의 무덤 주변에 있는 90개가 넘는 치유의 샘에서 물을 마시고 많은 이가 병을 고쳤다는 것이었다. 심지어 죽은 자가 다시 살아났다는 이야기도 있었다. 기적의 샘에 대한 소문은 지중해 건너까지 순식간에 전해졌고 빌로도의 귀에도 들어갔다. 오랫동안 병을 앓고 있는 딸을 치료하기 위해 빌로도는 가지고 있던 재산을 털어 성지순례에 오르기로 했다. 그가 성지 순례에 오른다는 소식에 주변인들은 그곳의 성수를 가져다 달라고 부탁했다. 몇 달을 고생한 끝에 드디어 아부 메나에 도착했다. 아부 메나는 순례자들로 붐비고 있었고, 빌로도처럼 많은 이가

세인트메나스의 성수병
6~7C, 아부메나
성 메나를 상징하는 낙타 두 마리를 새겨 성지에서 난 성수라는 점을 홍보했다.

성 메나의 성수를 고향에 가져가고 싶어했다. 이런 사람들의 요구를 상인들이 모를 리 없었다. 아부 메나 상인들이 모를 리 없었다. 그들도 성수 때문에 이곳에 자리 잡은 것이니 말이다. 상인들은 순례자들이 성 메나의 샘물을 고향에 가져갈 수 있도록 병에 넣어 팔기 시작했다. 그러자 순례자들은 돈을 주고 그 물이 진짜 성수라고 입증받고 싶어했다. 상인들은 그들의 요구에 부응해 성 메나의 샘물이라는 보증 징표로, 성 메나를 상징하는 낙타 두 마리를 병에 새겨 넣었다. 빌로도도 이 병에 담긴 물을 사서 가족이 있는 피렌체로 돌아갔다.

낙타가 새겨진 병에 담긴 성 메나의 샘물은 페리에의 녹색병이 등장하기 딱 1500년 전에 만들어진 최초의 포장된, 이른바 '브랜드' 물이었다. 이렇게 기적의 샘물을 포장해 파는 일은 도처에서 일어났다. 앞서 이야기한 루르드의 샘도 마찬가지였다. 루르드 당국은 이 성수를 마시거나 목욕하러 오는 이들에게는 샘물을 무상으로 제공했지만, 이 물을 가져가고 싶어 하는 이들에게는 샘물을 병에 넣어 팔았다. 이렇게 순례자들이 마시거나 떠가는 물은 한 해 1만 톤이 넘는다고 한다.

치유의 기적을 일으키는 성스러운 물에서 시작된 물장사는 광천수처럼 몸에 좋다는 물로 범위를 넓혔다. 영국의 도시 바스는 뜨거운 광천수로 로마 때부터 유명했다. 한때 프랑스 대사로 근무했던 벤저민 프랭클린은 이 물에 감동하여, 병입된 이 물을 미국으로 챙겨가 프랑스 와인과 함께 즐겼다고 한다. 19세기 중엽에는 일반 소비자들도 병에 든 물을 이용하기 시작했다. 이때 나타난 곳이 우리가 지금 유명해진 비텔Vitel, 바두아Badoit, 비시Vichy 등이다. 병입 물의 확산은 병 제조 기술이 발달하고 이를 각지로 실어다 날라 줄 철도 산업의 성장과 함께 급속히 성장했다. 현재 유명한 생수 페리에Perrier도 이러한 배경에서 생겨났다.

프랑스의 도시 베르베즈도 광천수로 유명했다. 이곳 시장이었던 그라니에는 이 물로 돈을 벌 수 있다는 것을 알았다. 그는 나폴레옹을 찾아가 이곳의 물을 팔 수 있다는 허락을 받았다. 그라니에는 광천수 상업화에 나섰다. 광천수에 관심 있던 젊은 의사 루이 페리에가 여기에 합류했다. 그는 열정적이었고, 페리에에 감명받은 영국인 존 함스워스가 여기에 투자했다. 고급 탄산수로 알려진 페리에의 시작이었다.

함스워스는 페리에에 '병에 담은 물의 샴페인'이라는 이미지를 입혔다. 그의 브랜드 전략은 시장에 먹혔고, 페리에는 엄청난 수로 팔려나갔다. 1930년대에 이미 1,800만 병 판매를 돌파했다. 페리에의 성장을 지켜본 기업들은 물이 돈이 된다는 사실을 깨닫고 너도나도 생수 시장에 뛰어들기 시작했다.

생수 시장은 건강에 대한 관심이 커지면서 본격 성장하기 시작했다. 최근 이러한 추세는 더 강해졌는데, 지난 20여 년간 가장 빠

페리에 광고 1910 천연 탄산수를 테이블에 놓는 물이라는 점을 강조해 광고했다.

르게 성장하고 있는 분야 중 하나가 바로 생수였다. 페리에 이사회 사장이 무심결에 '땅에서 뽑아 올려 포도주나 우유 또는 심지어 석유보다도 더 비싼 값에 팔기만 하면 된다는 사실에 깜짝 놀랐다"고 말했다. 이 말은 물이 얼마나 자본화되고 있는지를 보여준다.

실제 미국 맥클라우드 마을의 생수를 팔기 위해 네슬레가 마을 자치회에 제안한 금액은 64L의 생수에 고작 1페니였다. 우리 돈으로 17원밖에 되지 않는 돈을 주고 네슬레는 마을의 물을 마구 퍼 갔다. 엄청난 양의 물이 마을 밖으로 나갔다. 자연에서 나는 물을 기업에 넘김으로써 마을 사람들의 식수권도 불안해졌다. 자유롭게 쓰던 물을 돈을 주고 써야 하는 상황이 되었다. 과도한 물을 퍼감으로써 지역 생태계도 영향을 받았다. 물에 대한 권리를 두고 시민들은 네슬레와 갈등하기 시작되었다.

물은 누구의 것인가

기업들의 물에 대한 상업화가 강해지면서, 물의 배분과 판매에 대한 논쟁이 거세졌다. 한쪽은 물은 판매할 수 있는 자원이라 보는 입장이었고, 다른 한쪽은 물은 공기와 같은 인간 생존을 위한 기본권이므로 상업적으로 판매해서는 안 된다는 입장이었다. 물을 기본권으로 보는 입장에서, 기업이 물을 퍼다 제품으로 파는 것은 강력한 반발이 생길 수밖에 없었다. 이는 대수층에서 생수를 뽑아 올림으로써 수량이 줄어들어 그 지역에 수자원 부족을 불러일으키는 문제, 물에 가격이 붙음으로써 생존을 위한 기본권이 위협받는 심각한 문제가 있다. 맥클라우드 마을과 네슬레의 갈등은 이를 잘 보여준다.

그뿐인가? 지하에서 생수를 퍼내기 위해 뚫은 구멍들로 오염물질이 들어가며 지하수 오염이 발생하고 하고 있다. 지하수에서 미세플라스틱이 발견되고 있다는 것이 낯설지 않은 뉴스가 되었다. 지하수가 사라지며 토양을 지지하지 못하게 되면서 지반이 침하되거나 싱크홀이 발생하는 상황도 일어나고 있다. 영화 '싱크홀'에서 건물 한 채가 통째로 땅속으로 꺼져버리는 일이 불가능한 일이 아니게 되었다. 당장 체감하지 못하고 있겠지만 인생태계도 물의 흐름이 달라지며 생물다양성에 영향을 미치고 있어, 장기적인 지구 생활에 적신호를 보내고 있다.

생수를 주로 담는 페트병으로 발생하는 각종 환경 문제, 생수 이동에 따른 막대한 탄소 배출 등과 맞물려 있다. 1L 짜리 페트병을 하나 만들고 유통하는 데 들어가는 물은 3~4L로 마실 물의 세 배가 넘는다. 탄소 배출량은 약 125g으로, 수돗물의 500배가 넘는다. 그뿐만이 아니다. 그린피스가 조사한 바에 따르면 한 해 우리나라에서만 버려지는 페트병이 56억 개로, 500㎖ 생수병으로 계산하면 지구 14바퀴를 돌 수 있는 양이라고 한다. 물론 이를 해결하기 위해 페트병을 재활용한 천, 재활용 플라스틱 등이 시도되고 있고, 이를 다시 연료로 전환하는 시도도 계속 이루어지고 있다.

이렇게 무한정으로 물을 퍼내 이동시킨다면, 무한정으로 페트병에 담아댄다면 과연 지구는 괜찮은 것일까 하고 말이다. 물은 누구의 것인가? 누구를 위한 것인가? 아직 우리는 거기에 대한 답을 내리지 못하고 여전히 논쟁 중이다. 물에 대한 기본 권리부터 말이다.

태초에 물이 있었다. 인간이 생겨났다. 인간은 물을 신비로워하면서도 두려워했다. 두려운 만큼 물을 정복하고 싶어했다. 지금 우리는 이쩌면 '사용'이라는 측면에서 물을 조금 정복한 것인지도 모른다. 하지만 정말 정복한 것일까? 그리고 무엇을 위한 정복일까? 우리 마음대로 펑펑 써도 되는 물? 돈을 만들어 주는 물?

아마 앞으로도 물에 대한 새로운 전설들을 만들어져 나갈 것이다. 하지만 그 전설 속에 우리의 모습은 어떤 모습일까? 탐욕의 전설이 될까, 공존의 전설이 될까? 어쩌면 아주 옛날에 존재했던 아름답고 깨끗했던 물에 대한 전설일 수도 있지 않을까?

깨끗함의 추구

'사물이 더럽지 않다', '빛깔 따위가 흐리지 않고 맑다', '가지런히 잘 정돈되어 말끔하다'. 표준국어대사전에 등록된 '깨끗하다'의 뜻이다. '깨끗한 정치인'과 같이 청렴하다는 이미지로, 때로는 '깨끗한 물'처럼 섞인 것 없이 순수하다는 이미지와 결합해 쓰이기도 한다. 오랜 세월 동안, 이 단어에 축적된 이미지 때문에 우리는 '깨끗하다'에 대해 대체로 긍정적인 이미지를 가지고 있다. 그리고 과거에도 현재에도 그러하듯 미래에도 인간은 깨끗함을 추구하게 될 것이다. 단, 지구에서 지속 가능하게 생존할 수 있는 방법으로 말이다.

깨끗함, 신성의 상징

목욕재계는 부정을 타지 않도록 깨끗이 목욕하고 몸가짐을 가다듬는 행위이다. 신에게 제사를 지내거나 소원을 빌 때, 혹은 신성하거나 중요한 일을 시작하기 전 몸과 마음을 정갈히 하기 위한 의식으로 이루어졌다. 그러다 보니 신과 더 가까운 시대였던 아주 오래전부터 관습으로 내려왔다. 먼저 우리나라를 살펴보면 이미 삼국시대 때 불교의 영향을 받아 하루에도 서너 차례씩 목욕할 정도였는데, 이는 몸을 깨끗이 함으로써 마음도 정갈히 한다는 믿음 때문이었다. 이러한 풍습은 불교가 국교였던 고려 시대까지 이어졌다. 조선도 목욕을 중요시했는데, 특히 기우제를 지낼 때는 왕이 직접 목욕재계하고 종묘와 사직에 나아가 큰 제사를 드렸다고 한다. 서구권도 목욕을 신성한 행위라고 인식하기는 마찬가지였다.

먼 옛날 그리스에서는 신의 예언을 받는 신탁소들이 있었는데, 그중 가장 유명한 신전은 델포이에 있는 아폴론의 신탁소였다. 아폴론은 태양의 아들이자, 유일하게 인간에게 예언력을 주는 신이었기 때문에 이 신전에는 아폴론의 신탁을 받는 무녀가 존재했다. 이 무녀는 카스탈리아 샘에서 목욕재계하고 월계관을 쓴 후에야 신전의 정해진 위치에서 신이 내리는 신탁을 받았다고 한다. 고대 이집트도 목욕을 좋아했는데, 그리스 역사학자 헤로도토스는 이들이 매일 2회씩 목욕하는 청결한 민족이었다고 기록했다.

기름과 재의 환상적인 콜라보

몸을 깨끗이 하기 위해 가장 많이 사용된 것이 있다면 아마 비누일 것이다. 비누는 아주 오래전부터 역사에 등장하는데 가장 오래된 기록은 기원전 2800년, 메소포타미아 지역의 바빌로니아에서 비누를 상 사용했다는 것이다. 기원전 2200년에 만들어진 진흙판에는 물, 재, 계피유를 이용한 비누 제조법이 기록되어 있다. 참고로 재는 알칼리를 띈다. 고대 이집트에서도 비누를 만들어 썼다. 파피루스 기록에 따르면 목욕 시 비누를 썼는데, 이는 동물 또는 식물 기름에 알칼리를 띈 소금을 섞어 만들었다.

기원전 600년 페니키아에서는 염소 기름에 식물의 재를, 8세기 지중해 연안 지역에서는 올리브유에 해초를 구워 만든 알칼리를 섞어 만들었다고 한다. 지역마다 기름과 재의 종류는 달랐지만 기름과 알칼리를 섞어 만든다는 점은 같았다. 기름은 염소, 올리브, 계피 등에서 얻었고, 알칼리는 주로 재나 소금에서 얻었다. 그리고 비누를 만들 때 아무래도 검은 재를 쓰다 보니 비누 색은 요즘처럼 밝은색이 아니라 어두운색이었다. 12세기 들어 잿물 대신 천연 소다를 알칼리로 이용하기 시작하면서 비누 색이 밝아지기 시작했다.

지구의 한쪽에서 비누를 열심히 쓰는 동안 다른 한쪽에서는 식물을 그대로 활용했다. 인도를 비롯한 아시아에서는 청결을 위해 소프넛, 창포, 팥, 토란즙, 녹두, 콩가루, 쌀뜨물 등 식물 재료와 잿물, 오줌 등을 적극 활용했다. 우리나라도 마찬가지였다. 신라에서는 '조두'라 하여 팥, 녹두 등을 곱게 갈아 세안에 썼다. 나중에는 쌀겨, 쌀뜨물, 콩가루, 밀가루, 녹두 가루, 창포 가루, 콩깍지 삶은 물 등을 비누로 활용됐다. 1809년에 지어진 조선판 생활 백과인 《규합총서》에는 토란 삶은 즙을 이용한 때 빼기, 오줌 활용 세탁법, 창포 뿌리 가루 물을 활용한 묵은 때 제거법 등 다양한 세척법이 나와 있다. 옷을 깨끗이 하기 위해 콩대나 볏짚을 태워서 나오는 재를, 물에 타서 걸러 사용하기도 했다고 한다.

일부 남부 지방에서는 집안 걱정을 없애 준다는 '무환자나무'를 많이 심었다. 이 나무에서 나는 '용안육'이라는 열매는 심장과 비장 등에 약효가 있어 약재로 많이 쓰였다. 사포닌이 풍부한 과육은 물을 우려내 빨래하는 데에 썼다. 이 나무가 바로, 요즘 천연 세정제로 알려진 소프넛이 열리는 '솝베리나무'이다.

원래 이 나무는 인도가 고향으로, 인도에서는 그 열매인 소프넛을 '리타Reetha'라고 불렀다. 그들은 열매 과육이 훌륭한 비누가 된다는 것을 알고 있었고, 빨래를 전담하는 도비왈라들은 이 열매를 써서 옷을 깨끗이 빨았다. 치유 요가인 '아유르베다'에 보면 이 열매를 자연정화 요법에 사용하도록 했다. 그중 하나가 소프넛을 끓인 것에 말린 구스베리를 섞어 두피를 마사지하는 방법이다. 중국에서도 기원전부터 이 나무가 더러운 것을 정화해 준다고 생각해, 그 열매를 끓여 세제로 썼다. 1596년 명나라 이시진이 쓴 《본초강목》에서는 이 열매가 진주의 더러움을 빼는 데 좋다고 기록했다.

벌거벗고 씻는 죄악

지금처럼 사람들이 매일 옷을 모두 벗고 샤워하는 것, 목욕과 온천을 즐기는 것을 서양 중세 사람들이 봤다면 까무러치게 놀랐을 것이다. 병에 걸릴 거라 기겁했을 것이며, 문란하다고 봤을 것이다. 불과 바로 전 시대인 로마에서 목욕을 매우 즐기고 목욕탕이 사교장이었다. 그런데 어떻게 바로 전 시대와 이렇게 목욕은 하지 말아야 할 것이 되었을까?

이는 종교의 영향을 받았기 때문이었다. 고대 로마가 멸망하고 중세로 넘어가면서, 지중해에서 가톨릭교회의 영향력이 커졌다. 이전 시대이자 여러 신을 섬기는 로마에서 일궈 놓은 문화들은 부정되었다. 그중에서도 사람들은 여러 명이 벌거벗은 채 함께 즐기는 공중 목욕 문화를 문란하다고 생각하기 시작했다. 교회까지 나서서 사람들에게 목욕탕을 통해 전염병이 전파된다고 설파하자, 교회를 절대적으로 신뢰했던 당시 사람들은 목욕을 더 꺼리게 되었다. 이런 생각으로 목욕을 죄악시하는 문화가 만들어졌다.

안 그래도 목욕에 대한 인식이 안 좋아지는 상황에서 위생 관리가 부실한 목욕탕에 간 사람들이 흑사병에 걸려 죽었다. 중세 초반 흑사병은 유럽을 공포에 몰아넣었다. 흑사병을 피해 시골로 피신 가는 사람도 있었다. 보카치오가 쓴 열흘간의 이야기인 〈데카메론〉도 이런 배경에서 나온 책이었다. 사람들에게 목욕을 더 공포스럽게 생각했다. 의사들도 목욕을 하려고 따뜻한 물에 몸을 담그면, 땀구멍이 쉽게 열리기 때문에 병에 걸린다고 했다. 5세기 기독교 성직자인 성 제롬까지 나서 "기독교식 목욕을 한번 한 사람

그리스도의 세례
안드레아 델 베로키오 작, 1472~1475

은 더는 목욕할 필요가 없다."고 까지 했다. 기독교식 목욕이란 세례식을 말했다.

상황이 이렇다 보니 중세 시대의 목욕은 환영받지 못하는 존재였다. 부정을 저질러 몸을 정화해야 할 때나 꼭 필요한 상황이 아닌 바에야 사람들은 목욕하지 않았다. 급기야 18세기 초반에 이르자 몸에 물기가 닿는 것만으로도 병에 걸릴 수 있다고 믿게 되었다. 위생과 건강은 깨끗한 옷으로 갈아입는 방식으로 챙겼다. 그러나 씻지 않는데 어떻게 위생이 제대로 챙겨지겠는가? 씻기를 꺼리는 유럽의 생활 방식은 페스트가 유럽을 1800년대가 될 때까지 백여 차례 휩쓸게 하는 데 큰 영향을 미쳤다.

그럼에도 목욕은 끈질기게 살아남았다. 목욕에 대한 그릇된 믿음도 1095년 시작된 십자군 전쟁을 계기로 바뀌기 시작했다. 몇

세기에 걸쳐 진행되었던 십자군 전쟁은 많은 것을 바꿔 놓았다. 유럽의 문화가 이슬람권으로 넘어가기도 했지만, 유럽도 이슬람 문화에 영향을 받았다. 이슬람교의 창시자인 무함마드는 청결이 신앙의 절반이라고 말했고 그의 말을 받들어 이슬람 문화에서는 청결을 중시하게 되었다. 물이 부족한 가운데서도 하맘^{Ham-mam}이라는 목욕시설을 두고 청결을 챙겼다. 이런 문화가 유럽으로 들어오기 시작하자 상류층을 중심으로 목욕이 부활하기 시작했다.

현미경, 세균을 발견하다

17세기 네덜란드의 직물상인이자 과학자인 안톤 판 레이우엔훅이 지금까지 사람들 눈에 보이지 않던 세계를 발견했다. 수학과 물리를 공부했던 그는 본업인 직물 장사를 위해 직물검사를 했는데 이때 현미경을 썼다. 이 현미경은 1590년경 한스 얀센 부자가 발명한 것으로, 망원경처럼 생긴 현미경을 짧게 접으면 세 배, 길게 늘이면 최대 10배까지 확대해 볼 수 있었는데, 이것이 개선을 거쳐 30배까지 확대해 볼 수 있는 현미경이었다. 처음에는 직물검사를 위해 현미경을 썼지만, 과학을 공부했던 레이우엔훅은 이것으로 개미다리, 닭털, 머리카락, 심지어는 정자까지, 다른 것들을 들여다보기 시작했다. 이 놀라운 세계에 그는 더 나은 현미경을 원하게 되었고 그 스스로 렌즈에 대해 배우는 등 현미경 개선 연구에 뛰어들었다. 꾸준한 연구 결과 당시 현미경과는 월등히 분해력이 뛰어난 현미경을 만드는 데 성공했다. 금속판 두 개 사이에 렌즈를 끼우고 나사로 연결한 이 단순한 장치는 세상을 무려 273배 확대해 볼 수 있었다.

1638년, 레이우엔훅은 자신이 발명한 현미경으로 관찰한 본 눈에 보이지 않은 세상을 논문으로 발표했다. 이 논문에서 그는 최초로 미생물의 존재를 발표했다. 이 세계가 발견하면서, 나중에 전염병의 원인이 세균이라는 것을 밝힐 수 있게 되었다.

세균을 제거하면 전염이 되지 않는다는 사실은 무엇으로 세균을 제거할지 방법을 찾는 데 열중하게 했다. 다양한 방법들이 제안되었지만, 가장 간단하면서도 훌륭한 방법은 비누 사용이었다. 하지만 비누는 비쌌고, 쓸 수 있는 사람은 많지 않았다. 개인위생을 지킨다는 것은 어려웠다. 그래서 유럽은 전염병이 한 번 돌기만 하

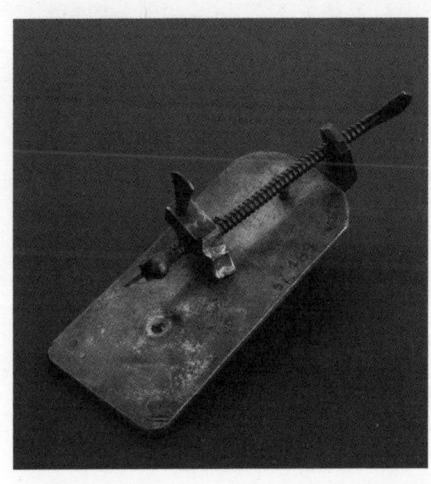

레이엔후크가 만든 확대경
17C

면 수많은 사람이 떼로 죽어나갔다. 비누를 누구나 쓸 수 있게 할 방법이 필요했다.

비누, 위생 필수품이 되다

1791년 프랑스 화학자인 니콜라 르블랑이 소금에서 탄산나트륨을 제조하는 방법인 '르블랑 공법'을 발견했다. 비누 대중화의 길이 열렸고, 비누 가격은 획기적으로 저렴해졌다. 18세기를 거치면서 확산한 청결에 대한 인식이 보태어져 모두 몸을 규칙적으로 씻고 더러워진 옷을 더 효과적으로 빨 수 있게 되었다. 하지만 르블랑의 비누 제조법은 제조 과정에서 염화수소 기체를 발생시켰는데, 이것은 물과 만나 염산이 되었기 때문에 악취가 심하고 땅을 심각하게 오염시켰다. 이에 1863년 벨기에 화학자인 솔베이가 오염물질을 생성하지 않고 탄산나트륨을 만드는 방법인 '솔베이 공법'이 발명하면서 르블랑 공정을 빠르게 대체해 나갔다. 솔베이는 영국, 미국, 독일 등에 자신의 공법을 이용한 비누 공장을 세웠다.

그런 상황에서 1853년 10월 오스만 제국이 소수 기독교도 권리를 명분으로 동방 정교회만을 허용하던 러시아제국에 전쟁을 선포했다. 전쟁은 유럽 전역으로 퍼져 나갔다. 러시아 제국과 밍그렐리아 후국이 동맹을 결성했고 오스만 제국이 프랑스 제2 제국, 대영제국, 사르데냐 왕국이 동맹을 결성해 교전했다. 포탄, 철로, 전보 등 당시 진보한 온갖 기술이 전쟁에 동원되었다. 심지어 전쟁

장면이 최초로 사진으로 남기도 했다. 이 전쟁은 기술이 사용된 최초의 현대적인 전쟁이기도 했다. 새로운 전쟁 기술은 수많은 사상자를 낳았다. 2년 5개월에 걸친 전쟁으로 직접 병력으로 죽은 사람만 22만 명을 넘었다. 엎친 데 덮친 격으로 전쟁 기간 동안 콜레라까지 창궐해 더 많은 사람이 죽었다. 지옥 같은 이 전쟁터에 플로렌스 나이팅게일이 있었다.

나이팅게일은 전쟁터에서 경험을 통해 위생이 치료에 영향을 준다는 것을 알게 되었다. 한 명의 병사라도 더 살리기 위해 위생 지침을 만들어 모두가 지키도록 했다. 비누는 그 핵심에 있었고, 병력을 지키기 위한 중요한 요소였다. 무조건 확보해야 하는 것이 비누였다. 이를 계기로 또 한 번의 큰 흐름이 생겼다.

당시 비누를 만들 때 쓰인 기름은 동물에서 가져온 기름이었다. 위생 인식이 올라가면서 비누 수요가 증가하자, 더 많은 동물성 기름이 필요했다. 한 번에 많은 기름을 얻을 수 있는 고래의 인기가 더 올라갔다. 수많은 고래가 사람들 손에 무참히 잡혔다. 고래 씨가 말라갔다. 당연히 수요 감당에도 한계가 왔다. 등불이나 가로등을 석유로 켤 방법이 생겨난 덕에 고래기름의 더 많은 몫이 비누에 돌아왔지만, 여전히 수급이 부족했다.

1차 세계대전 당시 독일은 비누용 기름 수급이 어려워졌다. 병력을 보호하려면 비누는 반드시 제대로 공급되어야 하는 물품이었다. 해결책이 필요했다. 수많은 과학자가 이를 해결하기 위한 다양한 방법을 시도했다. 마침내 최초의 합성세제인 '인산염'을 개발해 냈다. 드디어 비누를 비싼 동물성 기름에 의존하지 않고 저렴하게 만들 수 있게 되었다. 과학실에서 만들 수 있는 비누는 독일 병력을 강화해 주었다. 2차 세계 대전이 발발하자 미국도 합성세제 개발에 뛰어들었다. 전쟁을 통해 사람들은 기름과 재로 만든 비누 대신 실험실에서 만든 합성세제를 쓰게 되었다.

종전의 여파로 모든 것이 부족한 상태에서 저렴하고 성능 좋은 합성세제는 사람들에게 최고의 대안이었다. 전기세탁기가 발명되자 합성세제는 천연세제나 비누의 자리를 더 빠르게 대신했다. 그나마 살아남은 비누도 과거의 비누가 아니라 합성세제 성분이 함유된 것이었다. 합성세제는 인기를 등에 업고 설거지, 살균제 등 다양한 분야로 쓰임을 확대했다.

세제 사용은 급격히 늘어났다. 세제를 쓴 물은 강으로 들어가 생태계로 흘러들어 갔다. 실험실에서는 발견하지 못했던 세제의 악영향이 생태계 문제가 되어 여기저기서 터져 나왔다. 1950년대 영국 모그덴 하수 처리장에서 합성세제에 오염된 물이 그대로 하천으로 흘러들어 가자 이를 마신 수많은 물고기가 죽었다. 스위스 레만호는 합성세제로 물이 오염되어 생물이 살 수 없는 호수로 변했다. 1977년 일본에서는 간사이 지방의 젖줄인 비와호가 합성세제에 오염되어 대규모 적조가 일어나, 역시 수많은 생물이 죽었다. 이 일에 충격을 받은 일본 시민 사회에서 합성세제 대신 비누를 쓰자는 '비누 운동'이 일어났다.

우리나라에서도 유사한 문제가 발생했다. 1896년 비누가 들어온 이후, 1966년에 합성세제가 처음 사용되었다. 가볍고 뛰어난 세척력 때문에 이것의 인기는 폭발적으로 높아졌다. 그만큼 널리 사용되면서 물고기 떼죽음 등 심각한 하천 오염 문제가 발생했다. 이후 세제가 일으키는 수질오염을 감시하는 각종 법과 제도가 도입되었다.

깨끗함을 위한 자리

우리는 추우면 추위를 느끼고 더우면 더위를 느낀다. 이 작은 사실 하나만 보더라도 인간은 자연과 연결되어 있다. 자연은 고려하지 않고 합성세제를 쓴 후 강에 버린 물은 이 세제 때문에 환경호르몬이 하천 생물들에 영향을 주는 것은 물론 용존 산소량을 낮추어 생물이 살기 어렵게 만들었다. 이런 악영향은 여기저기서 터져 나왔다. 그럴 때마다 우리는 문제를 제기하고 개선해 왔다. 그 덕에 코를 찌르는 냄새 때문에 지나가기조차 힘들었던 하천들은 다시 물고기가 헤엄치고 왜가리, 청둥오리 등 다양한 생물이 함께 사는 공간으로 변하고 있다. 오염으로 몸살을 앓았던 서울 청계천은 사람들이 걷고 싶은 하천변이 되었고, 서울 중랑천은 수달과 흰목물떼새, 표범장지뱀 등 멸종위기동물이 모습을 드러내는 공간이 되었다. 대전 유성천, 대구 금호강 등 수많은 곳이 다시 건강하게 살아났다.

지금 인류는 기후변화라는, 가장 큰 문제를 직면하고 있다. 무엇보다도 기후변화는 온도 상승에 따라 담수가 빠르게 증발하면서, 인간이 쓸 수 있는 0.1%밖에 되지 않는 지표수가 줄어들고 있다. 지금 인간은 깨끗해지기 위해 주로 물을 이용한 세제를 쓰고, 완벽하지는 않지만 물을 정화하고 있다. 하지만 쓸 수 있는 물의 양이 절대적으로 줄어드는 상황은 지금까지의 방법을 지속하기 어렵다고 말해준다. 중동 지역 최대 호수였던 이란의 우르미아 호수가 메말라 소금평원으로 변한 것은 많은 점을 시사해 준다.

그리고 기후변화가 위기가 되고 있음을 우리 모두 몸으로 체험하기 시작했다. 기후위기에서 많이 언급되는 것 중에 화석 연료, 숲, 담수 고갈 문제가 있고, 합성세제는 이 세 가지에 모두 얽혀 있다. 먼저 화석연료 측면에서 합성 주방용 세제의 한번 사용만으로도 당신은 지하철로 서울역에서 서울시청까지 이동할 때 내는 탄소와 비슷한 온실가스를 배출할 수 있다. 석유를 써서 만드는 합성세제를 대신해 식물성 원료를 쓰겠다고 하지만 일부일 뿐이다. 일부일 뿐이라도, 환경에 미치는 영향이 없는 것도 아니다.

요즘 만들어지는 대부분의 식물성 원료는 팜유에서 온다. 무향무취에 가격 저렴한 데다 먹을 수 있는 팜유는 점점 더 많아지는 수요를 감당하기 위해 저렴한 땅을 찾아 거대한 팜 나무 농장, 팜 플랜테이션을 건설하고 있다. 이 저렴한 땅이 바로 인도네시아, 아프리카, 아마존 등 열대우림이 있는 곳이다. 팜유를 얻기 열대우림이 대규모 벌목이 일어나고 있다. 이를 막기 위해 열대우림 인증, 지속가능 팜오일 협력체RSPO, Roundtable for Sustainable Palm Oil 등이 나왔지만, 여전히 파괴는 이루어지고 있다. 긍정적인 소식은 인도네시아 정부가 팜유 농장 건설로 인한 무분별한 산림 파괴를 막기 위한 법적 조치를 취하고 있다는 것이다. 그 결과 2023년 12월 인도네시아 내 팜유 농장 중 산림 지정 구역에서 팜 농장을 경영한 기업들에게 4조8,000억 루피아, 한화 약 4천200억 원에 달하는 벌금을 부과했다.

   열대우림이 파괴되는 것은 기후위기 해결책을 스스로 발로 차는 것이기도 하지만 지구의 다른 생물들의 터전을 없애는 행위이기도 하다. 실제 열대우림을 밀어내는 과정에서 오랑우탄을 대표되는 수많은 야생동물이 살 곳을 잃었고, 죽거나 살해당했다. 참고로 미국 스탠퍼드대가 최근 밝힌 바에 따르면 생물다양성이 풍부해야 탄소 배출량을 줄일 수 있다.

   어떤 사람은 열대우림 대신 팜나무를 심으니 괜찮은 것 아니냐고 의문을 가질 수도 있다. 하지만 눈으로 보기에도 팜나무들과 열대우림 사이의 바이오매스 양은 비교할 바가 못 될 만큼 열대우림이 월등하다. 그만큼 많은 탄소를 흡수하는 것이고 더 많은 생물이 살아갈 수 있다. 팜나무 농장은 밭일 뿐이고, 밭은 숲이 아니다. 그러니 식물성 원료를 쓴다고 꼭 좋다고 할 수 없으리라.

   기후변화로 가속화된 담수 고갈 문제는 합성세제는 물론 다양

인도네시아 보르네오 섬 칼리만탄 지역의 열대우림 경계의 팜 농장 CIFOR 전 세계에 팔 팜 오일을 생산을 위해 열대우림이 계속 벌목되고 있다.

한 세제 사용에 대해 진지한 질문을 던진다. 지구 평균 기온이 상승했기 때문에 그만큼 증발하는 물의 양도 증가한다. 지구 평균기온이 1℃ 올라갈 때 증발량이 7% 증가하는데, 8천900억 톤에 달하는 양이다. 많이 건조해지는 곳이 더 건조해지고 비가 많이 내리는 곳에 더 많이 내린다. 이란의 우르미아 호수가 말라버리는 동안 중국 쓰촨 성은 두 달 넘게 폭우가 내렸다.

안정적으로 쓸 수 있는 물이 줄어들고 있다. 이는 같은 양의 오염물질을 배출하더라도 100%의 물이 아닌, 증발하고 남은 더 적은 양의 물에 유입되므로, 단위 면적당 담수 오염도는 증가하게 된다. 지구가 더 뜨거워질수록 수질 오염도도 더 높아질 것이다. 인구까지 증가하고 있으니 발생하는 오염 물질의 양도 늘어날 것이고, 오염도는 더 올라갈 것이다. 우려도 더 깊어질 것이다. 각종 청결을 위한 제품들이 빠른 자연 분해 등을 할 수 있도록 개선되고 있으나, 아직은 완벽하지 않으며, 여전히 문제 있는 제품들이 전 세계에서 쓰이고 있다. 정화한다 한들, 어떤 종류의 세제인들 오염물의 증가는 어떤 형태로든 우리에게 영향을 미칠 수밖에 없다. 수용 가능 인구수를 넘긴 제주도가 하수 처리를 감당하지 못해 바다로 방류하면서 산호초가 파괴되는 등 해양 오염이 심각해진 사례는 우리에게 많은 것을 시사해 준다.

자연과 인간은 서로 연결되어 있다. 자연에 부담을 준다는 것은 인간에게도 부담을 준다는 것이다. 상황이 이러할진대 우리 생활은 아직 그 상황을 대비하지 못하고 있는 것으로 보인다.

길을 나서다

레오나르도 다빈치는 피렌체에 있는 작업실에서 새로운 기계에 대해 구상하고 있었다. 태엽을 이용하면 스스로 움직일 수 있는 수레를 만들 수 있을 것이란 생각이 들었다. 태엽을 조이고, 그 조여진 태엽이 다시 풀리면서 앞으로 나아가는 기계. 말이 없어도 이동할 수 있는 이 기계의 움직임은 바퀴가 도와줄 것이다. 다빈치는 종이 위에 늘 그러했듯이 구상을 하나씩 그려 나갔다. 언젠가 때가 오면 이것을 만들어 보리라 생각하면서….

그리고 500년 이상이 흐른 지금, 지구의 비행기와 기차, 자동차는 못 가는 곳 없다. 미지의 땅이 존재하기는 하는 걸까? 24시간이 걸리지 않아 지구 반대편으로 이동할 수 있게 되었고, 쉬지 않고 37시간을 걸어야 도달할 수 있던 서울에서 부산까지 고속철도를 타고 3시간도 걸리지 않아 갈 수 있는 곳이 되었다. 사람들은 빨라진 이동시간과 멀어진 이동 거리를 따라 유명하다는 곳부터 발길이 잘 닿지 않는 곳까지 세계의 수많은 곳으로 본능처럼 길을 떠

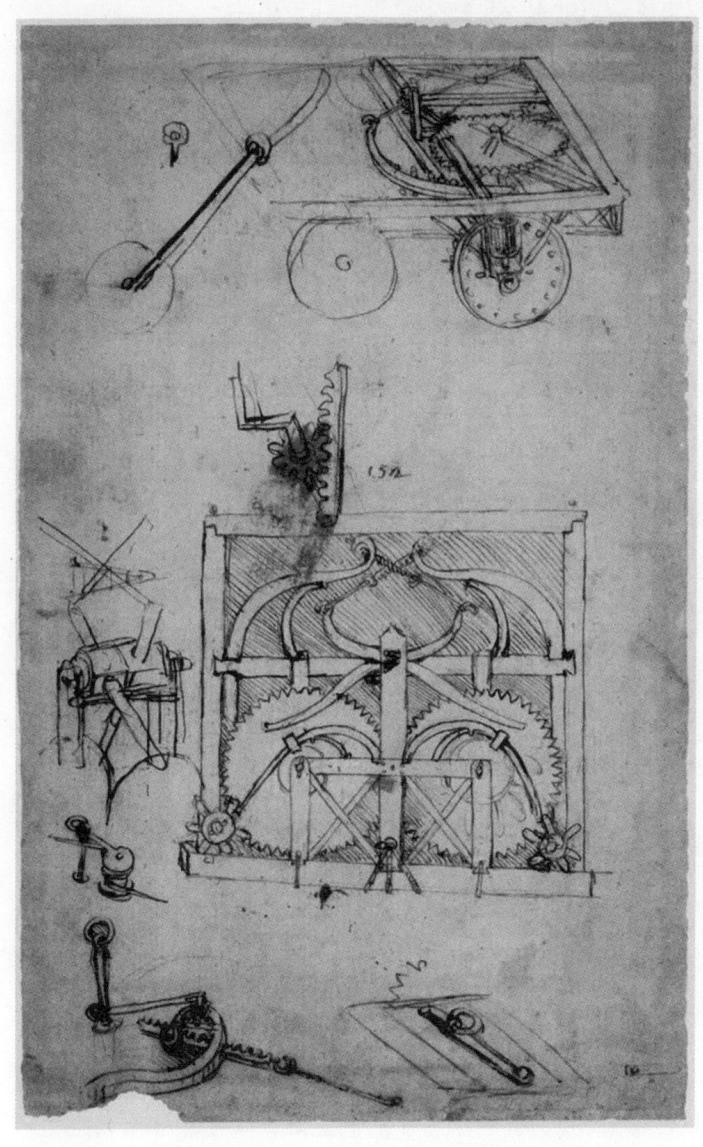

다빈치의 자동차 스케치 1478, ≪Codex Atlanticus≫, 이탈리아 암브로시아나 박물관

나더니 급기야 우주로까지 길을 떠나고 있다.

석탄으로 가는 증기기관, 빠르게 퍼져 나가다

레오나르도 다빈치의 스케치 이후 400년에 가까운 시간이 흘렀고 그 사이 사람들은 레오나르도 다빈치의 구상과는 전혀 상관없는 삶을 살고 있었다. 자동차에 대한 실마리는 의외의 곳에서 시작되었다.

인구가 증가하면서 식량 문제가 뒤따라왔다. 숲이 잘려나간 자리에 경작지가 들어왔다. 혹은 전쟁을 벌여 그들의 경작지를 빼앗았다. 새로 땅을 경작하기 위해서는 철로 만든 농기구가 필요했고, 전쟁을 위해서는 철로 만든 칼과 방패, 화살촉 등 철기가 필요했다. 철기를 만들려면 열이 필요했는데, 산마다 나무가 베어져 나갔고, 벌거숭이 산이 되어갔지만, 나무로는 역부족이었다. 새로운 연료가 필요했다. 땅 위로 드러나 흩어져 있던 토탄들이 높은 효율을 내며 사용되었다. 토탄은 빠르게 고갈되었다.

사람들은 땅을 파고 들어갔다. 많이 파낼수록 점점 깊이 들어갔다. 습한 땅이었던 영국은 석탄을 찾아 깊이 들어갈수록 탄광 안에 물이 스며들어, 사고가 잦아졌다. 탄광 사고로 죽는 사람도 늘어났다. 여기저기서 기계 사용이 늘어나고 있어 석탄 수요가 늘어나고 있는 상황이라, 이 문제를 해결해야 했다. 그러던 차에 1705년 토마스 뉴커먼Thomas Newcomen이 증기 기관을 만들어 냈다. 뉴커먼이

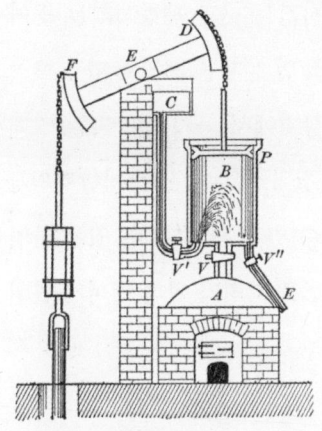
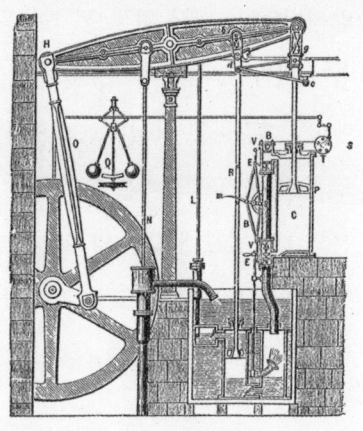

뉴커먼의 증기기관 1712   제임스 와트의 증기기관 1774

만든 이 기계는 즉시 탄광에 적용되었다. 증기를 쓰는 이 힘센 기계는 스물다섯 명의 사람과 열 마리의 말이 일주일이 꼬박 걸려야 하던 일을 불과 하루 만에 끝나버렸다. 석탄을 파는 갱에 차는 물 때문에 일어나는 문제도 해결할 수 있게 하였다. 반세기 만에 영국에 있는 탄광이라면 누구나 이 증기기관을 썼다. 높아진 효율로 탄광업은 획기적으로 발전했다. 하지만 뉴커먼의 것에는 구조적으로 비효율적인 면이 있었다.

자동차 발전에 영향을 미친 증기기관

뉴커먼이 만든 증기기관의 기본 원리는 공기를 응축한 상태에서 열을 가해 공기를 팽창시킴으로써, 운동에너지를 만들어내는 방식이었다. 이를 위해 공기를 응축시키는 곳과 팽창시키는 곳이 함께 있다 보니 에너지 효율이 낮았다. 이 문제를 제임스 와트[James Watt]가 해결하고 나섰다. 그는 기존 장치에서 공기 팽창기는 그대로 두고 공기 응축기를 분리했다. 그 결과 기존에 쓰던 석탄량의 4분의 1만 있으면 같은 양의 일을 할 수 있게 되었다. 이 일은 산업혁명에 불을 질렀다. 그리고 그의 공헌을 기리기 위해 에너지 단위 이름에 와트[W]를 붙였다.

증기로 가는 마차

증기기관의 효율성이 높다는 것이 알려지자, 제임스 와트의 증기기관은 탄광을 빠져나와 여기저기로 뻗어 나갔다. 증기기관차가 시도되었고, 증기기관을 단 마차가 시도되었다. 특히 마차에 증기기관을 적용한다는 것은 비싼 말이 없어도 되는 데다, 효율도 높아지는 매력적인 일이었다. 하지만 증기기관에는 보일러실, 물탱크, 석탄 저장고 등 넓은 공간이 필요했다. 많은 사람이 이를 해결하려 도전했다.

마침내 프랑스인 니콜라-조셉 퀴뇨[Nicolas-Joseph Cugnot]가 이 문제를 해결해, 세계 최초의 증기 자동차를 발명했다. 3개의 바퀴가 달린 이 자동차는 육군에서 대포를 운반하기 위한 용도로 만들어졌다. 보일러가 앞에 달린 이 자동차는 시험주행에서 시속 4킬로미터를 기록했다. 하지만 제동장치가 없고 방향 조정이 어려워 사

전쟁을 위해 개발된 퀴노의 자동차 1770 퀴노는 증기기관을 이동형으로 가져갈 수 있도록 함으로써 자동차가 발전할 수 있는 계기를 만들었다.

용하기 불편했다. 퀴노의 시도 이후 증기자동차의 발전은 꾸준히 이루어졌다. 그리고 1878년 프랑스의 발명가 볼레Amédée Bollée에 의해 '라 망셀'이라는 상용화된 증기자동차가 나왔다. 이 자동차는 8년 뒤 벤츠에 의해 개발된 페이턴트 모터바겐과 함께 현대 자동차 역사의 첫 단추를 끼운 자동차로 꼽힌다.

하지만 증기기관은 외연기관, 즉 외부에서 연료를 태우고 운동에너지를 얻는 기관이어서 기본적으로 부피가 컸다. 또 무거웠다. 이러한 문제를 해결하기 위해 '내연기관'에 집중했다. 내연기관으로 만들게 되면 작아진 크기 때문에 마차와 같은 작은 공간에도 적용할 수 있을 것이기 때문이었다. 그리고 그 시점인 19세기 말 석유를 두고 패권 다툼이 일어났다.

석유, 마이카 시대를 열다

요즘 전기차가 많이 늘어났지만, 여전히 길 위를 돌아다니는 자동차의 주요 연료는 석유다. 그렇다면 자동차는 처음부터 기름으로 가는 것이었을까? 그렇지는 않았다. 시간과 노력이 필요했다.

고대로부터 '역청'이라 불리며 신비한 물질로 인식되었던 석유는 고대 그리스의 역사학자 헤로도토스가 바빌론의 탑을 짓기 위해 아스팔트를 사용했다는 기록에서 그 역사를 시작한다. 그 후 기원전 3천 년경 메소포타미아에서 석유에서 나오는 아스팔트로 조각상을 만들었다거나 건축용 접착제로, 이집트 미라를 감싸는 천을 처리하기 위한 재료로, 기원전 2천 년경 수메르에서는 미래를 점치고 만병을 고치는 약으로, 혹은 종교적인 의식을 위한 것으로 사용되고 있었다고 역사는 전한다.

석유는 중국에서도 사용한 기록이 《역경》이라는 책에 기록으로 남아있다. 이 책에 따르면 기원전 4세기 초에 이미 연료로 사용했다는 기록이 남아있다. 서기 347년경에는 240m까지 파 내려가 대나무를 연결해 석유를 시추했다는 기록도 있다. 이렇게 캔 기름은 소금을 건조하는 데 사용했다고 한다.

페르시아에서는 라제스라고 알려진 철학자 알 라지Muhammad ibn Zakariyā Rāzī에 의해 원유를 증류하는 방법이 안내서에 기록되기도 했다. 한편, 페르시아에서는 9세기에 이미 원유를 증류해 정제하는 기술을 가지고 있었다. 페르시아의 앞선 기술은 유럽에도 전해졌다. 하지만 뛰어난 기술에도 석유의 용도는 등불을 위한 연료 정도에 그쳤다.

그러는 사이 1625년 요한 홀크는 석유 증류 후 분리 정제 시 다른 용도로도 사용할 수 있다고 주장했다. 하지만 그렇게 되기까지는 이백 년이 넘는 시간이 필요했다. 1859년 미국의 에드윈 L. 드레이크가 최초로 석유를 땅을 굴착해 얻는 방법을 찾아내자, 석유를 대량 공급할 수 있는 길을 열자 등불 연료에서 고래 기름을 대신해 석유가 자리를 잡았다. 1886년, 독일의 과학자 오토Otto는 홀크의 이론대로 석유에서 분리 정제한 휘발유를 등불이 아닌 내연기관에 쓸 방법을 자동차에서 찾아냈다. 그는 최초의 가솔린 자동차 '페이턴트 모토바겐Patent motorwagen'을 만들어냈다. 이 3륜 자동차가 바로 세계적인 자동차 브랜드 벤츠의 시작이었고, 자동차 연료로 휘발유가 들어오게 되었다.

뒤이어 1892년 독일의 루돌프 디젤Rudolf Diesel이 경유를 이용한 디젤엔진을 발명하면서 석유는 자동차에서 더욱 중요해졌다. 그런데도 그 당시 석유 가격은 여전히 높았고, 경쟁 상대인 증기자동차와 전기자동차의 인기가 높았다. 하지만 대규모로 석유를 시추할 수 있게 되자 판도가 달라졌다. 여기에는 엑슨모빌의 전신인 록펠러와 포드의 역할이 컸다. 록펠러는 공격적인 시장 확대를 통해 미국 정유 공장의 90%와 운송회사 80%를 장악했다. 그리고 강에 버려지던 휘발유가 자동차 연료로 사용되었다. 할리우드로 향하는

휘발유를 사용한 포드의 자동차 모델 T 1770 석유로 가는 자동차는 포드의 컨베이어 벨트시스템과 만나 자동차 연료의 기준이 되었다.

도로가 깔렸고, 포드는 모델T라는 저렴한 휘발유 자동차를 대량으로 생산했다. 누구나 차를 가지는 '마이카My Car' 시대가 열렸고, 석유는 자동차 연료의 기준이 되었다.

타임머신을 타고 온 전기자동차

석유로 가는 자동차는 지금 시대 자동차의 대다수를 차지하지만, 기후변화, 미세먼지 등 환경이 미치는 영향과 저렴한 연료비 때문에 전기자동차로 바꾸는 사람들이 많아지고 있다. 그러다 보니 기름 대신 연료전지로 가는 전기차는 석유 자동차의 문제점을 해결하기 위해 발명된 기술처럼 보인다. 그런데 사실 석유 자동차보다 먼저 발명됐다.

19세기에 이미 전기차가 나오게 된 배경은 18세기 말부터 쿨롱, 옴, 패러데이 등 과학자들이 전기에 관한 중요한 법칙을 발견하고 맥스웰이 전자기 법칙에 관련한 스무 개가 넘는 방정식을 정리하는 등 획기적인 진보가 있었기 때문에 가능했다.

페이턴트 모토바겐보다 37년 앞선 1828년, 헝가리인 아뇨스 제드릭Ányos Jedlik이 전기 기술을 활용하여 전기 모터가 만들고, 이를 사용해 움직이는 작은 모형차를 만들어냈다. 1834년 스코틀랜드의 로버트 앤더슨Robert Anderson이 이를 발전시켜 최초의 전기 자동차를 만들어냈다. 심지어 그는 1937년 최초의 전기기관차까지 발명했다. 실용적으로 쓸 수 있는 자동차가 바로 다음 해 미국의 토마스 데븐포트에 의해 출시되었다. 전기자동차는 발전에 발전을 거듭해 데븐포트의 출시 이후 불과 2년 만에 뉴욕 거리를 전기 택시가 돌아다니게 되었다.

전기 자동차에 관한 인상적인 연구들도 계속되었는데, 특히 1859년 프랑스 물리학자인 가스통 플랑떼Gaston Planté의 충전식 배터리 개발은 일상에서 사용할 수 있는 전기자동차를 만들 실마리를 제공했다. 1867년이 되자 오스트리아 프란츠 크라 보글이 이륜 전기자동차를 선보였고, 뒤이어 1881년 4월 프랑스 발명가 구스타프 트루베Gustave Trouvé가 세 바퀴로 가는 전기자동차를 만들어 파리 거리에서 이를 시험 운행했다.

사실 전기자동차의 발전은 앞서 말한 대로 전기에 관한 과학 발전도 있었지만, 산업화의 영향도 컸다. 산업화로 증기기관 사용이 증가하자 그 연료로 막대한 양의 석탄이 태워져 공기를 더럽혔다. 마치 지금처럼 말이다. 산업화가 가장 먼저 일어난 영국은 대기 오염 상황이 매우 심각했다. 영국의 전기기술자이자 발명가인 토마스 파커Thomas Parker가 전기자동차 개발에 뛰어든 이유도 그랬다. 그는 자동차를 증기기관으로 움직이는 과정에서 연료로 석탄을 사용하게 된다면 안 그래도 심각한 런던의 대기오염이 더 심각해질 것을 우려했다. 그는 1881년 열린 연기제거 박람회the Smoke Abatement Exhibition에서 무연탄을 태울 수 있는 개방형 장치를 발명해 은메달을 따는 성과를 거두기도 했다. 하지만 파커는 이런 성과를 내려놓고 전기차 연구에 매달렸고 마침내 최초의 상용 전기자동차를 출시했다. 그가 만든 자동차는 영국은 물론 유럽, 미국 상류층들에게 큰 인기를 끌었다. 전기차의 인기에 힘입어 다른 이들도 전기차 개발에 뛰어들었다. 이에 영국과 프랑스 정부는 전기 자동차를 개발할 수 있도록 지원했다.

토마스 파커는 엘웰파커 컴퍼니Elwell-Parker Company가 전기자동차를 위한 전기모터와 배터리를 제작해 생산하기 시작했다. 1906년에는 배터리로 구동한 수하물 트럭을 최초로 출시했다. 독일에서도 1888년 앤드레아크 플로켄Andreas Floken이 전기차를 생산하기 시작했다. 뒤따라 전기차 관련 기술도 계속해서 개발되었다. 그 결

전기 자동차에 탑승한 여성들
1901

에디슨이 만든 전기자동차
1913

과 1899년에 이미 전기차 속도가 시속 100km를 돌파할 만큼 기술적인 성과를 이루었다. 그래서 전기차는 1900년대 초반까지만 하더라도 휘발유차보다 아주 경쟁력 있는 존재였다. 휘발유차보다 시동 시간이 더 길다는 단점이 있었지만, 냄새나 진동도 없었고 기어 교체도 필요 없었다.

깔끔한 이미지의 전기차는 여성들에게 특히 인기가 많아, '마담차'라는 별명도 생겼다. 1912년이 되어 전기 공급이 원활해지자 인기는 급상승했다. 지금보다 훨씬 높은 전기자동차 보급률을 보였다. 미국만 보더라도 자동차의 38%가 전기차였고, 나머지로 석탄을 때는 증기 기관 차량이 40%, 휘발유 차량이 22%였다고 한다. 특히 뉴욕은 전기차가 50%를 점유할 정도로 인기가 높았다. 수많은 전기 제품의 발명가 에디슨도 전기자동차 개발에 뛰어들어 제품을 출시했다.

1900년대는 증기자동차, 휘발유 자동차와 전기자동차의 경쟁 시대였다. 전기차의 인기는 높았지만, 대규모 석유 발굴로 휘발유 가격이 저렴해지자 휘발유 자동차가 주목받기 시작했다. 자동차들 중 가장 멀리 이동할 수 있었던 데다, 권력의 비호까지 받았다. 전기자동차는 뛰어난 성능에도 속도 및 운행 거리가 제한됐다. 포드가 휘발유 자동차를 대량생산 체계와 성공적인 로비를 등에 업고 시장에서 밀어붙였다. 결국, 전기자동차는 휘발유 자동차와의 경쟁에서 밀려났다. 1910년대가 되자 대부분의 전기자동차가 생산 중단했다. 2차 세계대전 발발 후 석유가 부족해진 일부 국가에서 전기자동차를 다시 실험하기도 했으나 시장에서 부활하지 못했다. 수십 년간 전기자동차는 기억에서 잊혔다. 20세기 중반을 넘어서면서 석유 사용이 불러일으키는 오일 유출과 대기오염은 물론, 기후변화 원인으로 석유를 비롯한 화석연료가 지대한 영향을 미친다는 것이 밝혀지기 전까지는 말이다. 전기자동차는 다시 기회를 잡았다.

기후위기 시대의 자동차를 위한 고민

2019년 기후위기 원인인 온실가스의 16%가 교통에서 나오고 있다. 그중 96%가 자동차에서 나오고 있다. 자동차가 그렇게 많은 온실가스가 나오는 데에는 자동차 연료가 중요한 원인으로 작용하고 있다. 현재 우리나라 자동차의 연료별 비율을 보면 휘발유 약 47.8%, 경유 약 42.6%를 차지한다. LPG와 LNG를 포함하여 화석연료를 사용하는 차량을 모두 합치면 99.21%이다. 여기에 전기차, 등에 쓰일 전기 생산을 위한 화석연료 발전의 비율을 적용하면 자동차의 화석연료 비율은 99.5%가 넘는다.

기후위기의 주요 원인으로 지목된 자동차는 생활 속에 깊숙이 들어와 있는 만큼 많은 공격을 받으면서, 자신들의 연료를 화석연료에서 다른 연료로 변화시키기 위해 움직이고 있다. 전기, 수소, 태양광, 소똥, 폐식용유 등 다양한 연료가 언급되고 있고, 변화의

북해의 석유 시추 플랫폼

큰 방향은 '연료를 태워 움직이는 방식'이 아닌 '전기를 이용해 움직이자'는 흐름이 있다. 그러나 이들이 진짜 친환경일지 어떨지는 사실 그 속을 잘 들여다봐야 한다. 전기가 도로에서는 깨끗할지 몰라도 전기의 생산방식이 화석연료에 의존해 이루어지는 방식이라면 소비 방식만 바뀌었을 뿐, 여전히 화석연료에 의존한 상태이지 않겠는가? 실제 한 연구기관이 전기자동차의 탄소배출 감소 효과에 관해 조사한 결과 한국, 중국 등 화력발전소의 비율이 높은 국가에서는 전기자동차를 쓴다고 해도 화석연료를 대체하는 효과가 떨어지는 것으로 나타났다. 즉, 전기 생산 방식이 재생에너지로 생산되어야 전기자동차의 기후변화 대응 기여도가 올라간다는 의미이다.

　기후변화가 심각해지고 있다. 이를 해결하기 위한 수많은 방법이 제시되고 시도되고 있다. 자동차 분야도 마찬가지다. 그중 전기자동차는 효과적인 방법으로 주목받고 있지만, 최근 벌어지고 있는 상황은 전기자동차가 이동 수단으로서 온전한 답이 되지 못할 수도 있음을 보여준다.

　지난 2024년 1월 미국 시카고를 덮친 북극 한파의 영향으로 기온이 영하 30도까지 떨어졌다. 가장 먼저 전기차들이 멈춰 섰다. 영하로 내려가며 배터리 성능이 급격하게 떨어진 탓이었다. 시동은 물론이고 충전까지 먹통이 되어 수많은 사람이 강추위 속에 자동차를 버려두고 집까지 걸어가는 진풍경을 연출했다. 그렇다고 석유로 가는 차가 답이 되는 상황도 아니다. 탄소 배출도 배출이지만 북극 한파에 이들도 멈춰 섰기 때문이다. 2023년 1월 강원도 홍천에 영하 26도에 이르는 추위에 차양 고장이 속출하고 고속버스는 경유가 얼어 멈춰 섰다. 극한의 기후 빈도가 서서히 증가하고 있는 상황에서 사람들은 불안감에 전기자동차 선택을 망설이게 했다. 조금 더 추이에 버틸 수 있을 것 같은 내연기관 자동차를 내려놓기 힘들게 만들었다. 문제는 돌고 돌아 결국 인간이 배출한 온실가스를 어떻게든 줄여야 우리가 만들어 놓은 것을 온전히 쓸 수 있다는 답을 내놓았다. 그러기 위해서는 이동을 줄여야 한다는 것을 보여주었다. 코로나19는 전 세계를 강제적으로 멈춰 세워 그 가능성을 보여주었으나, 이동에 익숙해진 탓일까? 팬데믹이 종식이 선언되자, 참았던 몇 년을 쏟아내듯 더 많은 이가 이동에 나섰다.

3부
미처 생각하지 못했던 것들

달콤 씁쓸한 당

인간이 당을 탐하는 이유에 대해 학자들이 내놓는 이론은 다양하다. 당이 인간에게 에너지원이 되는 것이기 때문에 본능적으로 당을 좋아하는 것이라는 이유부터, 단맛은 인간에게 가장 안전한 것이기 때문이라는 이유, 인간이 성장하기 위해 가장 필요로 하는 것이 당분과 지방 때문이라는 이유, 먹을 것을 불규칙하게 구할 수밖에 없던 시기에 인간이 영양을 몸에 비축해 놓기 위한 영양소인 단백질, 지방, 탄수화물 이 세 가지가 모두 단맛을 지니고 있기 때문에 단맛을 찾게 되었다는 것은 물론, 달콤한 맛에 쾌락을 느끼도록 진화했다는 이야기까지 다양하다. 단맛이 스트레스 호르몬을 감소시켜 주기 때문에, 스트레스가 많은 현대인은 단맛을 찾을 수밖에 없다는 이야기도 있다.

어쨌든 인간이 단맛을 좋아하는 것은 명확해 보인다. 생리학적으로 봐도 수많은 맛 중에 단맛만큼은 미각이 약한 사람도 혀에서 기본적으로 느낄 수 있는 맛이다. 사실 단맛은 인간만 찾는 맛은 아니다. 우리가 꿀을 얻는 벌을 비롯해 나비, 곰, 새, 원숭이, 너구리 등 매우 많은 동물이 단맛을 좋아한다. 초기의 인류는 어떠했는지 모르겠으나, 적어도 현대 인간을 보면 단맛은 중독 수준이라고 할 정도로 많은 당을 먹고 있다. 달콤한 디저트가 일상이 되고 당 소비는 계속 증가하고 있다. 날로 증가하는 당에 대한 사랑은 당을 활용한 문화도 발전시켰지만, 당을 쟁취하기 위한 씁쓸한 역사도 만들어 냈다.

꿀을 찾아서

사탕수수로 단맛을 추출하기 전까지 순수한 단맛을 가진 결정체로 가장 많이 쓰였던 것은 벌이 만들어 놓은 벌꿀이었다. 오래전부터 벌꿀을 얻으려고 애썼다는 사실은 스페인 발렌시아 지방에 있는 동굴, 쿠에바스 데 라 아라냐 Cuevas de la Araña에서 엿볼 수 있다. 거미 동굴 이름의 이 동굴에는 8천 년 전 그려진 생생한 벽화가 남아있다. 한 사람이 바구니를 들고 나무에 매달려 둥근 벌집을 향해 몸을 기울이고 있다. 벌집 주변으로는 꿀을 가져가려는 이 사람을 쫓아버리려는 듯 벌들이 날고 있다. 나무에 매달린 이 사람이 벌들의 공격을 이겨내고 꿀을 훔치는 것이 만만치 않아 보인다. 까딱하면 벌들의 공격을 받아 죽을 수도 있다. 그는 꿀을 훔치기 위해 목숨을 걸고 있는 것이고, 결국 성공했을 것이다. 이 장면은 벽화로 남길 만큼 이들에게 빈번 중요한 일이었을 것이다.

스페인 발렌시아에 있는 쿠에바스 데 라 아라냐 동굴 벽화 8000~6000 BC 꿀을 채집 중인 모습(사진 표시 부분)으로, 오래전부터 꿀을 소비했음을 보여준다.

양봉을 하기 전까지 인간이 꿀을 구하는 것은 목숨을 거는 일이었고, 꿀은 그만큼 귀한 약재이고, 귀한 존재였다. 이런 꿀을 가리켜, 성경에서 풍요로운 곳을 '젖과 꿀이 흐르는 땅'이라 표현했다. 고대 이집트는 왕을 나타내는 문장에 꿀벌을 넣었고, 피라미드에는 부장품으로는 꿀단지를 함께 넣었다.

워낙 꿀이 귀하다 보니 대부분은 단맛을 과일 등 음식에서 주로 이용했다. 간혹 일부 지역에서는 메이플 시럽처럼 나무줄기에 낸 구멍에서 새어 나오는 수액을 받은 후, 열에 수액을 졸여 단맛을 얻기도 했고, 보리싹을 틔워 단맛을 내기도 했다. 그 와중에 역사의 중심에서 멀리 떨어진 서태평양의 뉴기니에서 기원전 8천 년경부터 사탕수수를 재배해 단맛을 구했고, 이는 기원전 6천 년 전부터 인도네시아, 필리핀을 거쳐 인도로 들어갔다. 그리고 기원전 4세기 인도는 이미 사탕수수를 설탕으로 만들고 있었다.

유럽을 매혹한 설탕, 씁쓸함의 시작

인도에서 만들어진 설탕은 실크로드 등을 거쳐 중국, 페르시아, 이집트로 넘어가는 동안 유럽에서는 그 존재를 십자군 전쟁이 일어나기 전까지 몰랐다. 11세기 이슬람교가 가져간 예루살렘 성지를 되찾고자 십자군 전쟁이 일어났다. 교회의 승인을 받은 원정대가 예루살렘으로 성전을 떠났다가 유럽으로 돌아왔다. 이 과정에서 십자군 전쟁에 참여한 사람들은 이슬람 세계의 다양한 문화를 접했다. 아랍의 향료, 오렌지, 커피, 면화, 건축 양식 등과 함께 설탕이 유럽에 들어왔다. 꿀이 거의 유일한 단맛이었던 유럽인들에게 설탕의 단맛은 눈을 번쩍 뜨게 했다. 유럽이 설탕을 접한 것이 처음은 아니었다. 기원전 327년 알렉산더가 인도를 공격했을 때 그곳에서 '돌꿀Stone Honey'이라 불리던 설탕을 이미 접했었다. 하지만 너무 오래전 일이었다. 십자군이 일어나고 나서야 유럽은 설탕을 제대로 접했다. 아랍인들도 자신들이 아는 설탕 제조법을 그들이 가는 곳마다 전파했다.

아랍으로부터 사탕수수 재배법을 배운 유럽은 지중해에 사탕수수를 재배하기 시작했다. 아직은 설탕이 귀한 존재였기 때문에 고급 음식으로 취급받았다. 치료제로도 쓰였다. 대개 기호품이 그렇듯이 설탕은 사치품이었고, 상인에게는 돈이 되는 존재라는 것을 의미했다. 하지만 6미터까지 자라는 사탕수수는 손이 많이 가는 작물이다. 베어내면서 생기는 날카로운 단면에 다치기 쉬워 수확이 만만치 않았고, 설탕으로 가공하는 과정에서도 많은 노동과 에너지가 필요했다. 설탕 수요는 늘어나는데 더 많은 돈을 벌려면 값싼 노동력과 땅이 필요했다. 그러던 차에 각국에서 경쟁적으로 벌어지던 새로운 땅을 찾아 나선 대항해 시대는 설탕으로 큰 수익을 벌려던 이들에게 답을 안겨주었다.

사람은 자기 목적을 위해 어디까지 잔혹해질 수 있을까? 설탕을 둘러싸고. 벌어졌던 일은 이를 잘 보여준다. 돈이 되는 설탕은 많은 이를 불행에 빠트렸다. 유럽이 아랍에서 전수받은 사탕수수 재배 기술은 이탈리아 남부 시칠리아섬에 처음 적용되었다. 그러나 생각한 대로 사탕수수가 자라주질 않았다. 해결 방법이 필요했다.

그러던 차에 스페인 여왕의 지원을 받은 콜럼버스가 드디어 신대륙에 도착했다. 현재의 바하마 산살바도르 섬에 도착한 콜럼버스는 이곳이 사탕수수를 기르기 좋은 곳이라는 것을 눈치챘다. 산살바도르 섬은 플로리다 주에서 쿠바 방향으로 조금 내려온 동쪽 바다에 있는 섬으로, 아열대 내지 열대 기후를 나타내는 곳으로 멕시코 만류가 흘러 일 년 내내 따뜻한 곳이다. 무성한 숲이 있던 이곳을 유럽인들은 개간해 사탕수수를 심었다. 아메리카는 유럽의 설탕 사업을 위한 거대한 사탕수수 농장이 되었다.

포르투갈이 노예무역의 포문을 열었다. 그들은 무기를 원하는 아프리카인들에게 무기를 공급해 주는 대신, 잡혀 온 아프리카인들을 상품으로 받았다. 납치당한 아프리카인들은 유럽인들에게 매우 저렴한 가격에 노예로 팔려갔다. 이들은 아메리카에 대규모로 만들어진 사탕수수 농장에서 일하기 위한 노예가 되었다. 노예를 이용해 만든 설탕은 높은 가격에 팔려 나갔고, 많은 돈을 안겨줬다.

설탕의 높은 수익은 유럽, 아프리카, 아메리카 간의 악독한 노예무역인 삼각무역을 성행하게 했다. 유럽에서 배에 무기와 일용품을 아프리카로 실어가 지배계급에 팔았다. 무기를 비운 배에 납

노예 거래 John Raphaehel Smith, 1791　아프리카에서 납치된 사람들은 아메리카 사탕수수 농장의 노예로 팔려갔다. 노예해방 전까지 이는 계속되었다.

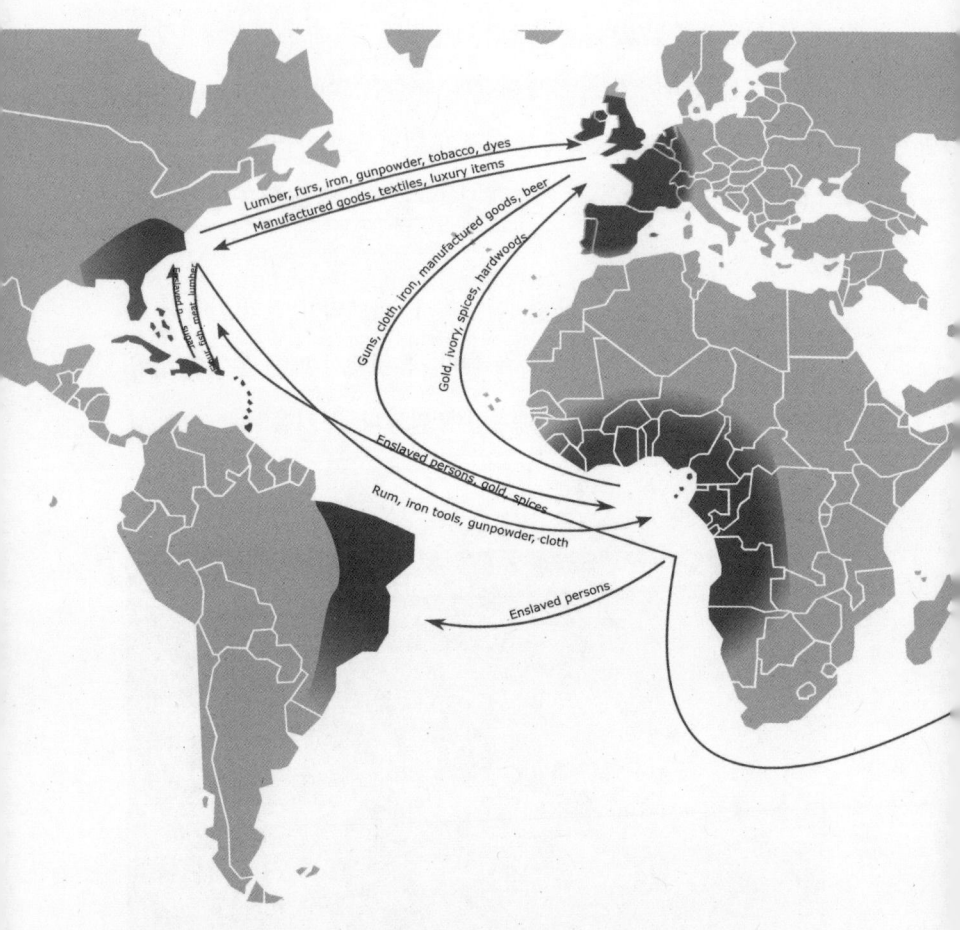

16세기부터 자행된 삼각무역 항해 경로 16C 말~18C초, Vaia 유럽의 무기, 아프리카의 노예, 아메리카의 설탕이 삼각무역을 통해 일어났다

치당한 아프리카인들이 태워졌다. 노예상들은 그들을 팔기 위해 아메리카 대륙으로 향했다. 아메리카에 아프리카인들을 내려준 후 다시 그 배에 고가의 설탕을 싣고 유럽으로 돌아와 설탕을 팔았다. 당시 유럽에서 설탕의 가치는 매우 높았는데, 18세기 프랑스가 2.8헥타르밖에 되지 않은 카리브해에 있는 아이티섬을 온통 사탕수수밭으로 만들었다. 그곳에서 나온 설탕은 프랑스에 막대한 이익을 취했다. 그 금액은 당시 프랑스 예산의 70%를 차지할 정도였다. 같은 시기 영국은 설탕 대국의 야심을 품고 자메이카를 중심으로 농장을 대거 설립했다. 1680년 7만 6천 명 수준이었던 노예가 1750년경이 되자 29만 5천 명까지 늘어났다. 아무런 이유 없이 아메리카 대륙으로 잡혀 온 그들은 자신들이 먹지도 못하는 설탕을 위해 해가 뜰 때부터 질 때까지 일해야 했다. 놀랍게도 이 당시 설탕 가격은 꿀보다 비쌌다.

많은 아프리카인을 비극에 몰아넣었던 삼각무역은 19세기가 지나서야 사라질 수 있었다. 그 시작은 1733년 영국이 제정한 당밀조례Molasses Act였다. 이 조례는 '아메리카 식민지에 수입되는 외국산 당밀에 세금을 부과한다'는 것으로, 당시 영국 식민지였던 미국이 이 조치에 반발했다. 그에 대한 조치로 미국이 프랑스가 서인도제도에서 재배한 당밀을 밀수했다. 프랑스를 견제하기 위한 조례는 실효성이 없었다. 당밀세를 낮췄지만, 밀수는 줄어들지 않았다. 그런 상황에서 1764년 영국이 재정적자를 메꾸기 위해 설탕 조례를 만들자, 삼각무역은 심각한 타격을 받았다. 여담으로 이 조례는 1775년 발발한 미국 독립 전쟁에도 원인을 제공했다.

이와 함께 영국 내에서 노예제 폐지를 위한 움직임이 일어나기 시작했다. 영국은 17세기 삼각무역에 뛰어든 이래, 18세기 세계 최대 노예 무역국이었다. 그러나 노예들에게 벌이고 있던 실상이 알려지면서 이에 반대하는 사람들이 늘어나기 시작했다. 계몽주의자들이 내세운 평등사상은 이러한 흐름에 힘을 실어주었다. 인도주의자였던 그랜빌 샤프Granville Sharp가 노예무역 폐지 운동을 이끌었고, 하원의원 윌리엄 윌버포스William Wilberforce가 이 뜻에 합류했다. 이들은 최종적으로 노예제 폐지를 목표로, 노예무역 폐지부터 단계적으로 접근했다.

영국에서 노예무역 폐지 법안 제정을 위한 노력이 이루어지는 동안 프랑스혁명이 일어났다. 혁명의 결과로 국민의회가 구성되고 〈프랑스 인권 선언〉이 공표되었다. 이 소식은 설탕을 생산하는 프랑스 식민지 아이티까지 전해졌다. 아이티 내에서도 부유한 도시였던 생도맹그의 자유 유색인들이 백인과 같은 투표권을 요구했는데, 그 과정에서 흑인 투표권을 주장하며 투쟁한 뱅승 오제가 잔인하게 처형당했다. 이는 노예 해방 운동에 불을 지폈고, 노예 출신으로 가장 뛰어난 지휘관이었던 투생 루베르튀르Toussaint Louverture의 지휘 하에 노예들을 해방시켜 나갔다. 그러나 아이티 독립의 아버지로 불린 투생은 프랑스의 평화회담 제안 계략에 속아 죽어버렸고, 프랑스는 다시 노예제도를 부활시키려고 했다. 이에 투생과 함께 독립투쟁을 했었던 장-자크 드살린Jean-Jacques Dessalines이 다시 반기를 들고 프랑스와 싸웠다. 1804년 1월 1일, 마침내 아이티는 프랑스에서 벗어나 자유 공화국이 되었다. 영국도 오랜 노예제 폐지 운동 끝에 1833년 드디어 대영 제국 내 모든 노예를 1년 이내에 해방한다는 법이 통과되었고, 다른 유럽 국가들도 1850년대까지 노예 제도 대부분을 없앴다.

사탕수수를 위해 기르기 위해 잡혀 왔던 노예들은 이제 해방되었고, 그들이 있던 자리에 인도인, 중국인, 인도네시아인, 일본인 등 아시아인들이 들어왔다. 그중에는 한국인도 있었다.

사탕수수밭이 된 산림

1900년 지구에 사는 사람은 16억 5천만 명 정도였다. 2024년 인구는 81억을 넘겼다. 노예가 해방되었다고 설탕을 원하는 사람이 사라지는 것은 아니었다. 노예가 하던 일을 대신할 사람을 고용해야 했다. 값싼 노동을 구하기 위해 중국, 일본 등 먼 나라에서 온 사람들도 받았다. 그중에는 일제 침략에 나라가 넘어갈 위기에 놓인 한국인도 있었다. 이들은 대개 힘이 약한 국가에서 왔기 때문에, 이들을 보호해 줄 장치는 당연히 없었다. 흑독한 노동에 시달렸고, 채찍질을 당하기도 했다. 노예는 해방되었지만, 이들은 노예처럼 부려졌다. 당시 사탕수수 농장에서 일했던 한국인으로 이민 1세대이며 사탕수수농장에서 고된 노동을 감수했던 함호용 일가가 남긴

하와이 사탕수수 농장에서 일하는 사람들 1917 낮은 임금을 받으며 사탕수수밭의 거친 일들을 해내야 했다. 우리나라도 일제강점기에 이곳으로 건너가 일한 이가 많았다.

자료에는 그들의 삶이 어떠했는지 고스란히 나와 있다. 하루 10시간씩 일하며 힘든 대우를 받았으나, 이곳에서 번 돈으로 독립운동 자금을 모아 항일운동을 지원했다는 기록 등이 남아있다. 이는 현재도 벌어지고 있으며, 모 언론사를 통해 브라질 사탕수수 농장에서 일어나고 있는 인권 유린이 보고되기도 했었다.

 사탕수수를 둘러싼 문제는 이것만 있지 않다. 16세기, 스페인이 쿠바 근처에 있는 섬, 자메이카로 들어가 사탕수수 농장을 짓기 시작했을 때 그곳의 숲들은 수탈당했다. 열대지역으로 생물다양성이 매우 풍부했다고 알려진 이곳은 숲이 사라지면서 많은 생물종이 사라졌다. 이런 현상은 현대라고 해서 크게 달라진 바가 없다. 전 세계 설탕의 80%를 책임지고 있는 사탕수수의 수요가 지속해서 증가하고 있고 이를 경작하기 위해 열대우림의 숲들이 매년 사탕수수 농장으로 변하고 있다. 최근에는 바이오에탄올로 사탕수수의 효율이 옥수수보다 높다는 것이 알려지면서 더 많은 경작지가 생겨나고 있다. 대표적인 예로 2022년 11월 브라질 대통령에서 물러난 보르소나우는 아마존 우림과 판토나우에 사탕수수 재배를 격려해 세계적인 비난을 받았으나 그대로 밀어붙였다. 이 중 판토나우는 세계에서 가장 생물다양성이 풍부한 지역으로 꼽히는 열대 습지로, 사탕수수 농장이 세우기 위한 불법적인 화전이 계속 자행되고 있다.

단맛으로 많은 부분을 차지하는 설탕은 제조 과정에서도 환경 문제가 있지만, 섭취에도 문제가 있다. 과도하게 섭취할 경우 비만, 당뇨 등에 영향을 끼칠 수 있다는 우려 때문에 많은 나라에서 비만세인 '설탕세'를 도입하고 있으며, 설탕의 대안으로 꿀, 메이플시럽 같은 천연당은 물론 사카린, 아스파탐 등 인공당 등이 이야기되고 있다.

꿀벌의 수난

꿀은 본래 인간을 위한 것이 아니다. 꽃에서 얻은 자당을 꿀벌이 먹고 토해내면서 꿀이 만들어지는데, 꿀 1kg을 만들기 위해 꿀벌은 560만 송이의 꽃을 찾아다닌다. 꿀벌이 꿀을 모으는 이유는 식량 저장을 위한 것으로, 새끼를 기르고 겨울을 나기 위한 양식으로 쓰인다. 그래서 그 속에는 영양소가 풍부하고 절대 썩지 않는다.

쿠메바스 데 라 아라냐 동굴에서 보듯이 꿀은 인류 초기부터 주요한 당원이었다. 지금 설탕이 전 세계 당의 많은 부분을 차지하지만, 꿀은 여전히 당을 공급하는 중요한 위치를 차지하고 있다. 달라진 점이라면 야생에서 꿀을 채집하던 것에서. '양봉'으로 꿀을 얻는다는 점과 꿀이 가축으로 분류되었다는 점일 것이다.

양봉이라 해서 꿀조차도 우리가 좌지우지할 수 있을 것 같지만, 벌이 일을 해주는 것일 뿐 꿀은 자연에서 온다. 벌이 자연으로 일을 나가 열심히 모아온 것이기 때문에 전적으로 자연에 의존할 수밖에 없다. 그 말은 벌이 꿀을 채집하는 환경이 오염되었거나 이상기후가 발생하면 타격을 입게 된다.

가까운 예로 2022년 봄, 우리나라에서 이상기후와 해충의 영향으로 약 60억 마리의 꿀이 사라졌다. 농약에 의한 벌집 군집 붕괴 현상도 자주 보고되고 있다. 여기에 더해 전 세계에서 종자처리를 위해 쓰이는 네오니코티노이드계 살충제가 벌집 군집 붕괴에 영향을 주는 것으로 알려지면서, 2018년 유럽식품안전청(EFSA)이 사실상 이 물질의 실외 사용을 금지했다. 그러나 이 물질을 막는 것만으로 꿀벌이 집단으로 사라지는 일을 막지는 못하고 있다. 바로 인간의 꿀 소비 증가라는 현실 때문이다.

꿀 수요를 맞추기 위해 수확을 늘리기 위해 꿀이 가득 찬 벌집을 꺼내기 좋게 한 양봉 통의 고안 등 온갖 방법을 적용해 보고 있다.

벌집 내 벌들의 모습 벌집이 좁아지면 여왕벌은 이주를 준비한다. 그러나 인간은 꿀을 얻기 위해 여왕벌이 이주하지 못하도록 날개를 자르는 등 이런 생태를 막고 있다.

그러나 어떤 방법이든 결론은 벌로부터 최대한 많은 꿀을 가져오는 것이다. 그래서 벌이 겨우 살아남을 정도만 남기고 인간은 꿀을 모두 가져온다. 벌을 위한 완전 영양체인 꿀 대신 모자라는 당분을 채우라고 설탕물을 채워준다. 당분밖에 없는, 영양이 부실한 설탕을 먹은 벌들이 허약해지는 것은 당연하다. 게다가 꿀이 벌의 배 속에서 변하면서 만들어지는 밀랍 생산도 어려워져, 벌들은 벌집도 튼튼하게 지을 수 없게 되었다. 그런데도 인간은 벌로부터 꿀 말고도 더 많은 것을 가져오기 위한 일도 서슴지 않고 한다.

여왕벌은 일벌이 많이 번식하여 벌집이 작다고 느끼면 벌집을 분리해 나갈 준비, 즉 분봉을 준비한다. 만약 분봉을 하게 되면 새로운 여왕벌을 남겨두고 기존 여왕벌이 일벌들을 데리고 떠난다. 원래대로 라면 여왕벌이 어디에 분봉을 만들지 인간은 알 수 없다. 그 말은 여왕벌이 일벌을 데리고 나가면 꿀을 따올 일벌을 잃게 되는 것을 뜻한다. 인간 입장에서 손실이 일어난다. 그래서 양봉에서는 여왕벌이 자신의 역할은 하되 분봉하지 못하도록 날개를 자른다.

벌이 가져오는 화분을 거둬 먹기 위해 벌이 들어가는 입구에 다리에 묻은 화분을 긁을 수 있도록 장치하기도 하는데, 그 과정에서 많은 벌이 다리를 잃는다. 벌이 소중하다고 하면서 벌이 생명체라는 생각은 사라지고 꿀과 화분을 가져오는 기계처럼 보는 생각만 남았다, 법에서 꿀벌을 '가축'으로 분류된 것은 많은 것을 짐작하게 해 준다.

씁쓸한 미래

인간에게 당은 중요한 에너지원이었다. 사피엔스가 출현한 이후 흘러간 시간을 1년으로 치환해 보았을 때 인간에게 당이 풍족해진 것은 3시간도 채 되지 않았다. 364일 21시간이 흘러올 때까지 당은 귀한 것이었다. 나머지 시간 동안 우리는 점점 많은 설탕을 만들어냈고, 약이었던 설탕은 피해야 할 백색 음식이 되었다. 설탕세까지 나와 설탕을 소비하면서도 동시에 죄악시하고 있다. 이것은 우리가 과도함에 둘러싸여 있다는 것을 말해준다.

산업화 이후, 인간이 과도하게 쓸 것을 위해 필요 이상 지구의 자원을 고갈시켜 왔다. 사탕수수를 기르기 위해 수많은 숲이 밀려 나간 탓에 그 숲에 살던 수많은 생명이 살 곳을 잃어 사라졌다. 숲이 흡수했을 온실가스도 여전히 공기 중에 남아있다. 사탕수수를 재배하며 버린 찌꺼기들이 강으로 흘러들어 가 물을 오염시켰다. 수생 생물들도 살 곳을 잃어버렸다. 벌은 꿀을 인간에게 가져다주느라 자연의 섭리를 따르지 못하고 꿀과 꽃가루 대신 인간이 주는 설탕물을 들이켜고 있다. 단맛 위에 수많은 희생이 있다. 이렇게 얻은 달콤함이 과연 달콤할 수 있을까?

쓰레기와 함께

쓰레기라고 하면 가장 먼저 어떤 것들이 떠오르는가? 아마 대개 과자 봉지, 물티슈, 일회용 라면 용기 등 플라스틱으로 만들어진 것을 떠올리는 경우가 많을 것이다. 그렇다면 옛날 사람들은 '쓰레기' 하면 가장 먼저 무엇이 떠올랐을까?

우리나라 쓰레기의 역사적 현장은 신석기 시대의 조개 패총이라고도 불리는 조개무지에서 시작된다. 조개를 먹기 시작한 기록은 구석기에 시작된다. 사람들이 본격적으로 모여 살기 시작하는 신석기시대에 들면서 버리는 조개껍데기도 늘어났을 것이다. 이 껍데기들이 우리에게 조개 무지로 발굴되었다. 이 조개 무지에는 조개껍데기만 있지 않았다. 동물의 뼈 같은 다양한 음식물 쓰레기와 부서진 석기, 토기 등 더는 쓰지 않는 일상적인 쓰레기도 나왔다. 짐작하건대, 당시 여기 모여 살던 사람들이 쓰레기를 어떻게 버릴 것인가에 대한 집단 내 규칙이 이미 있었던 것이 아닐까 추측된다. 이런 조개무지는 청동기 시대, 삼국 시대를 거쳐 조선 시대까지도 계속 이어졌다. 물론 통일신라 시대 이후로는 그 수가 급격히 줄긴 했지만 말이다. 국가가 일어나고 도시가 생기며 많은 사람이 한 공간에 몰려 살면서 버리는 것에 문제가 생기기 시작했다.

사람이 모이고 생겨난 골치, 오물

인구가 늘고 모여 사는 사람의 집단이 점점 커지면서 국가가 생겨났다. 사람들은 도시에 몰려 살기 시작했다. 삼국유사에 나온 "신라 전성기 경주에 17만 8,936호, 1,360방, 55리와 35개의 금입택金入宅이 있었다."는 기록을 보면 경주, 당시 서라벌은 엄청난 인구가 모이는 거대한 도시였다. 어떤 학자들은 이 자료를 근거로 경주에 100만 명이 당시에 살았다고 주장하기도 한다. 최근에는 서라벌의 도시 계획이 사방 30km까지 뻗어 있었을 가능성을 보여주는 왕경 유적에 관한 연구가 발표되었다.

이렇게 인구가 많으니 쓰레기 문제가 어떠했겠는가? 당시 가장 큰 문제는 사람들의 배설물이었다. 배설물로 물이 오염되어 '여역癘疫'이라 불린 장티푸스가 빈번하게 창궐했다. 익산에 있는 백제 왕궁 유적과 경주의 월지, 불국사 등에 남아있는 화장실 유적에는 위생을 위한 노력이 보인다. 물로 씻어낸 배설물이 황토로 방수 처리한 정화조로 흘러가게 해, 위생적인 환경을 유지하고자 했다. 하지만 역부족이었다. 사람이 너무 많았고 모두가 이용할 수 있는 시설도 아니었으니 말이다.

조선 시대만 하더라도 쓰레기 대부분을 차지하는 것은 인분이었다. 지금은 쓰레기로 치부하는 곡물, 채소, 과일 등의 껍질이라든지 음식 재료를 손질하면서 나오는 먹을 수 없는 부분 같은 것들은 거름이 되거나 가축을 먹이는 데 쓰였다. 사실 인분조차도 농촌에서는 거름이 되어 작물을 키우는 데 쓰였다. 추수 후에 남은 볏짚은 지붕을 이거나 고치는 데에 쓰였고 조리, 방석, 신 등 각종 생필품을 만드는 데 쓰였다. 지금 버리는 깨진 그릇 같은 것도 흙과 섞어 담장을 만드는 돌 대신 쓰고, 쓰임을 다한 목재는 다듬어져 다른 물건이 되는 등 고장 난 것은 고쳐 쓰고, 다른 용도를 찾아 끝까지 썼다. 이는 지금과 달리 사람이 손수 필요한 것을 모두 만들어 써야 했기 때문에 더욱 그랬다. 만드는 데 시간이 오래 걸리는 만큼 많이 만들어지지 않았기 때문에 한 번 손에 들어온 물건은 평생 쓰는 것이었다. 그만큼 귀했고, 소중하게 쓰는 것은 당연했다. 이는 농촌이고 도시고 상관없이 시대 상황이 그러했다.

과거, 도시에서 농촌처럼 거의 버리는 것 없이 산다고 하더라도 도시는 달랐다. 농촌보다 훨씬 더 많은 사람이 모여 살았고, 그만큼 쓰는 것도 많았다. 당연히 버려지는 것도 많았다. 도시가 가지는 처리 능력을 넘어서는 너무 많은 사람과 너무 많은 쓰레기는 도시 문제가 되었다. 조선의 수도 한양이라고 뾰족한 수는 없었다. 한양이 수도가 되면서 많은 사람이 몰려들었다. 조선 전기인 15세기만 해도 10만 명이었던 인구가 18세기가 되자 두 배 가까이 늘어났다. 당시 한양은 지금의 강북이 중심이었고, 청계천은 한양 사대문의 중심을 흐르는 강이었다.

인왕산 백운동 계곡과 지금의 삼청공원에서 발원한 청계천은 식수로 쓰인 상류에서 삼청동을 지나 종각에 이르러서는 천 주변으로 시장이 들어섰고, 더 아래로는 빨래터가 들어섰다. 청계천은 생활 공간으로도 중요한 곳이었지만 무엇보다 중요했던 이유는 사대문에 홍수가 났을 때 수위 조절 역할을 하기 때문이었다. 그래서, 위기의 순간에 제 역할을 할 수 있게 물이 잘 빠져나가도록 관리해야 했다. 그러나 한양 인구가 많아지자 개천은 물론 그 주변으로 벌채가 심각하게 일어났다. 나무가 줄어들자 흙이 드러났다. 비만 오면 씻겨 내려간 흙은 개천으로 흘러들었고, 이 때문에 물이 잘 빠지지 못했다. 영조 27년에 기록된 〈승정원 일기〉에서는 토사로 배수로가 막힌 탓에 하천이 범람했다고 전한다. 오죽 이 문제가 심각했으면 영조가 "도성 내 백성이 너무도 많다."고 한탄했다 한다. 사람들이 살지 못하게 되어 있는 육조 앞길까지 민가가 들어섰으니 말이다.

청계천에 토사만 쌓였다면 그나마 강의 상태가 괜찮았으련만, 사람들은 이곳에 분뇨도 간혹 갖다 버려졌다. 수세식 화장실이 있었을 만큼 화장실 문화가 발달했던 삼국시대에 반해, 안타깝게도 조선은 분뇨처리시설조차 마땅치 않았다. 박지원이 쓴 〈예덕선생전〉에 엄행수라는 사람이 나오는데, 그는 사대문 안 분뇨를 거둬

가는 일을 했다. 박지원은 엄행수를 예덕선생이라 불렀다. 조선에는 엄행수 같은 예덕 선생이 많았다. 그들은 거둬간 분뇨를 도성 밖 밭에 거름으로 쓰도록 갖다 팔았다. 그러나 이들의 활동은 사대문 문이 닫히는 밤에는 불가능했던 데다, 모든 분뇨를 이들이 처리하기 데는 한계가 있었다. 그들이 가져가지 못한 분뇨를 처리를 위해 수레가 필요했지만 구하기가 쉽지 않았다. 결국, 처리되지 못한 분뇨는 강에 버려지기 일쑤였다. 안 그래도 토사가 쌓여 배수가 잘 되지 않던 청계천에 큰비라도 쏟아지면, 물이 범람해 거리를 더럽혔고, 분뇨는 개천으로 흘러들어 물을 더럽혔다.

청계천의 상황은 날로 나빠졌다. 이를 지켜보다 못 한 영조가 청계천 정비 카드를 꺼내 들었다. 영조 재위 36년인 1760년, 많은 사람을 설득하는 데 성공했다. 드디어 대대적인 청계천 정비 작업을 시작했다. 57일간 21만 5천 명의 백성이 동원되었고 이 중 6만 3천여 명이 실업 품삯을 받았다. 쌀만 2,300여 석이 드는 대공사였다. 공사는 성공적이었다. 영조는 〈준천사실〉에서 당시 공사 장면을 생생한 그림으로 표현하고, 공사 경위를 소상히 기록했다. 영조는 "나의 마음은 오로지 준천 사업에 있다."고 할 만큼 이 일에 열정을 쏟았다. 여기에는 청계천 정비와 함께 공공사업을 통해 백성을 살리고자 하는 의지도 담겨 있었다. 이런 취지 때문이었을까? 도성 안 백성은 물론 시전 상인과 지방에서 올라온 지원자, 승려, 맹인 등 다양한 계층의 사람이 참여했다.

청계천 준설도인 준천계첩 영조 36(년,1760, 서울역사박물관 한성에 사람이 몰리면서 청계천 주변에 사는 이가 많아지면서 벌목이 많아지고 오물이 늘어났다. 이 때문에 위생 문제와 함께 범람이 잦아졌다. 영조는 공공사업을 벌여 해결하고자 했다.

도시의 쓰레기 청소부, 돼지

한양이 청계천 청소로 난리법석을 떨 동안, 유럽의 도시들은 돼지를 적극 이용했다. 사실 쓰레기 문제는 당시 유럽도 우리와 크게 다를 바 없었다. 도시들이 생겨나고 그곳으로 사람들이 몰리자 쓰레기 문제가 심각해지기 시작했다. 물론 우리가 그러했듯 유럽도 배설물을 제외하고는 쓰레기 대부분이 요리하다 나온 자투리라든가 사람이 먹지 못하는 부위의 음식 쓰레기나 쉽게 태워 버릴 수 있는 것들이었다. 태울 것은 태우고 음식 쓰레기는 돼지에게 줬다. 음식 쓰레기도 치우고 돼지도 기를 수 있는 일거양득의 방법이었다.

지금의 도시 하면 높은 빌딩과 넓은 도로, 정비된 거리를 생각하지만, 산업화 되기 전 도시의 모습은 낮은 건물들, 골목 등 지금과는 전혀 다른 모습이었다. 중세 유럽의 모습은 이탈리아의 산지 미냐노라든가 프랑스 몽타르지, 스페인 툴레도 등 수많은 유럽 도시에서 지금도 만나볼 수 있다. 도시가 이런 모습이었기 때문에 돼지들이 도시를 휘젓고 돌아다닐 수 있었다. 돼지들은 거리를 자유롭게 돌아다니며, 이런 것들을 먹어 치웠다. 도시의 버려지는 음식물을 먹고 자란 돼지는 가난한 도시 거주자들에게 중요한 단백질 공급원이기도 했다. 나폴리를 비롯해 다른 유럽 도시에서는 19세기까지도 도시에서 돼지를 길렀다. 영국 맨체스터 거리에도 돼지들이 돌아다녔다는 기록이 프리드리히 엥겔스의 기록에 남아있다. 오랫동안 돼지와 동고동락했던 다른 유럽의 도시들과 달리 프랑스는 이미 12세기에 돼지를 도시에서 퇴출했다. 1113년 루이 6세의 왕세자를 태운 마차가 돼지에게 치여 전복되어 왕세자가 사망하는 사건이 발생한 것이 계기였다. 그 후로 도시에는 오직 수도사들이 기르는 돼지만이 도시 안에서 돌아다닐 수 있었다. 나머지 돼지들은 모두 쫓겨났다. 도시에 남은 돼지라도 문제를 일으키면 사람처럼 처벌받았다. 이후 유럽에서 산업혁명이 일어나며 도시로 더 많은 사람이 몰려들자, 남은 돼지들도 도시 밖으로 쫓겨났다.

오물과 전염병, 세균

음식쓰레기는 돼지들이 처리해줬지만, 배설물이 만드는 오물은 취급이 달랐다. 18세기 전까지만 해도 유럽 사람들은 오물이 몸에 이로운 효능이 있으며, 전염병이 생기는 것은 불길한 별의 영향 때문이라고 믿었다. 산업혁명으로 많은 인구가 일자리를 찾아 도시로 몰렸을 때, 사람들은 오물에 대해 별다른 거부감이 없었다. 도시로 모여든 사람들은 강이나 창밖으로 오물을 마구 버렸다. 밤 산책을 나섰던 루이 11세도 오줌 봉변을 당했는데, 버린 이가 학생인 것을 알고 격려 차원에서 금일봉을 내렸다는 일화도 있다. 현대의 패션 아이템이 된 하이힐과 양산은 이런 오물로부터 옷을 버리는 피해를 줄이기 위한 것이라는 말이 있다. 어떤 하이힐은 높이가 50cm였다고 하니, 당시 거리가 얼마나 많은 오물로 뒤덮여 있었는지 짐작하게 해 준다.

파더 템즈에게 그의 카드를 건네는 패러데이 1855 몰려드는 인구에 이들이 버리는 오물로 영국 템즈 강의 심각하게 오염되었음을 빗댄 풍자화

늘어나는 인구만큼 쌓이는 오물도 천정부지로 늘어났다. 거리에는 쓰레기 썩는 냄새와 오줌 지린 냄새가 가득했다. 비가 내리면 그나마 거리가 정리되었다. 이런 현상은 유럽의 큰 도시 곳곳에서 발생했다. 파리만이 아니었다. 영국 런던 등 다른 도시도 마찬가지였다. 오죽하면 냄새나는 템즈 강의 신에게 코를 막은 채 컨설팅을 받으러 오라고 명함을 건네는 신사가 그린 만평까지 나왔다.

흑사병과 콜레라 등의 전염병이 창궐했고 수많은 인명 피해를 낳았다. 이런 상황은 과거 로마가 이를 청소로 극복했던 기억을 떠올리게 했다. 점차 위생에 대한 개념이 생겨나기 시작했다. 18세기 중반 크림전쟁의 발발은 사람들에게 위생의 개념이 심어줬다. 오물을 민간요법에 쓸 수 있다는 환상은 사라지고 더럽고 치워버려야 할 것이 되었다. 당시 사람들은 전염병의 원인이 오물이 뿜어내는 냄새 때문이라고 생각했다. 기록에 따르면 프랑스혁명 직전 파리에서는 거의 60만 명이나 되는 파리 시민이 대대적으로 거리를 청소하고 오물을 거둬갔다. 프랑스 혁명 이후에는 심해지는 도시 악취 문제로 불안해진 사람들이 오물을 도시 밖으로 버려 달라는 탄원서를 넣었다고 한다. 이에 파리시는 시민과 함께 도시를 청소할 방법을 찾다가, 결국 세금을 부과하는 대신 도시 미화원에게 청소를 맡기기로 했다.

사실 18세기 중반까지만 해도 도시 밖으로 쓰레기를 처리할 때, 도시와 농촌과의 관계는 유기적이었다. 도시는 자신들의 쓰레기를 치우는 것이었고, 농촌 입장에서는 농사에 쓸 거름을 확보하는 일이었다. 특히 도시에 발생한 음식쓰레기와 인분이 뒤섞인 진흙은 인기가 높아 수거자들 사이에서 서로 가지려고 경쟁이 벌어지기도 했다.

그런데 산업혁명이 시작되자 상황이 달라졌다. 도시로 점점 더 많은 사람이 몰리면서 쓰레기의 질이 떨어지기 시작했다. 도시 사람들이 버리는 쓰레기에 온갖 것들이 뒤섞이기 시작했다. 쓰레기에 섞인 유리나 철이 소, 돼지를 다치게 했다. 또, 농부들은 도시에서 창궐하던 전염병이 쓰레기를 통해 농촌으로 들어왔다고 믿게 되면서 이제는 도시 쓰레기 반입을 막고자 했다.

19세기 중반 프랑스 과학자인 파스퇴르가 세균이 질병에 관여하는 것을 증명해 내면서 쓰레기가 민간요법에 좋을지도 모른다는 미신을 단번에 날려버렸다. 도시에 쌓인 쓰레기가 병균을 옮길 수 있는 벌레, 쥐 같은 동물에게 서식처를 제공하며 이것이 전염병의 원인인 것이 밝혀졌다. 쓰레기는 더는 도시 안에 있어서는 안 되는, 그래서 밖으로 치워야 할 것이 되었다. 도시 내 위생과 건강을 위해 아주 중요한 일이 되었다. 1870년대부터는 도시 쓰레기를 퇴비로 만드는 것을 중지했다. 1883년, 파리는 처음으로 쓰레기통을 설치하였다. 1892년 합스부르크에서 콜레라가 창궐하자 농부들은 합스부르크의 쓰레기가 농촌으로 들어오는 것을 막았다. 1910년 프랑스에서 홍수가 났을 때는 농촌에서 강을 통해 도시 쓰레기가 흘러들어오지 못하도록 막았다. 쓰레기 문제는 점점 더 자연의 자정 능력을 통한 처리와는 멀어지게 되었다.

산업혁명이 바꾼 쓰레기, 포장

산업혁명으로 대량 생산 시대가 열리고, 교통 발달로 물건은 이제 더 넓은 지역에서 팔려 나가게 되었다. 그 과정에서 유통이 발달했고, 이는 현대 사회를 지금까지와 전혀 다른 방식으로 변화시켰다. 산업화 과정을 통해 물건은 공장이 생산하는 것이 되었고, 사람들은 돈을 주고 소비하는 것이 되었다. 생산과 소비가 강력하게 분리되었다. 공장에서 대량으로 만들어진 물건은 유통과정에서 손상되지 않도록 포장하게 되었다. 포장은 물건을 잘 팔기 위한 마케팅 요소도 되었다. 종이라든가 나무 상자 등 전통적인 포장 방식도 있었지만, 플라스틱은 두꺼운 것부터 아주 얇은 것까지 다양한 모양으로 쉽게 만들 수 있고, 가벼우며 형형색색으로 물들일 수 있는 훌륭한 포장 소재였다. 1835년 앙리 르뇨가 처음으로 발견한 플라스틱과 1926년 왈도 세몬이 PVC에 가소제를 넣어 만든 비닐은 포장을 획기적으로 바꿔 놓았다.

최초로 만들어진 비닐포장은 1977년 미국에서 샌드위치를 포장하기 위해 만든 것이었다. 젖지 않으면서 아주 얇은 데다 위생적이며 나무를 쓰지 않는데 가격까지 매우 저렴한 획기적이고 친환경적인 소재로 받아들여졌다. 특히 비닐을 이용한 포장 기술은 다양하게 발전하며, 필름 실링 방식, 진공 수축 방식, 스킨 방식, 열성형 진공 방식 등 방식이 나왔다. 너무 인기가 좋아 공장에서 생산한 물건부터 즉석 음식까지 쓰지 않는 곳을 찾기 어렵게 되었다.

포장재의 대부분은 비닐을 포함한 플라스틱을 사용하고 있다. 한 번만 쓰고 버리는 것이 당연한 것처럼 취급되다 보니, 가정에서 나오는 생활폐기물의 80%가 플라스틱 또는 비닐이 되었다. 무시하지 못할 양이다. 소비자들의 항의로 줄어들었다고는 해도 여전히 많다. 물론 가격 대비 상품의 질에 관한 것이지만 잘 들여다보면 환경 문제와 깊은 관계가 있다. 포장이 과대해질수록 포장지 사용량이 늘어나 쓰레기 배출이 늘어날 수밖에 없으며, 물건을 이동시킬 때 늘어난 부피는 운반용 차량 이용을 늘린다. 같은 양의 내용물을 넘긴다고 했을 때 단 몇 g이라도 옮겨야 할 물건이 늘어난다. 소비자로서는 여러 겹의 초장지를 뜯고 버리는데 많은 에너지를 쓰게 된다. 버리는 것도 '일'이 되었다.

더 늘어나는 쓰레기

2022년 기준 우리나라 국민 한 명이 배출하는 쓰레기는 446kg으로, 십 년 전인 2012년 356kg보다 90kg이 증가했다. 그사이 우리는 일회용 플라스틱 컵 사용을 제한하고 분리배출을 강화했다. 하지만 2012년으로부터 우리는 얼마나 더 나아졌을까?

거대한 플라스틱 섬이 생겨났고, 지금도 생겨나고 있으며, 수많은 해양생물이 쓰레기를 먹고 목숨을 잃었다. 바닷새는 반짝이는 플라스틱을 먹이로 집어삼켰고, 바다거북은 비닐봉지를 해파리로 착각해 삼켰으며, 고래는 크게 벌린 입으로 플랑크톤과 함께 쓸려 들어오는 쓰레기를 먹어야 했다. 플라스틱 쓰레기는 바다를 떠다니는 쓰레기의 90%를 차지하는데, 이들을 먹이로 착각해 먹은 많은 해양생물이 죽는다. 햇볕을 받아 미세플라스틱으로 분해되어 생태계 흐름을 타고 우리가 먹는 생선의 몸속에서 발견되는 것은 물론, 해안을 어지럽히는 등 수많은 피해를 낳고 있다. 이에 2017년 세계경제포럼은 "지금 노력하지 않으면 2050년 바다에는 해양생물보다 플라스틱이 더 많아질 것이다"라고 경고했다. 해양 플라스틱 쓰레기가 관광, 해운, 어업 등에 미치는 경제적 손

바닷속을 유영하는 비닐봉지 평균 사용 시간 25분, 자연에서 분해되는 데 500년. 그 사이 바다로 흘러간 비닐봉지는 동물들의 삶을 위협하고 있다.

실은 130억 달러, 약 14조 원이 넘는다. 제나 잼백Jenna Jambeck이 이끄는 미국 조지아대 연구팀이 조사한 바에 따르면, 바다에 인접한 전 세계 국가들이 한 해 동안 해양에 버린 플라스틱 쓰레기는 2010년 기준 최소 480만 톤에서 최대 1,270만 톤으로 이를 것이라고 추정했다. 게다가 2025년에 이르면 그 양이 배로 늘어날 것이라고 예측했다.

지금 시대는 쓰레기를 '어떻게 수거하고 처리할 것인가'를 넘어, '어떻게 활용할 것인가'의 시대로 가고 있다. 옛날의 쓰레기였던 배설물은 이제 하수 시스템을 도입한 많은 국가에게는 처리에 크게 어려움을 겪지 않는다. 플라스틱, 캔 등 새로 생겨난 쓰레기는 자원 재활용에 대한 인식이 높아지며 분리배출이 자리 잡았다. 그럼에도 여전히 쓰레기 생산과 처리 문제는 더 심각해지고 있다. 전 지구적인 생존과도 연결된 문제가 되었다. 플라스틱의 범람, 인구의 증가, 도시의 팽창, 소비 중심의 성장 구조, 생산에 기반을 둔 성장 중심의 경제, 전염병 대응 등 여러 가지가 쓰레기 문제의 원인으로 작용하고 있다. 지금 그 결과들이 국내를 비롯한 세계 곳곳의 쓰레기 산, 태평양의 플라스틱 아일랜드 같은 것들이다. 이들은 다른 생물들을 위협하고 있고, 미세플라스틱은 우리를 위협하고 있다. 이 문제를 어떻게 처리해야 할까? 매립, 소각, 재활용, 퇴비화, 신소재 개발이라는 카테고리 안에서 다양한 방식들이 시도되고 있지만, 아직 최상의 답은 찾지 못했다.

플라스틱의 아이러니

플라스틱은 당구공을 만들 때 코끼리 상아를 대용하기 위해 만들었고, 비닐봉지는 종이의 재료가 되는 나무가 잘려나가는 것을 줄이기 위해 가벼우면서 여러 번 쓸 수 있는 대체재로서 만들어졌다. 지금 우리는 이들을 일회용 포장재를 위해 적극 사용한다. 비닐봉지를 포함하여 플라스틱이 만드는 환경문제 때문에 많은 곳에서 플라스틱의 종이를 대안으로 선택하는 곳이 많다. 500년이 지나도 섞을지 확신할 수 없는 플라스틱과 달리 분해가 상대적으로 빠르고, 90% 이상 재활용되기 때문이다. 그러나 지구 한계 수용을 넘어서는 사용량 앞에서는 대체재도 의미가 없다.

나무를 보호하기 위해 만들었던 비닐봉지가 원래의 목적은 달성하지 못하고 사람들이 다시 종이를 찾게 하였다. 전자문서 시대가 종이 사용을 줄일 줄 알았지만, 오히려 더 늘었다. 인쇄용지 중 재생지 사용 비율은 8% 미만이며, 나머지는 어디선가 벌목된 나무로 만들어진다. 재생지라 해도 100% 재생 고지故紙로 만드는 종이도 흔치 않다. 재생 고지 비율이 50%를 넘는 것도 많지 않다. 재생지일 것으로 흔히 생각하는 크래프트 지도 대부분은 재생지가 아니다. 의지적으로 재생지를 쓰려고 해 봐도 이상하게 재생지보다 나무를 잘라 만든 종이가 더 비싼 경우가 많다. 기후위기로 숲의 중요성이 부각되고 있는 상황에서 쉽게 쓰고 버리는 종이가 그냥 '

종이'가 아니게 되었다. 아이러니한 상황이다.

    플라스틱을 먹고 죽은 고래와 바닷새, 바다고래, 고통받고 있는 코끼리 등 우리가 버린 쓰레기로 고통받는 동물들의 사진이 우리의 심금을 울리지만, 정작 이 플라스틱은 우리 생활의 많은 부분을 차지하고 있다. 눈에 보이는 포장지부터 눈에 보이지 않는 자동차 등의 각종 부품이 플라스틱으로 되어 있어, 쉽게 포기하기 어렵다. 가볍고 단단하며 물에 젖지 않는 데다 형형색색으로 물들일 수 있는 등의 특징은 활용하기 좋은 곳이 너무 많아 포기하기도 쉽지 않다. 현대 사회 쓰레기의 많은 부분을 차지하는 플라스틱 사용을 줄이자고 이야기하지만, 정작 플라스틱 사용량은 2019년 현재 탄소 배출량의 3%에서 2050년이 되면 10%를 넘어가게 될 것이라 하니, 플라스틱에 유리한 현재 시스템 속에서 우리가 플라스틱에 대해 어떤 입장을 취해야 할지 깊은 성찰이 필요하다는 생각이 든다.

물고기의 물, 인간의 공기

물고기는 물속에서 산다. 간혹 가물치가 진흙 바닥을 파고들어 1년을 견뎠다는 이야기가 있고, 말뚝망둑어나 미꾸라지처럼 공기 호흡할 수 있어 물 밖에서도 돌아다닐 수 있는 물고기도 있지만, 대부분은 그렇지 못하다. 끊임없이 아가미에 물을 통과시켜 거기 녹아 있는 산소를 흡수해 호흡한다. 잠자는 동안에도 물고기는 물을 들이마셨다가 내뱉는 과정을 반복한다. 문제는 그 과정에서 물에 녹아 있는 다른 물질도 물고기 몸으로 들어온다는 사실이다. 물이 오염되면 그 속에 녹아든 오염물질도 물과 함께 따라 들어와 물고기의 아가미로 들어오고 물고기 몸속으로 흡수된다. 핏줄, 세포 하나하나까지 파고 들어간다. 마침내 이 오염물질의 독성을 견디지 못한 물고기는 빨리 죽게 된다. 설령 독성을 이기고 살아남았다고 하더라도 건강한 수질 환경에서 사는 물고기와 같을 수는 없다.

우리는 이런 사실을 잘 알기 때문에 오염된 물에 사는 물고기는 잡아먹지 않는다. 오염된 물속에서 숨 쉬고 살아간 물고기의 몸속에 그 오염물질들이 축적되어 있다는 것을 짐작하기 때문이고, 그것을 먹으면 우리 몸에도 오염물질이 들어올 것을 알기 때문이다.

우리는 서로 연결되어 있고, 서로 분리할 수 없다. 물과 물고기가 서로 분리될 수 없는 것처럼 인간을 비롯한 육지 생물과 공기는 서로 분리할 수 없다. 물처럼 공기 속에도 수많은 물질이 포함되어 있다. 공기는 단일 물질로 구성된 것이 아니라 여러 기체가 모인 것으로, 가장 큰 비중을 차지하는 질소부터, 산소, 아르곤을 비롯해 이산화탄소, 헬륨, 네온, 수소 등이 모여 있다. 지금의 지질 시대를 살아가는 모든 생물은 지구가 조성한 대기 구성에 적응해 살아가고 있다. 다만 인간 활동이 만들어낸 물질들이 대기에 섞여 들어가면서 사건들이 생기기 시작했다.

검댕으로 변하다

만약 우리 인간이 지구가 우주에 모습을 드러냈을 그 시점에 나타났다면, 우리는 1분도 되지 않아 퇴장했을 것이다. 인간이 살기에 지구는 너무 뜨거웠고 산소 대신 이산화탄소와 질소로 가득해 숨쉬기도 불가능했을 것이다. 산소가 희박하던 초기 지구에 처음 나타난 생명체는 산소가 필요 없는 원핵생물이었다. 35억 년 전 바다에서 태어난 박테리아가 광합성을 시작해 바다를 산소로 채우고, 대기로도 흘러나왔다. 지구에 산소가 늘어나기 시작했다. 25억 년이 되자 현재와 같은 공기가 조성되기 시작했다. 이 시기가 되자 빛과 이산화탄소를 이용해 에너지를 얻고 영양소를 만든 뒤, 대기로 산소를 배출하는 생명체가 나타났다. 남세균, 남조류라 불리는 원핵생물인 시아노박테리아^{Cyanobacteria}였다. 그 뒤 지구에는 식물이 나타나 번성하며 지구를 산소로 채워 나갔다. 한때 산소는 지금의 21%보다 훨씬 높은 30%까지 도달하기도 했다.

대기는 서서히 현생 지질시대의 구성으로 안정화되어 갔다. 이 대기에 적응하며 다양한 생물이 나타났다. 지금의 대기가 형성되고도 한참 뒤인 300만 년 전, 아프리카에서 인류의 시작이 되는 오스트랄로피테쿠스가 나타났다. 다시 오랜 시간 동안 인류도 다양한 종으로 분화되어 진화하였고, 20만 년 전, 현생인류, 호모 사피엔스가 나타났다.

빙하기에 나타난 현생 인류는 두꺼운 털을 가진 매머드라든가 당시 시대를 살던 동물들에 비해 추위에 약했다. 사냥한 동물의 가죽을 뒤집어쓰기도 했지만, 불을 다룰 수 있게 된 것은 획기적인 일이었다. 어떻게 시작되었는지 기원이 분명하지는 않지만, 적어도 142만 년 전 호모에렉투스가 아프리카에서 불을 사용한 흔적이 여러 군데 남아있다. 불이 있어 음식을 익혀 먹을 수 있게 되었고 동굴에서 불을 피워 몸을 따뜻하게 할 수 있었다. 불을 휘둘러 인간에게 위협이 되는 동물들을 쫓아낼 수도 있었다. 인간은 반드시 불을 수호해야 했다. 프로메테우스를 필두로 전 세계 신화 여기저기에서 불은 인간의 삶을 변화시킨 존재로 표현되어 있다. 불은 강력한 존재이지만, 검댕을 만들어내는 불완전 연소를 피할 수는 없었는지, 춘천 교동의 동굴 유적지 같은 곳에는 천장에 그을음 흔적이 남아 있다.

이집트와 페루에서 발견된 미라에서도 검댕으로 검게 변한 폐가 남아 있었다. 한 번의 그을음으로 폐가 검게 변하지는 않았을 것이다. 미라가 된 이들이 살아있을 때 그을음과 같은 오염된 공기를 계속 마셔야 하는 상황에 부닥쳐 있었다는 것을 말해준다. 이를 근거로 학자들은 당시에 이미 대기오염이 있었을 것으로 추측한다. 2011년 맨체스터 대학 KNH 생물의학 이집트학 센터에서 발표한

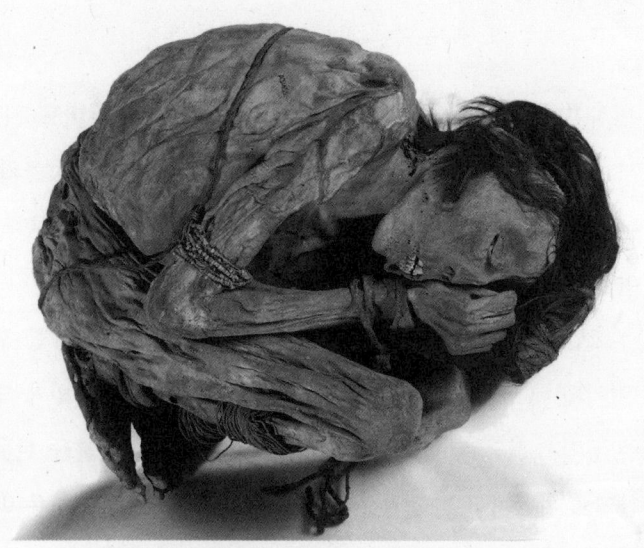

페루에서 발견된 치무 유적의 미라 12~13C 10세기에서 15세기경까지 페루 지역에 있었던 치무 유적에서 발견된 미라 중 어떤 것은 검댕으로 폐가 검었다.

연구에 따르면, 약 1,800년 전 로마가 이집트를 점령했던 시기에 살았던 귀족과 성직자 등을 포함한 15구의 미라를 조사한 결과. 심장병, 폐 질환, 암 등을 유발할 수 있는 미립자가 발견되었으며, 이는 현대인들에게서 발견되는 수준의 양이었다고 밝혔다. 이는 대기오염이 산업혁명 이후의 문제만이 아니었다는 것을 보여준다.

로마의 은화, 납이 일으킨 오염

대기 오염에 관한 명확한 첫 번째 기록은 로마에서 찾을 수 있다. 2천 년 전 유럽을 제패했던 로마는 은화 '데나리우스Denarion'를 사용했다. 아우구스투스 황제 때부터 순은으로 만들어 사용했는데, 시대에 따라 시저, 아우구스투스 황제 등이 동전에 새겨졌다. 데나리우스는 콘스탄티누스 황제가 금화 '솔리두스'로 대체하기 전까지 400년간 로마 화폐로 쓰였다. 1데나리우스는 예수 활동 당시 기준으로 노동자의 하루 일당이었고, 빵 열여섯 개를 살 수 있었다. 참고로 성경에서 나오는 달란트는 6천 데나리우스에 해당하는 금액이라고 한다.

기본 화폐로 쓰인 데나리우스를 만들기 위해서는 많은 양의 은이 필요했다. 은은 광석을 뜨거운 용광로에 녹여 추출했는데, 용광로의 열기 속에는 많은 양의 납이 포함되어 있었다. 당연히 기화된 납은 공기와 섞여 바람을 타고 많은 사람에게 전파되었다. 그 공기를 들이마신 사람들의 몸에 납이 축적되었다. 로마의 전성기인 1

아우구스투스의 데나리우스 27 BC-AD 14 로마는 납을 써서 데나리우스를 만들었다. 그 과정에서 발생한 오염물질 때문에 로마는 심각한 대기오염을 겪어야 했다.

세기경에는 은은 물론이고 수도관 등의 생산까지 더해져 납 사용량은 최고조에 달했다. 대기 오염도 극에 달했다. 공기가 나빠지는 만큼 로마의 건물 상태도 나빠졌으며, 사람들의 건강도 나빠졌다. 당시 작가와 철학자들은 이 문제를 지적했고, 많은 로마 시민이 납 중독으로 사망했다. 그 후 오래 지나지 않아 로마는 멸망했다. 로마 멸망 후 잠잠했던 납은 독일의 납 광산 발견으로 다시 나타났다. 건물 골조에 납을 사용하며 9세기부터 14세기까지 다시 납에 의한 대기오염이 일어났다.

납은 대기를 타고 바다 너머 4,000킬로미터도 더 떨어진 그린란드 빙원까지도 날아가 빙하에 대기오염의 흔적을 남겼다. 과학자들은 이곳에 남긴 대기 오염 흔적을 빙하 코어를 추출해 찾아냈다. 빙하에 쌓인 대기오염의 시간 층은 고대 로마의 대기 오염 수

준은 산업혁명 이전 최고 수준이었다는 것을 드러내 보였다. 그렇다고 해도 1950년에서 1985년 사이의 대기 오염 수치와 비교하면 10~20% 수준밖에 되지 않았다.

나무의 고갈, 석탄으로 대체하다

중국이 석탄을 이용해 강한 불을 사용하는 중화요리를 발전시키고, 영국이 9세기에, 독일이 11세기에 석탄을 발견했다. 그리고 시간이 흘러 1306년, 대기오염과 관련해 인상적인 사건이 영국에서 일어난다. 1306년의 영국은 농기구, 무기 등을 위한 철 생산량의 증가로, 불을 때기 위해 나무를 대량으로 벌목한 결과, 나무가 고갈될 상황에 처했다. 1톤의 철을 만드는 데는 1천 톤의 숯이 들어가야 했는데, 나무가 부족하다 보니 나무 가격은 천정부지로 솟았다. 가난한 사람들은 나무를 구할 수 없었다. 나무를 구하려면 사유지에 심어진 것을 훔쳐야 하는데 목숨을 내놓고 해야 하는 일이었다. 그래서 추위를 피하고 음식을 조리하기 위해 값이 싸고 화력이 좋은 석탄을 선택했다. 석탄을 태우면 메케한 연기와 검댕이 나오는 것을 알았지만, 선택의 여지가 없었다. 사용할 수밖에 없었다. 석탄 사용량이 늘어나면서 공기도 매우 나빠지게 되었다. 에드워드 1세의 어머니는 이 매연을 견디지 못하고 왕실이 있는 노팅엄을 떠나야 했다. 이렇게 되자 석탄에 의한 대기오염을 더 이상 방치할 수 없었던 에드워드 1세는 법령 하나를 발표했다. 당시 쓰

영국 왕 에드워드 1세
1500, 영국 웨스트민스터 사원
1306년 대기오염을 일으키는 석탄 사용을 최초로 금지했다.

이던 씨 콜Sea Coal이라고 불리는, 휘발성 물질이 많이 포함된 석탄인 역청탄을 연료로 사용하는 것을 금지하는 법이었다. 하지만 사람들에게는 대안이 없었기 때문에 석탄 사용은 줄어들지 않았다. 에드워드 1세가 석탄을 쓴 사람을 사형에 집행하기까지 하며 의지를 내보였지만 결국 금지법은 흐지부지되고 말았다. 어느 순간 그 법은 폐기되었다.

이후 15세기 말 대항해시대가 열리고 유럽에서는 계속 전쟁이 일어났다. 배를 건조하고 철을 만들기 위해 나무를 끊임없이 베어내면서 숲은 황폐해졌다. 결국, 국력의 근간이 되는 숲을 보호하기 위해 16세기 중반 즉위한 엘리자베스 1세 시기, 영국 의회는 결국 수목 벌채를 금지했다. 나무를 대신하기 위해 석탄을 사용했다. 이는 초기에는 빈민층에서만 쓰였지만 17세기가 되자 부유층이 석탄 사용에 동참했다. 뒤이어 제철소들이 합류하기 시작했다. 제철소들은 전쟁을 위해 무기를 만들어야 하는데, 나무 가격이 계속 올라가자 곤란해졌다. 이익을 남기려면 다른 연료가 필요했다. 그동안 제련에 금지되었던 석탄에 관심을 가지기 시작했다.

물론 기원전 315년경 이미 그리스에서 철을 생산하기 위해 석탄을 사용했다는 기록은 있었지만, 당시 영국에서는 제련을 위한 석탄 사용법을 몰랐다. 하지만 숲을 만들 나무가 부족해지자 나뭇값이 올라가고 있었고, 제철소로서는 석탄을 이용해 현실을 타개해야 했다. 현실은 이들이 석탄을 사용할 방법을 찾게 했다. 처음에는 용융점이 낮은 납을 제련하는 데 성공했고, 그다음에는 구리 제련에 성공했다. 석탄의 가능성을 본 많은 이가 이제 석탄으로 철을 제련하기 위한 기술 개발에 뛰어들었다. 결국, 코크스라 불리는 점결탄을 이용해 철 제련에 성공했다. 이는 제철 산업을 급속하게 성장시켰고 산업혁명을 견인했다. 산업혁명이 가속화되었다.

1만 2천 명을 죽인 스모그

영국은 제임스 와트가 철로 만든 증기 기관을 발명함으로써 본격적인 산업혁명 시대를 열었다. 증기기관은 노동을 인간 대신 기계가 일하는 출발점이 되었다. 이 증기 기관은 땅속 석탄을 더 수월하게 채굴할 수 있도록 해줬고, 공장 기계를 돌리게 해줬다. 석탄 수요는 폭발적으로 늘었다. 석탄이 뿜어내는 매연이 사람들을 괴롭혔지만, 공장주들에게는 그것보다 돈이 우선이었다.

    1952년 12월 5일, 이날 런던은 대기 이동이 없는 안정적인 고기압 상태였다. 습하고 추운 날씨였고 사람들은 추위를 피하려고 더 많은 석탄을 땠다. 여기에 자동차, 공장, 발전소에서 뿜어내는 오염물질이 합쳐지면서 pH2.0에 달하는 강한 산성 스모그를 형성했다. 짙고 강한 이 스모그 때문에 시야가 30센티미터도 되지 않았으며, 시야가 좁아져 교통사고가 났다. 앞이 보이지 않아 경찰이 횃불을 들어 교통정리를 하기도 했다. 스모그는 극장, 영화관 등에도 침투해, 스크린이 보이지 않아 영화 상영이 중단되는가 하면 대피하는 소동도 벌어졌다. 대기가 움직이기 시작한 12월 9일이 되기 전까지 이 상태는 더 심각해졌다. 단 5일 만에 스모그의 여파로 1만 2천 명이 사망했다. 그레이트 스모그 Great Smog로 이름 붙은 이 사건은 최악의 대기오염 사건으로, 영국 사회에 충격을 안겨주었다. 결국, 영국은 1956년 대기청정법을 제정했으며 런던 안에 있던 오염물질 배출 공장들을 도시 외곽으로 이전시켰다.

    지구는 큰 공기의 흐름, 대류가 있어 지구를 순환하며 돌아다닌다. 그 바람이 있어서 고비사막의 모래를 실어 한국까지 가져다 주고, 그 흙이 산성화된 땅을 중화시켜 준다. 사하라 사막의 모래도 바다를 건너 아메리카 대륙의 땅에 곡물이 자라고 생태계가 유지

1952년 12월 런던의 넬슨 기둥 1952 1952년 12월 5일부터 9일까지 5일 간의 일어난 영국 런던의 그레이트 스모그는 1만 2천 명의 사망자를 발생시켰다.

될 수 있도록 도와준다.

물고기의 물, 인간의 공기

물고기가 물을 마시고 산다면 인간은 공기를 마시고 산다. 우리가 더럽힌 공기는 나뿐 아니라, 다른 지역, 다른 세계까지 오염시키고, 다른 이가 오염시킨 공기가 우리에게 해를 준다. 로마의 납이 그린란드 빙하에서 오염시킨 것과 같다. 대기가 정체되는 날은 우리가 내뱉은 것을 우리가 그대로 다시 마시고, 바람이 부는 날은 오염된 공기가 씻겨 나가는 것처럼 생각되지만 사실 그렇지 않다. 물고기가 사는 곳의 물이 계속 흐르지만, 그곳에서 계속 오염수가 투입되면 그곳은 오염될 수밖에 없는 것과 마찬가지이다. 공기는 물처럼 만져지지 않지만, 물고기의 물과 같은 존재이다. 현재 전 세계는 99%가 초미세 먼지에 노출되어 있다. 한 해 700만 명 이상이 대기오염으로 조기 사망하고 있으며, 2060년이 되면 900만 명이 그렇게 될 것으로 예상된다. 한국은 대기오염으로 인한 사망자 수가 10만 명당 43명으로, OECD 평균 1.5배이다.

빛으로 잃어버린 것들

태양계에 속한 지구는 24시간을 주기로 자전하며 낮과 밤을 선사한다. 낮에는 최대 12만 8천 럭스에 달하는 눈이 부실 만큼 어마어마한 빛을 비춰주지만, 캄캄한 밤이 되면 불과 1,000분의 1 럭스도 되지 않는 빛이 있을 뿐이다. 일 년을 주기로 달라지는 낮의 길이는 지구에 계절을 만들었고, 이 순환에 맞춰 지구 위에 나타난 생명체들은 낮과 밤 중 자신에게 더 좋은 생존 환경을 찾아 각자 적응해 나갔다.

인간은 빛이 가득한 낮에 적응했다. 인간은 빛이 만드는 다채로운 색상의 세계를 바라보며 주변을 판단하고 먹을 것을 구했다. 밤이 되어 빛이 사라지면 색은 모두 사라지고 잘 볼 수 없었기 때문에 나무 위나 동굴처럼 안전한 곳으로 들어가 자신을 보호했다. 그러다 우연히 발견한 불의 존재는 인간에게 커다란 선물이 되었다. 거친 동물들이 가까이 다가오지 못하도록 불을 휘둘렀고, 숨어 들어간 어두운 동굴을 불을 이용해 밝혔다. 그곳에서 인간은 더 많은 사냥감을 잡게 되길, 풍요로워지기를 바라는 마음을 그림으로 남겼다. 말과 사슴이 그려진 라코스 동굴의 벽화, 들소가 그려진 알타미라 동굴의 벽화 등에 그려진 생동감 넘치는 동물들의 모습은 그 마음이 얼마나 간절했는지 보여준다. 그 간절한 만큼 늘어난 빛의 시간은 인간의 삶을 변화시켰다.

그러는 동안 다른 동물들은 자신을 자연에 적응시켰다. 3분의 1의 포유류, 3분의 2의 새와 거미 등이 낮에 자신을 적응시켰고, 대부분의 양서류와 3분의 2의 포유류, 절반의 곤충, 3분의 1의 새가 1,000분의 1럭스까지 어두워지는 밤을 선택했다.

밤을 밝히다

인간은 불을 사용하기 시작하면서 밤을 밝히고 활동 시간대를 넓혔다. 어둠이 내리면 자야 했지만, 이제 그 시간에 다른 것들을 시도해볼 수 있었다. 동굴에 소망을 담아 그림을 남기는 것도 그중 하나였다. 하지만 오랫동안 인간이 가질 수 있는 빛은 불이 전부였다.

인간에게 불에 대한 지식이 축적되면서 불을 다루는 다양한 방법이 생겨났다. 인간은 밤을 밝히기 위해 끊임없이 노력했다. 횃불로 밝히던 밤은 조절할 수 있는 것이 되어갔다. 밤을 밝히기 위한 기술은 점점 발달했다. 동굴을 밝히던 불은 집과 함께 건물 안을 밝히고 밖으로 나아가 거리를 밝히게 되었다. 밤을 낮과 같이 밝히는 공간도 만들어졌고, 여기에는 전기가 큰 몫을 했다. 밤은 밝아지고 자연의 빛에 적응한 생태계는 교란되었다.

1879년 12월 3일, 미국 뉴저지주 멘로파크 연구소의 어둡던 밤이 순식간에 밝아졌다. 우리가 아는 바로 그 백열전구가 탄생하는 순간이었다. 그전에도 전구가 없었던 것은 아니지만, 40시간이나 빛이 나는 전구는 에디슨의 것이 처음이었다. 독일의 철학자 에밀 루트비히는 이를 프로메테우스의 불에 비견하며 인류가 이제 어둠에서 벗어났다고 칭송했다. 에디슨에게 이 순간은 기존 전구의 필라멘트를 개선함으로써 많은 돈을 벌 기회가 시작된 순간이었다.

1860년 에디슨은 영국의 화학자인 조셉 조지프 스완 경이 만든 전구를 보게 되었다. 이 전구는 스코틀랜드의 발명가 제임스 보먼 린지가 만든 현재 전구의 시초가 되는 것이었다. 상업화에 열의가 없었던 린지와 달리 상업화 열의가 컸던 스완 경은 린지의 전구를 수차례 개선하고 있었다. 이를 에디슨이 본 것이었다. 에디슨은 스완 경의 전구를 보자 필라멘트, 즉 전기가 들어와 빛을 내는 부분을 오래 쓰고 적절한 빛을 내게 한다면 돈을 크게 벌 수 있다는 것을 직감했다. 에디슨은 스완의 아이디어를 훔쳐다 필라멘트를 개선하기 위한 연구를 거듭했고, 마침내 백열전구를 만들어 냈다. 멘로파크 연구소의 밤이 밝아졌다. 에디슨은 백열전구로 더 많은 돈을 벌기 위해 스완 경이 자기 아이디어를 도용했다고 소송을 걸었다. 하지만 진실이 밝혀져 에디슨은 재판에서 패배했다. 에디슨과 스완 경은 에디스완^{Ediswan}이라는 합작회사를 세우고 백열전구를 팔았다.

사업 감각이 뛰어났던 에디슨은 백열전구로 제대로 돈을 벌려면 전구를 밝힐 전기를 안정적이면서 통합적으로 제공해야 한다는 것을 눈치를 챘다. 그는 전구 개발, 전력 공급은 물론, 전력 발전기를 만들고, 전기 전달을 위한 전선까지 포함하는 시스템까지 만들었다. 그리고 이를 회사로 건립했다.

1879년의 이 일은 에디슨에게 많은 사업적 계약을 안겨다 주었다. 1880년에는 증기선 '컬럼비아호'에 그의 백열전구가 처음 상업적으로 설치되었다. 이 전구는 15년 동안이나 잘 작동했다고 한다. 그리고 3년 뒤인 1882년, 세계 최초로 뉴욕에 3대의 직류 발전기가 있는 발전소를 세움으로써 에디슨의 사업도 본격화되었다. 에디슨은 전자공업 발달의 원동력이 되어 엄청난 부를 쌓기 시작했다. 사람들은 너도나도 에디슨이 만들어낸 전기를 쓰고 싶어했다.

에디슨은 미국 전기시장을 장악하고 있었다. 하지만 사람들에게 에디슨의 전기는 비쌌다. 그런 틈새로 테슬라의 교류 전기 시스템이 저렴한 가격과 고전압의 장거리 전송, 변압을 통해 조절 가능한 전압이라는 점을 장점으로 사람들에게 파고들기 시작했다. 그리고 에디슨의 시장을 잠식해 들어갔다. 에디슨은 위기감을 느꼈다. 어떻게든 자신의 사업을 지켜야 했다. 그래서 사람들에게 교류의 위험성을 알리는 캠페인을 벌였다. 당시 뉴욕에는 매년 수십 명의 사람들이 고압선에 감전돼 죽었다. 에디슨은 이런 사람들을 찾아내 명단을 만들어 사람들에게 뿌렸다. 그리고 전선을 땅에 파묻는 에디슨의 시스템이 안전하다고 알렸다. 이는 과학자들 사이에 어떤 전기를 사용할 것인가에 대한 토론을 하도록 했고, 에디슨에게 유리하게 돌아가는 것 같았다. 하지만 결국 에디슨에게 상황이 유리하지 않게 돌아갔다. 에디슨사에 전선 원료가 되는 구리를 공급하던 프랑스 구리판매기업들이 담합을 통해 구리 가격을 세 배나 인상한 것이었다. 굵은 구리 선을 통해 전류를 보내는 직류방식에는 치명적이었다. 높은 가격 상승은 사람들이 구리 선이 가늘어도 되는 교류 시스템을 선택할 수밖에 없는 분위기로 바뀌게 되었다. 그리고 테슬라가 자신의 몸에 교류 전력을 통과시키면서까지 교류 전기의 안정성을 입증한 덕분에 1893년 시카고 박람회를 밝힐 전기로 테슬라의 교류 시스템이 채택되었다. 거기에 더해 1895년 나이아가라 폭포 인근에 뉴욕 버팔로로 보낼 전기를 생산할 수력발전소의 전기 발전 시스템으로 교류가 채택됨으로써 현재 우리가 사용하는 전기의 기본을 이루게 되었다. 전기는 집안으로 거리로 퍼져 나갔다. 점점 과도해진 빛은 어둠을 몰아냈고, 우리를 비롯해 다른 생물들에 영향을 미치기 시작했다.

잃어버린 어둠

낮의 동물인 인간에게 밤은 미지의 세계였고 두려움의 세계였다. 밤을 필요한 존재로 받아들인 지역도 있었지만, 밤을 몰아내야 할 악으로 생각하는 지역도 있었다. 밤을 악으로 생각하는 이들에게 밤은 밝혀야 할 존재였다. 앞서 이야기했듯이 불이 손에 들어오면서 인간은 어둠에서도 사방을 볼 수 있게 되었고, 어둠을 틈타 공격해 오는 동물들을 막을 수 있었다. 빛과 함께 어둠을 헤쳐 나갈 수 있게 되었다.

어둠을 밝히기 위한 노력은 계속되었다. 기원전 3천 년경 이집트에서 밀랍을 이용해 초가 만들어졌고 이를 위해 동물의 기름, 특히 고래기름을 많이 썼다. 소나 돼지, 정어리, 혹은 파자마에서 나오는 기름을 이용해 등불을 밝히기도 했다. 기원전 4세기가 되자 거리를 처음으로 밝힌 도시도 나타났다. 지금 터키 지역에 있는 안

거리를 밝힌 가로등
전기가 도입되면서 본격적으로 가로등이 확산되었다.

티오케이아라는 곳으로, 알렉산더 대왕이 정복한 곳이었다. 하지만 가로등을 켜는 것은, 아직은 특별한 지역에서만 일어나는 일이었다.

가로등은 15세기가 되어서야 확산하기 시작했다. 가로등 켜기가 의무화되기도 했다. 1417년 영국 런던에서는 집 밖에 불 켜진 등을 의무로 내걸도록 했고, 프랑스도 뒤이어 파리 시민에게 창문에 등을 반드시 켜 놓으라고 했다. 17세기 중반이 되자, 영국을 시작으로 석유등이 공공장소에 석유등이 설치되기 시작했는데, 본격적인 가로등 확산의 계기가 되었다.

조명 기술이 발달하자 가로등도 점점 밝아졌다. 1808년 런던에서 가스등이 켜지고 그 후에는 아크 등, 그리고 또 그 후에는 전기로 밝히는 백열등이 가로등으로 쓰였다. 우리나라에서도 1897년에 서울에 최초의 석유를 이용한 가로등이 세워졌다. 3년 뒤인 1900년에는 에디슨이 만든 백열전구가 가로등에 들어갔다. 전기로 가로등을 켜기 시작한 것이다. 백열등은 기존 가로등과 비교하면 너무 밝아 원래 쓰던 가로등 높이로는 눈이 너무 부셔 높여야만 했다. 밝은 전등에 야망을 품은 미국의 한 도시는 이 밝은 전등들을 모아 달빛 타워를 만들어 아예 한 군데서 마을 전체를 밝혔다. 그 이름처럼 사람의 달빛이 되었고, 어둠을 몰아냈다.

인간은 지속해서 조명의 효율성을 개선하고 밝기를 밝혀갔다. 조명도 더 많이 켰다. 가로등을 높였던 백열등보다 더 밝은 형광등이 나와 백열전구의 자리를 꿰찼다. 형광등은 다시 더 밝은 LED에게 자리를 내줬다. 높아진 효율로 훨씬 적은 전기를 쓰고도 더 밝은 빛을 낼 수 있게 되자, 사람들은 더 많은 조명을 밝혔다.

그만큼 지구 위의 빛도 많아졌다. 1992년에서 2017년까지 25년간 변화를 인공위성에서 측정한 결과, 인간이 만든 빛 공해는 49%가 증가했다. 인공위성에서 미처 잡아내지 못하는 LED 조명까지 포함하면 빛 공해는 최대 250% 증가한 것으로 추정된다. 발달한 도시일수록 빛 공해는 심하게 나타나는 경향이 있는데, 도시가 발달한 우리나라는 빛 공해가 전 세계에서 두 번째로 심한 나라가 되었다.

끝내 날아가지 못한 새

보름달이 환하게 뜬 밤. 숲은 달빛에 모습을 드러냈다. 간혹 구름이 달빛을 가렸지만, 밤을 사는 생물들에게는 모든 것을 충분히 살필 수 있을 만큼 넉넉한 빛이었다. 멀리 올빼미 우는 소리가 들리고 어디선가는 푸드덕 날아가는 소리가 들렸다. 오직 잎이 사각거리는 소리, 조심스러운 발소리만이 누군가 어둠 속에 깨어 있다는 것을 알게 해주었다. 날이 따뜻해져 이제는 새로운 장소로 옮겨 가야 하는 새들이 밤의 서늘한 기운을 빌어 북동쪽으로 힘차게 날갯짓하며 날아올랐다. 가장 밝은 밤의 빛이 그들의 길잡이가 되어줄 것이다. 바람은 시원했고 이 계절을 지낸 곳이 멀어져 갔다. 이

보름달이 뜬 밤 맑은 밤의 달빛은 1럭스 정도로 인공조명보다 훨씬 어둡다.

대로 주욱 날아가면 머지않아 겨울을 날 곳에 도달할 것이다. 가장 밝은 저 빛, 달이 있으니 말이다.

그때 어디선가 달보다 강한 빛이 느껴졌다. 가장 밝은 존재는 달일 텐데, 달이 더 밝아진 것일까? 가던 방향을 돌려야 하나, 아이면 지금 이 길을 그대로 그야 하나? 순간 혼란스러웠다. 몸이 기억하던 그 길이 아니었지만 가장 밝은 빛은 달이기 때문에, 그 빛이 느껴지는 방향으로 이동 경로를 틀었다. 다시 힘차게 날개를 저었다. 하지만 얼마 가지 못하고 눈앞에 보이지 않는 존재에게 날아가던 속도만큼 강하게 부딪혔다. 바닥으로 떨어졌다. 고통스러웠지만 날아올라 다시 빛을 향해 날아가기 위해 시도했다. 하지만 앞으로 나아갈 수 없었다. 투명하고 단단하며 차가운 건물 유리에 온몸으로 부딪힌 새들은 이유도 모른 채 속절없이 수십 미터 아래로 추락했다. 비행이 끝나버렸다.

필라델피아에서 2020년 10월 2일 하루 동안만 약 1,500마리의 철새 무리가 불이 켜진 고층 건물에 충돌해 죽거나 다쳤다. 에너지가 상대적으로 적게 드는 밤에 주로 이동하는 철새들은 원래대로라면 달빛에 의존해 방향을 잡고 이동했을 것이다. 하지만 이날은 날씨가 좋지 않아 낮게 날았고, 마천루에서 흘러나온 빛이 새들이 달빛 방향으로 경로를 잡는 것을 방해했다. 방향 감각을 읽은 새들은 원래 가야 할 방향이 아닌 건물 쪽으로 방향을 행선지로 잡았다. 하지만 멀리 갈 수 없었다. 수많은 새가 마천루에 건물 아래로 후드득 떨어져 죽었다.

  이 지역 환경 활동가인 스티븐 마제스키는 전날 밤사이 일어난 불행한 사건의 결과로, 불과 3시간 만에 수습한 사체만 400구를 넘었다고 밝혔다. 이 사건의 슬픈 사실은 이 일이 필라델피아의 일만이 아니라는 것이다. 전 세계에서 철새 이동 기간에 특히 많이 일어나는 사건이며, 뉴욕, 시카고 등 대도시에서 보고된다. 우리나라에서도 빌딩 조명으로 인한 조류 충돌 사고가 일어나고 있으

(위쪽)**필라델피아 마천루에 부딪쳐 죽은 새들** Stephen Maciejewski, 2020
(아래쪽) **필라델피아 마천루 야경** 높게 솟은 빌딩과 그곳의 밝은 빛에 새들의 이동 경로에 교란이 일어나면서, 수많은 새가 건물에 부딪쳐 죽고 있다.

며, 이를 포함해 건물 유리창, 투명방음벽, 비행기 충돌 등으로 한 해 800만 마리의 새가 사망한다. 그중에는 수리부엉이, 긴점박이올빼미, 소쩍새, 칡부엉이 등 멸종위기종이나 천연기념물로 지정된 새들도 있다.

빛 공해는 새의 이동에도 문제를 일으켰지만 먹고 사는 문제도 방해했다. 빛이 너무 많아 포식자로부터 몸을 은신하기 어려워졌고, 먹이가 되는 곤충들은 원래 살던 곳에 있는 것이 아니라 다들 속절없이 가로등 아래로 모여갔다. 조명 아래서 곤충을 잡아먹기는 쉽지 않았다. 먹이 구하기가 어려워졌다.

가로등을 향해 질주한 나방

이 비극은 새들만의 일이 아니다. 밤을 살아가는 모든 동물, 인간과 생활 공간이 겹치는 모든 동물에게 벌어지는 일이다. 가장 가까이는 나방에서부터 시작한다.

나비가 낮의 동물이라면 나방은 밤의 동물이다. 나비목 곤충에서 나비를 제외한 모든 곤충을 '나방'이라고 부르는데, '나비 빼고 전부'라는 정의에서 짐작할 수 있듯이 굉장히 종류가 다양하고 전 세계적으로 널리 분포하고 있다. 우리나라에서 확인된 종만 1,500종이 넘고 4,000종이 있을 것으로 추정한다. 전 세계적으로는 연구자에 따라 적게는 18만 종, 많게는 36만 종이 있다고 본다. 대개의 나방이 나비와 달리 두터운 더듬이와 가루가 날릴 것 같은 날개, 두꺼운 배를 가지고 있어 못생겼다고 생각하는 사람이 많은데, 박가시나방처럼 벌새라고 착각할 만큼 아름다운 나방도 많다. 나비목 곤충답게 나비처럼 꽃에서 나는 꿀, 과일의 즙, 나무즙, 이슬 등을 먹고산다. 또한, 음식을 오염시키고 식물을 죽이는 등 해충이라 생각하는 사람이 많은데, 사실 인간에게 없어서는 안 될 아주 유익한 동물이다.

윤기가 흐르고 색상이 아름답게 나오는 비단 혹은 실크는 고급 패션 소재로 많이 사용되는데, 일단 이것부터 누에나방으로부터 나온다. 누에나방 번데기가 고치를 뚫고 나오기 전 고치를 찌고, 그 실을 풀어 천으로 짠 것이 바로 비단이다. 고치를 모두 풀어내고 남은 번데기는 중요한 단백질원이자 사람들의 간식이 된다. 당뇨병 치료제, 인공 뼈, 인공 고막을 만드는 원료로 쓰기도 한다. 최근 한 연구에서는 꿀벌부채명나방의 애벌레가 비닐봉지를 분해할 수 있다는 것을 찾아냈다. 페로몬도 나방 덕분에 찾아낸 물질이었다.

이것이 인간에게 직접적으로 도움을 주는 것이라면, 우리가 발을 딛고 사는 생태계에서도 그 역할이 크다. 대개 해 질 무렵부터 밤 동안 활동하는 나방은 먹이를 찾는 과정에서 벌과 나비만큼 많은 꽃가루를 옮기고 다닌다. 낮 동안의 수분을 벌, 나비가 책임진다면 밤은 나방의 몫이다. 그 덕분에 사과, 복숭아, 달맞이꽃 등 수많은 식물이 열매를 맺고 그 혜택은 인간에게 돌아온다. 영국 셰필드 대학University of Sheffield과 핀란드 헬싱키 대학Helsingin Yliopisto이 공동연구한 바에 따르면 도시에서 일어나는 수분 매개의 3분의 1일을 나방이 담당하는 것으로 나타났다.

나방은 새나 양서류, 거미 등에게도 필수적이다. 이들 먹이의 많은 부분을 나방이 차지하기 때문이다. 즉, 나방이 있어야 이 동물들도 존재할 수 있다. 하지만 이 나방들이 밤에 켜진 조명 때문에 방향을 잃어 꽃과 과일을 찾아다니지 못하고 있다. 조명을 향해 날아들면서 그곳에 몰려든 수많은 개체가 부딪치거나 조명의 뜨거운 열기에 타 죽는다. 또한, 낮과 밤을 구분하지 못하면서 애벌레 수가 급감하는 현상이 나타났다. BBC에 따르면 흰뾰족나방을 대상으로 한 연구에서 그 개체 수가 1970년대에 비해 60%가 감소했다고 한다.

이러한 문제는 곤충 전체의 문제이기도 하다. 밝아진 밤은 곤충들의 번식을 방해했다. 반딧불이는 엉덩이의 빛을 이용해 짝을 찾아 짝짓기해야 하는데, 자신이 뿜어내는 빛보다 조명 빛이 너무 강해 암컷 반딧불이에게 짝짓기 신호를 전달하는 것이 어려워졌다. 달을 나침반으로 삼는 나방을 비롯한 날벌레들도 마찬가지다.

곤충처럼 작은 동물은 태양과 빛이 위에서 내리쬐는 빛이기 때문에 빛이 오는 쪽을 위쪽으로 인식하고 반대 방향은 중력이 작용한다고 여긴다고 한다. 즉 어두운 쪽은 땅의 방향, 밝은 곳은 하늘 방향이라고 판단하는 것이다. 그런데 우리가 밤에 켜는 조명은 사방으로 퍼지는 빛이기 때문에 곤충들은 방향 감각을 잃고 조명을

조명으로 날아드는 벌레들
빛에 의해 방향성을 잃은 채 빛 주변을 날라 다닌다.

향해 날아들어 죽기까지 하는 현상을 보이게 된다고, 영국 임페리얼 칼리지 런던 Imperial College London 연구팀이 2023년에 발표한 연구 결과에서 밝혔다.

식물에도 어둠이 있으라

빛이 있으면 광합성을 하고 자랄 수 있으니, 빛이 밝다면 식물에게는 행복한 일이 될까? 그렇지 않다. 식물들도 괴롭기는 마찬가지다. 식물도 밤이 되면 동물처럼 잔다는 사실이 최근 많은 연구에서 밝혀지고 있다. 자는 동안 식물은 낮 동안 광합성으로 손상된 엽록소를 재생한다. 그래서 식물도 수면 시간, 어둠 속에 있는 시간이 부족하면 이른바 '번 아웃 상태'가 온다. 서울시립대 우수영

연구팀이 연구한 바로는 가로수에 24시간 빛을 비추면 나뭇잎이 말라 죽는 현상이 발생했다. 이는 나무가 빛 때문에 계속 낮이라 착각해 계속 생장 활동을 하는 과정에서 엽록소 재생을 하지 못했기 때문이었다. 이 상황이 계속되면 나무는 결국 말라 죽는다. 또 다른 실험으로, 옥수수에 빛을 계속 쏘는 실험을 했더니 성장은 빨라졌으나 꽃이 피지 않고 속대가 채워지지 않는 현상이 발생했다.

밤에 비치는 빛은 물속 동물성 플랑크톤에도 영향을 미쳤다. 동물성 플랑크톤은 볕이 잘 드는 수면 가까이에 생성되는 식물성 플랑크톤을 먹고산다. 바닥에서 사는 이들은 물 위로 올라와 영양을 섭취한 뒤 아래로 내려가고, 이 동물성 플랑크톤을 물고기를 비롯한 수중생물들이 먹음으로써 영양을 챙긴다. 그런데 강에 조명이 비치자 동물 플랑크톤이 조명 때문에 수면으로 올라오지 못한다. 그러자 수중 생물들의 영양이 부족해지는 현상이 일어난다. 빛 공해가 수중 생물의 먹이 순환에도 문제를 일으킴을 보여주는 현상이다.

이렇게 낮의 동물인 인간이 자신의 터전에서 어둠을 몰아내고 있는 사이, 자연의 빛 주기에 적응해 살아온 지구 위의 수많은 동식물은 혼돈에 빠졌다. 밤에 잠들어 다음 날을 준비해야 할 동물과 식물에 빛이 나는 밤은 잠들 수 없는 밤이 되었고, 밤을 살아가는 많은 생물에게는 생명 연장을 위한 먹이 활동을 할 수 없는 밤이 되었다.

예외 없는 인간

다른 동식물에게는 불행이 된 어둠을 밝힌 빛이었지만 인간에게는 좋은 줄 알았다. 그만큼 그림자도 짙었다. 낮이 인간에게 활동 시간이라면 밤은 휴식의 시간이었다. 하지만 어둠 없이 계속 빛 속에 있자 인간의 몸이 반응하기 시작했다. 사람에게는 밤이 되면 수면에 이르게 하는 호르몬인 멜라토닌이 분비된다. '밤의 파수꾼'으로 불리는 이 호르몬은 우리를 잠재운 후 염증 개선, 손상된 조직의 복구, 뼈 회복, 뇌신경 보호 등 신체를 보호하기 위한 활동을 벌인다. 어떤 이의 표현에 따르면 몸을 한 번 청소하는 것과 같다고 한다. 최근에는 유방과 전립선 관련 암세포 성장을 억제하는 효과가 증명되었다.

문제는 이 호르몬은 빛에 민감하다는 점이다. 그래서 잠을 자야 할 밤에 빛에 노출이 많이 될수록 멜라토닌의 분비가 억제되는 것으로 나타났다. 청소년의 컴퓨터 화면 노출 실험에서 1시간 노출만으로도 멜라토닌 수치가 23% 떨어졌는데, 일반 모니터보다 LED 모니터에서 더 심각하게 나타났다. 아이패드를 최고 조명도인 58럭스에 맞추고 30분간 책을 읽은 사람과 27럭스의 빛 아래서 종이책을 읽은 사람과의 비교에서도 아이패드로 읽은 사람이 30분 정도 늦게 깊은 잠에 빠졌다. 이는 특히 푸른 빛 '청색광'이 많은 영향을 미치는 것으로 나타났다.

밤에 쓰는 청색광은 낮을 연장하는 효과가 있었다. 멜라토닌 분비가 정상적이지 않을 때 일어나는 신체 이상은 야간 근무자의 수면 실태 및 질병에 관해 다양하게 연구가 진행되었다. 안전보건공단이 진행한 야간 근무자의 수면 질에 관한 연구에서 조사한 병원 종사자 295명 중 170명인 57.6%가, 택시 운전자의 49.1%, 아파트 종사자의 32.2%가 불면증을 겪고 있는 것으로 나타났다. 수면장애는 경제적 손실과 생산성 저하라는 경제적 파장도 함께 일으켰는데, 경기도연구원이 추정한 바로는 국가적 손실이 무려 11조 497억 원이었다. 그 외에도 야간근무자는 주간 근무자보다 위궤양, 변비 같은 소화기계 질환은 물론 심근 경색이나 허혈성 심장 질환 발병률이 높았으며, 인슐린 저항성이 높아 당뇨병 발병률도 높은 것으로 나타났다. 한국에서 가장 밝은 서울과 가장 어두운 지역인 강원도의 유방암 위험률을 조사한 결과 서울이 34% 더 높은 것으로 나타났다. 이를 개선하기 위해 멜라토닌을 약국에서 처방받는 사례도 있는데, 인공적인 멜라토닌은 효과는 적고 부작용이 있다고 한다. 양질의 수면이 해답이다.

멜라토닌만 문제일까? 아니다. 24시간 사회가 되면서 밤을 밝히는 강한 빛들 때문에 안구가 손상되고 있다. 눈이 받아들일 수 있는 빛보다 많은 빛이 들어오면 우리는 눈부시다고 느낀다. 빛이 차가울수록, 청색광일수록 눈부심을 더 많이 느끼는데 이 때문에 두통, 눈의 통증, 편두통, 불안 장애를 느끼는 사람이 있으며, '광선망막염'을 일으키기도 한다. 최근 강한 빛인 4000K켈빈[K] 이상의 LED가 확산하면서 이러한 증상은 더 심각해지고 있다.

어둠이 있으라

　　어둠에서 나오기 위해 인간이 의존했던 빛이 이제는 인간을 해치고 있다. 인간이 살아가야 할 자연도 해치고 있다. '빛 공해'라고 불리는 개념이 사람들에게 조금씩 알려지고, 피해자들의 목소리도 수면 위로 올라오기 시작했다. 빛 공해로 발생하는 피해가 늘어나자, 〈인공조명에 의한 빛공해방지법〉이 2012년에 제정되었고, 이후 2016년 빛 공해에 따른 농작물 피해 배상 기준을 마련되었다. 이 법에서는 주거 지역에서 10~25럭스 이하의 조명을 쓰도록 하는 등의 규정이 포함되어 있다. 이러한 규제의 움직임은 국내뿐만 아니라 국외에서도 속속 도입되고 있는데, 프랑스, 크로아티아, 슬로바키아처럼 국가적인 차원에서의 규제부터 이탈리아 롬바르디아, 스페인 카탈루냐 등과 같이 지자체 차원에서 관련 규정을 만들어 시행하고 있기도 하다. 오스트리아처럼 규제가 아닌 실외 조명 가이드라인을 통해 빛 공해에 대응하는 경우도 있다.

　　이러한 노력에도 아직은 빛 공해에 대한 인식이 낮고, 빛이 있어야 안전하다는 인식 때문에 밤에 조명을 낮추거나 없애는 것에 대해 부정적 인식이 높다. 빛이 '안전'이라는 이미지를 가지고 있기 때문이다. 그래서 밝으면 밝을수록 더 좋을 것으로 생각하지만, 실제는 그렇지 않다는 것이 연구 결과들로 밝혀졌다. 미국 법무부

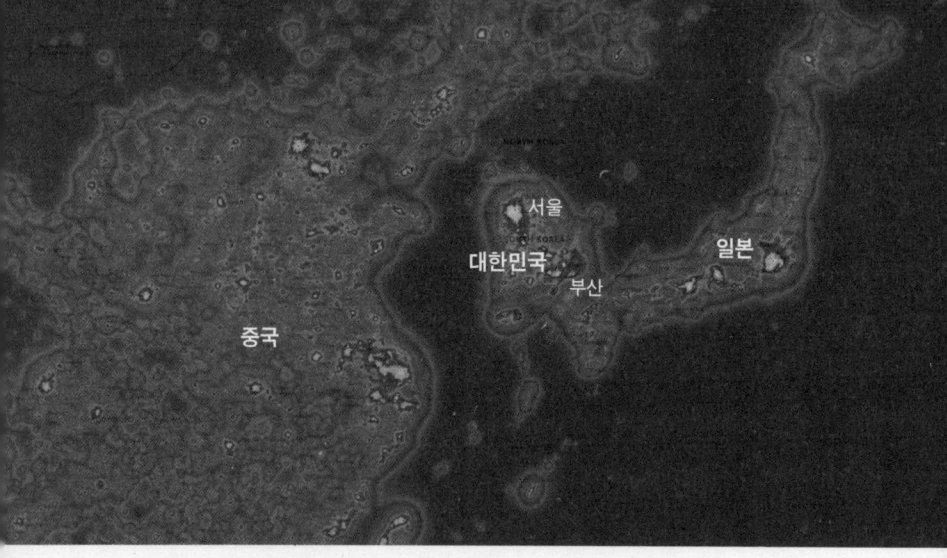

아시아 지역 빛 공해 지도 Light Pollution Map 밝을수록 빛 공해가 강하다. 대한민국은 전 세계에서 빛 공해가 두 번째로 높다. 1위 사우디아라비아, 3위 미국.

가 90개 지역에서 조명과 범죄의 관련성을 살펴본 연구에서는 범죄자가 조명을 어떻게 자기에게 유리하게 사용할지 알 수 없으므로 더 밝은 조명으로 개선하는 것이 범죄를 억제한다는 말은 신뢰할 수 없다고 결론 내렸다. 런던 위생 열대의학 대학원London School of Hygiene & Tropical Medicine의 연구자들은 잉글랜드와 웨일스에서 조명에 변화가 있었던 62개 지역에서 발생한 범죄 발생이 완전 소등이나 야간 소등과 어떤 연관성이 있는지 분석한 결과, 둘 사이에 어떤 되어 있다는 어떠한 증거도 찾지 못했다고 밝혔다. 오히려 조명을 흐리게 낮춘 지역에서 범죄가 다소 줄어든 것으로 나타났다 밝혔다. 뉴질랜드 오클랜드에서는 몇 주간의 정전 사태 기간 오히려 도시 범죄율이 급감해, 경찰이 범죄 없는 지역으로 선포하기까지 했다. 그럼에도 사람들은 빛이 안전하다는 믿음 때문에 여전히 밤이 밝기를 바란다.

하지만, 밤에 도시의 불을 완전히 끄는 시도를 하는 곳도 있다. 독일의 작은 마을 '라이네'는 전기를 아끼기 위해 밤에 마을의 불을 모두 껐다. 처음에는 불만이 있었지만, 불을 껐다고 해서 범죄는 증가하지 않았으며, 대신 전기요금 8만 5천 유로를 아꼈고, 빛에서 기인한 이산화탄소 배출을 420톤 줄였다.

도시의 밤이 다시 어두워졌다. 철새들은 먼 거리를 이동하기 위해 달빛에 의존해 방향을 잡고 날아갔다. 더는 밤에 뜬 태양 같던 불빛에 혼란스러워하지 않아도 되었다. 얼마나 많은 새들이 그 빛에 현혹되어 죽어 갔던가. 되돌아온 어둠은 이들이 더 살아나갈 수 있도록 해 주었다.

인간은 돌아온 밤의 어둠 동안 공장을 멈추고 재생을 위한 잠이 들었다. 밤을 멈춘 동안 탄소 배출은 줄어들었고, 낮의 식물도 곤충도, 또 다른 동물들도 인간처럼 좀 더 편안하게 재생의 시간에 들어갔다. 밤의 동물들은 그들에게는 충분한 달빛을 받으며 먹이를 찾고 짝을 찾아 나섰다. 여명이 가까워져 오고 태양이 모습을 비치기 시작하면 낮의 동물은 다시 생명 활동으로, 밤의 동물들은 돌아올 밤이 선사하는 재생과 휴식을 누리기 위해 몸을 숨기러 갈 것이다.

4부

생존의 길을 찾아서

먹는 것으로부터

 몸을 아프게 하거나 생명에 지장을 주는 것은 먹을 수 없다. 상한 음식은 복통이나 설사를 일으킬 수 있고, 심하면 목숨을 잃기도 한다. 신선하더라도 복어의 독이나 독버섯은 먹으면 죽을 수 있으므로 먹지 않는다. 나무에 매달린 붉은 열매가 아무리 맛있어 보여도, 아직 알지 못하는 것은 함부로 먹으면 안 된다. 사냥을 통해 확실한 먹이를 구할 수 있지만, 고래 사냥처럼 목숨을 걸고 구해야 한다면 쉽게 구하지 못하기도 한다. 인류는 이렇게 때로는 모험에 성공하고 때로는 모험에 실패하면서 무엇을 먹을 수 있는지를 체득해 나갔다. 현재 인류가 먹는 음식은 그렇게 경험으로 걸러진 음식들이라고 할 수 있다.

 수많은 먹을 것 중 인간이 먹어도 괜찮은 것을 남기고 나면 먹을 수 있는 것은 풀이라든가 과일, 뿌리채소, 작은 짐승 등 생각보다 그 종류는 많지 않았다. 늘 구할 수 있는 것도 아니었다. 식물이 자라나는 계절이 되어야만 먹을 수 있었고, 육지나 바다의 동물은 사냥에 성공해야만 먹을 수 있었다. 음식을 구하는 것은 수렵사회에서는 매우 불규칙했고, 농경을 시작했어도 기후 등의 상황에 따라 불규칙성은 늘 존재했다. 한 번 구한 음식은 될 수 있으면 오랫동안 버리는 것 없이 다 먹을 수 있어야 했다. 살아남으려면 어렵게 구한 음식을 상하지 않게 잘 보관할 수 있어야 했다.

소금이 연장시킨 식품의 수명

사실 어떤 먹거리든 신선할 때 바로 먹는 것이 제일 안심하고 먹을 있다. 맛도 있다. 하지만 수확에도 철이 있어서 열매가 열렸을 때 따서 잘 모아둬야지, 그냥 나무에서 매달아 뒀다가는 다른 동물이 먹거나 상해서 먹을 수 없게 된다. 사냥하거나 가축을 잡는다 하더라도 늘 잡을 수 있는 것도 아니었다. 행여 큰 동물이라도 잡아 한 번에 다 먹지 못하게 되면 오래 먹을 수 있도록 상하지 않게 둬야 하는데, 쉽지 않았을 것이다.

생존을 위해서는 음식을 최대한 오래 보관할 방법을 찾아야 했다. 그렇게 되면 다음 먹을 식량을 구할 수 있는 기간이 길어지는 것이고, 굶을 가능성도 줄일 수 있게 되니 말이다. 뜻이 있는 곳에 길이 있으니, 인간은 음식을 보관하는 다양한 방법을 찾아내었다. 관찰하고 발견하며, 다양하게 시도해 보면서 노하우들을 하나씩 오랫동안 쌓아 갔다. 쌓인 노하우는 지식으로 다음 세대에게 전달되었다.

인간이 지구에 처음 나타났을 때, 인간이 먹을 수 있는 것은 자연에 널려 있는 것들이었다. 과일이나 열매는 물론이고 다른 동물의 알이나 고기까지, 다른 동물들처럼 모든 것을 날것 그대로 먹었던 것 같다. 여담으로 불로 익혀 먹는 음식은 체내 흡수율이 높아, 인간의 위가 작게 변화하게 하는 데 영향을 주었다. 많은 것들이 이제 불을 이용해 요리되기 시작했다. 요리에 사용하고 남은 재료와 남은 음식을 잘 보관하는 것은 중요한 일이었다. 현대처럼 냉장고가 있었던 것이 아니라 실온에서 그대로 보관해야 했다. 이를 위해 끓이기, 염장, 훈제, 당절임, 식초 절임, 발효, 땅에 묻기 등 자연을 그대로 이용하는 방법부터 통조림과 같은 새로운 방법도 나타났다. 저장법을 활용한 요리도 함께 발전했다. 김치, 된장, 육포 등 다양한 저장법을 섞어 쓰기도 했다.

염장은 많이 쓰는 저장법 중 하나였다. 소금의 삼투압 작용과 살균 작용으로 음식을 상하지 않게 보관했다. 소금은 많이 쓰이지만 구하는 것은 바닷가이거나 소금바위가 있는 곳 등 특정한 곳에서만 구할 수 있었기 때문에 쉽게 구할 수 없었다. 워낙 귀하다 보니 '하얀 황금'이라 불리기도 했다. 그래서 화폐 노릇을 한 적도 있었는데, 고대 그리스에서 노예를 살 때 소금을 값으로 치르고 샀다는 기록이 있다. 이탈리아 반도의 작은 어촌이었던 베네치아가 10세기 이후 부유한 도시로 성장할 수 있었던 것도 소금을 만들어 팔

수 있었기 때문이었다. 프랑스에서는 손님이 방문하면 식탁 한가운데 자랑하듯 새하얀 소금 그릇을 두고 조금씩 덜어 쓰게 함으로써 부를 과시했다고 한다. 그럼에도 소금은 누구나 써야 하는 것이었다. 그런데 1789년 프랑스 혁명 전 브루봉 왕조는 소금세 '가벨Gabelle'을 최고 100배 넘게 부과해, 이미 소빙하기로 굶주리고 있던 사람들을 분노하게 했다. 이 일은 프랑스 혁명이 일어나는 도화선 중 하나가 되었다.

그만큼 소금은 사람들의 식생활에 없어서는 안 되는 존재였다. 만약 염장법이 없었다면, 그래서 네덜란드가 소금에 절인 청어와 대구를 준비할 수 없었다면 대항해 시대도 시작되지 않았을 것이

프랑스의 소금세인 가벨 납부 영수증 1766 누구나 써야 하는 소금에 부여한 세금이 과도하게 부과되자 사람들은 분노했다. 이는 프랑스 혁명의 발발에 영향을 줬다.

고, 지금 지구에서 살아가는 우리의 모습도 달라졌을지도 모른다. 어쩌면 전쟁도 적게 벌어졌을ㄷ지도 모른다. 전쟁의 중요 식량으로 쓰인 것이 바로 이 절인 생선들이니 말이다. 여담으로 고대 이집트에서는 소금이 가지는 보존력을 응용해 미라를 만드는데 소금을 썼다. 이들은 '나트론Natron'이라는 소금물에 죽은 왕을 7일간 담가 미라로 만들었다고 한다.

부패 대신 발효

음식은 그대로 두면 부패한다. 하지만 좋은 균을 만나면 부패할 음식이 오래 보관할 수 있는 상태로 변화한다. 우리는 이를 발효라 부른다. 발효법을 언제부터 알게 되었는지 정확히 알기는 어렵지만 신석기 시대에 이미 쓰이고 있었다. 지금도 널리 쓰여, 우리가 먹는 음식의 3분의 1이 발효된 음식이기도 하다.

발효에 관한 최초의 기록은 술을 만드는 것과 관련된 기록이다. 중국, 인도, 이집트, 멕시코, 수단 등에서 그 기록이 남아있는데, 이집트에서는 맥주와 다. 술만큼 오래된 역사를 지닌 치즈도 발효로 만들어진 음식이었다. 기원전 6천 년경 메소포타미아 지역에서 치즈를 만들어 먹었다는 기록이 있다. 저장성이 좋아 전쟁 식량으로도 사용되었다.

통조림도 음식을 오래 보관할 수 있게 해 준 저장법이었다.

최초의 양철 캔 1810, 영국과학박물관 영국의 피터 듀란드가 발명한 이 캔은 전쟁에서 유용하게 쓰였으며, 1810년에 특허를 획득다.

1804년 나폴레옹이 전쟁에서 오랫동안 음식을 보관할 수 있는 용기를 공모했었다. 1만 2천 프랑이 걸린 이 공모는 '방부제가 들어가지 않는 군용 식량'을 만들 것을 제안했었다. 여기서 프랑스 제과업자인 니콜라 아페르Nicolas Appert가 채소 등을 넣은 병조림한 음식을 가열해 뜨거울 때 코르크 마개로 닫고, 식으면서 밀봉되게 함으로써 오랫동안 보관할 수 있게 했다. 이후 영국의 상인이었던 피터 듀란드가 양철을 이용한 통조림 제작법으로 1810년에 특허를 받았고, 이후 통조림은 군대와 탐험가들에게는 필수가 되었다. 수요가 많고 실용성이 높은 덕에 통조림은 계속 개선을 거쳐 현재의 통조림이 되었다. 1, 2차 세계대전이 발발하면서 통조림은 더욱 비약적으로 발전했다.

있는 그대로 신선하게

앞에서 언급한 저장법들은 오래 먹을 수 있지만, 음식의 맛과 상태가 시간이 지날수록 변했다. 갓 수확한 채소라든가 고기, 생선 등을 그 맛 그대로 신선하게 보관하는 데는 한계가 있었다. 사람들은 경험을 통해 음식을 시원하게 보관하면 신선함이 오래 유지할 수 있다는 것을 알게 되었다. 한겨울에 강이나 산에서 얼음을 채취해 두거나 높은 산의 얼음 등을 이용하여 음식을 시원하게 만드는 데 이용했다. 우리나라에서도 이미 신라 때 '석빙고石氷庫'라는 돌로 만든 저장고를 두고, 겨울 동안 채취한 얼음을 보관하였다. '삼국사기'에는 지증왕 6년(505년) 11월에 얼음을 저장했다는 기록도

석빙고 조선 시대, 경주 반월성 기원전부터 겨울에 강이나 호수에서 얼음을 가져와 저장해 두고 음식 보관에 활용하였다.

있다. 중국 전국시대에 쓰인 〈별빙지가〉에 따르면 당시 얼음 창고를 두고 관리했다고 한다. 고대 그리스와 로마에서도 만년설이나 겨울 얼음을 채취하여 이용했다. 특히 와인을 시원하게 만드는 데 많이 이용했다. 얼음을 이용한 방식은 19세기까지 계속되었는데, 한때 미국에서는 얼음 채취 보관업이 잘 나가는 일 중 하나였다.

더운 지방에서도 시원하게 보관할 방법을 찾아냈다. 주로 수분이 증발하면서 열을 뺏는 원리를 이용하거나, 기원전 2500년 이집트에서는 항아리에 물을 적신 후 물을 증발시키면서 음식을 시원하게 만들었다. 특히 와인을 시원하게 만들기 위해 노예 여러 명이 물을 계속 뿌리고, 부채질을 해야 했다. 인도 같은 곳에서는 물기를 머금을 수 있는 질그릇에 음식을 담아 보관했다. 높은 기온 탓에 완벽한 방법은 아니었지만 더운 지역임을 생각했을 때는 효과적이었다. 소금물을 증발시켜 시원하게 만들기도 했다.

이렇게 오랜 세월 동안 발전해 온 저장법의 배경에는 한 가지 공통점이 있다. 바로 대부분 생산자와 소비자 간의 거리가 매우 가깝거나 생산자가 소비자였다는 점이다. 음식 생산 과정은 노출되어 있었다. 하지만 산업혁명이 일어나면서 이 관계는 본격적으로 달라졌다.

마피아, 유통기한을 고안하다

서력기원을 전후해서 지구 위의 인구는 2억에서 3억 정도였을 것으로 추정한다. 1804년에 10억 인구를 최초로 넘었다. 이 과정에서 흑사병의 발발, 소빙하기 등으로 인구가 많이 감소하였으나, 식량 생산의 증가와 함께 인구는 지속해서 늘었다. 그러다가 산업혁명이 일어나면서 인구가 급증하기 시작했다. 많은 사람이 도시로 몰려들기 시작했다. 도시라는 좁은 공간에서 농촌에서처럼 먹을 것을 직접 재배해 먹을 수는 없었다. 인근 농촌에서 가져온 식재료를 사 먹어야 했다. 생산자와 소비자의 거리는 멀어졌다. 산업혁명이 일어나고 20세기로 넘어오면서 음식 생산은 점점 공장화되어 갔고, 생산자와 소비자 간의 거리는 더 멀어졌다. 소비자는 음식이 어떻게 생산되는지 알 수 없게 되었다. 생산자가 파는 음식을 어떻게 취급하는지 볼 수 없다는 것은 소비자에게 불리하

영화 '대부'로 유명한 마피아 알 카포네 1931, Rogelio A. Galaviz C 사진 알 카포네는 딸을 위해 우유에 유통기한을 부여해 신선에 관한 판단 기준을 세웠다.

게 작용했다.

1930년대 당시 미국에서는 우유를 배달업자로부터 사서 먹는 것이 일반적이었다. 하지만 배달업이 발달하지 않았기 때문에 우유에 대한 수요는 증가하는 반면, 우유는 손수레나 개나 말이 끄는 마차로 느리게 배달되었다. 우유가 상하거나 품질이 좋지 않은 우유가 배달되는 일도 많았다. 배달업자들은 이문을 남기기 위해 우유가 상하면 밀가루를 타거나 석회를 타서 파는 등 품질관리는 엉망이었다. 이런 상황에서 대부의 주인공으로 알려진 이탈리아 출신 마피아였던 알 카포네^{Al Capone}가 성장 중이던 우유 산업으로 뛰어들었다. 알 카포네의 딸이 배달업자가 배달한 상한 우유를 먹고 탈이 나자, 우유에 관심을 가지게 되었다는 이야기도 있다. 품질 관리된 밀주를 통해 어마어마한 돈을 벌었던 알 카포네는 품질에 대한 관심이 많았는데, 높은 품질의 우유에 대해서도 많은 신경을 썼다. 밀주를 유통하며 구축해 놓은 유통망을 사용하였으며, 우유 품질 유지를 위해 냉장 유통을 택했다. 우유의 품질을 속이거나 질을 저하하지 못하도록 목장 주인들을 관리했다. 미 의회 로비를 통하여 우유에 유통기한을 의무적으로 명시하도록 법제화까지 성공시켰다. 이 유통기한은 마실 수 있느냐가 아니라, 알 카포네의 품질에 대한 욕심이 반영된, '최상의 우유 상태'를 유지하는 기간이었다.

유통기한은 음식을 선택하는 훌륭한 기준이었고, 점차 우유에서 다른 식품에까지 확대, 적용되었다.

유통기한은 생산자와 소비자의 거리가 멀어지는 상황에서, 의도적으로 숨기지 않는 한 먹을 수 있는 음식을 판별하는데 최고의 수단이자, 생산자가 소비자에게 주는 식품 품질 보증에 대한 일종의 징표였다. 이제 이것만 보면 사야 할 식품인지 아닌지 판별할 수 있었다. 우리나라에도 1985년에 식품 유통기한이 본격적으로 도입되었다. 유통 구조 속에서 움직이는 음식은 모두 유통기한에 따라 움직여졌다. 식당도 유통기한이 지나지 않은 음식으로 만들어 음식의 안전함을 보장해야 했다.

그런데 유통기한이 지났다고 해서 먹을 수 없는 것을 의미하는 것은 아니었다. 사실 유통기한은 소비자가 사 가서 먹을 수 있는 기간을 고려해 결정된다. 소비자가 사 간 후 요리를 해 먹을 수 있는 기간을 고려해 설정된 것인데, 이를 '먹을 수 있는 기간'이라 인식하는 사람이 과반수를 차지했다. 식품의약품안전처가 국민을 대

프리건 대상이 되는 버려진 음식
미국에서 벌어진 프리건 운동은 먹을 수 있는데도 버려지는 상황에 대한 사회적 메시지를 던진다.

상으로 조사한 내용으로는 56.4%가 유통기한이 지난 음식은 폐기해야 한다고 생각하고 있었다. 그 결과 많은 사람이 먹을 수 있어도 '유통기한'을 넘기면 음식을 폐기하고 있었다.

그 결과 국내 음식물 쓰레기 중 약 40%가 단순히 유통기한 경과로 폐기되었고, 손실액은 1조 원에 달하는 것으로 추정되고 있다. 이런 사정은 외국도 마찬가지다. 세계식량기구는 전 세계적으로 먹을 수 있는데 버려지는 음식이 연간 13억 톤에 달하며, 여기서 나오는 온실가스만 33억 톤에 이른다고 발표했다. 이는 전 세계 경작지의 28%에서 생산된 음식물에 해당하는 양이다.

아직 괜찮아

이런 점 때문에 많은 국가가 먹을 수 있는 음식이 버려지는 손실을 최소화하고, 여기서 발생하는 온실가스도 감축하기 위해 유통기한을 소비기한으로 바꾸는 것을 적극 도입하고 있다. 유럽, 캐나다, 일본, 호주, 영국, 홍콩은 소비기한과 품질유지기한을 함께 표기하도록 하고 있으며, 중국은 소비기한과 제조 일자를 함께 표기하고 있다. 미국도 이제 사용기간을 'Best if Used by'로 기재하도록 권장하고 있다. 우리나라도 2023년부터 유통기한을 소비기한과 병행 표기하도록 하고 있다. 이제 우리는 우유에서 유통기한 14일 대신 소비기한 45일을 만나게 되었다.

버려질 상황에 부닥친 음식을 살릴 수 있는 시도들도 이루어지고 있다. 프랑스는 '음식물 낭비와의 전쟁 관련법'을 제정해 슈퍼마켓에서 판매제품을 폐기할 수 없고 자선단체나 푸드뱅크에 기부하는 것을 의무화했고, 아일랜드는 푸드클라우드를 통해 슈퍼마켓이나 식당 등과 빈곤층 자선단체를 연결해, 가게에서 남은 음식을 자선단체에 제공할 수 있도록 제공할 수 있도록 모바일 서비스를 진행 중이다. 독일에서는 '쓰레기통에 넣기에는 너무 괜찮은Zu gut für die Tonne'이라는 사업을 통해 시민단체와 음식물 폐기와 낭비를 줄이기 위해 노력 중이다. 우리나라에는 공유냉장고와 푸드뱅크가 있고, 독일의 타펠, 호주의 오즈하베스트 등이 아직 괜찮은, 버려질 위기의 음식들을 구해내어 나누고 있다. 음식쓰레기에 관한 움직임 중 하나로 프리건도 주목할 만하다. 이들은 최소한의 자원 소비와 기존 경제로의 제한적 삶을 추구하는데, 덤스터 다이빙이라 하여 쓰레기통에 버려진 멀쩡한 것들을 구제해 내는 운동을 한다. 음식도 그중 하나인데, 그들이 구해낸 음식을 보면 우리가 얼마나 멀쩡한 음식들을 버리고 있는지 깊이 반성하게 된다.

    이렇듯 지금의 이런 움직임들은 비록 일부에서 이루어지고 있지만, 앞으로 미래를 위해 이런 시도들은 더 늘어갈 것으로 보인다. 예상대로라면 조만간 전 세계 인구는 90억, 100억 명을 돌파할 것이고 한정된 지구에서 모두를 먹이기 위해서는 꼭 필요한 일이니까 말이다.

기울어진 생태계

 인간의 모든 이야기는 결국 인간이 스스로 세운 문명 위에서 이루어졌고, 문명은 지구 위에 이루어졌다. 지구의 모든 것이 문명을 이루는 데 쓰였다. 땅속부터 하늘까지, 무생물부터 생물까지 생태계의 모든 것이 인간을 위해 쓰였다. 결국, 문명은 생태계 위에 이루어진 것이었다. 그리고 그 생태계는 인간이 지구에 나타난 후 20만 년 동안 인간의 어떤 행태에도 묵묵히 그 자리를 지켰다.

 균형을 추구하는 생태계 피라미드

 생태계를 표현할 때 많이 쓰이는 피라미드는 정사각형의 밑면과 밑면에 맞닿는 정삼각형이 네 면을 둘러싸면서 꼭짓점에서 만나는, 사각뿔 모양의 도형이다. 위로 갈수록 부피와 가로 단면의 면적이 좁아지는 이 도형은 생태계 균형을 상징적으로 보여준다. 가장 아래에 생산자인 식물이, 도형이 가장 많은 면적과 부피를 차지하며 존재하는 것처럼 가장 많은 종과 개체 수를 차지하고, 상위 포식자로 갈수록 종과 개체 수가 줄어들며 안정적인 모습을 이룬다. 만약 상위 포식자가 많아지면, 이들이 먹는 하위 개체 수는 줄어들게 되고 먹을 것이 줄어든 포식자는 저절로 개체 수가 줄어들게 된다. 포식자가 사라지면 다시 하위 개체 수는 늘어난다. 예를 들어 초식 동물이 줄어들면 생산자인 식물이 더 많이 살아남으로써 피라미드의 밑면은 넓어진다. 이는 다시 먹이가 늘어나 초식 동물은 늘어나고 그 위의 포식자들도 늘어난다. 이런 식으로 끊임없이 피라미드는 조정을 통해 균형을 유지한다.

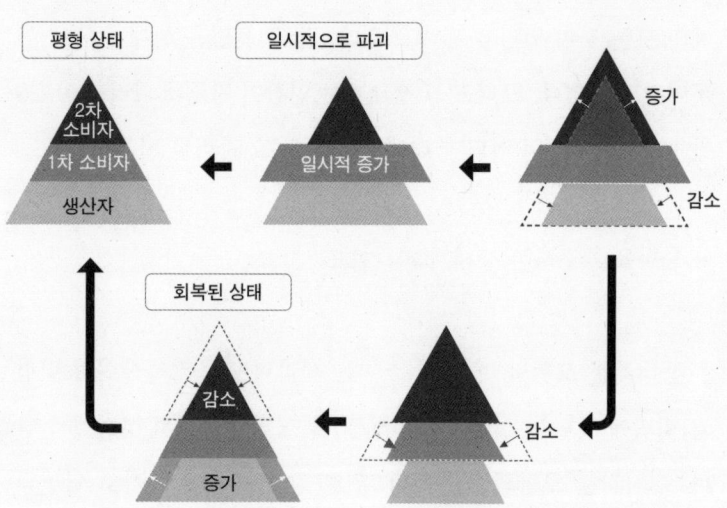

생태계 피라미드의 균형 유지 과정 천재교육 생태계 피라미드는 특정 단계의 개체 수에 변화가 생기면 다른 단계에 영향을 미치며 균형을 잡는다.

만약 생태계 피라미드가 균형 조정에 실패하면 어떻게 될까? 생산자의 크기를 기준으로 피라미드 크기가 점점 줄어들다가 사라지게 될 것이다. 지구는 오랜 세월 동안 늘어 들었다 줄었다 하는 변화가 있기는 했지만, 전체적인 피라미드 균형은 유지해 왔다. 그런데 지금, 생태계 피라미드에 이상 증세가 발생하고 있다. 야생 식물이 사라져 가고. 야생 동물도 사라져 가고 있다. 최상위 포식자 지위를 차지한 인간이 거대한 모자를 쓴 것처럼 커졌고, 인간이 좋아하는 것들로 채워지고 있다. 인간과 가축의 무게만으로 포유류 전체 무게의 94%를 차지하는 수준에 이르렀다. 코끼리, 기린, 코뿔소, 다람쥐 등 야생 포유류는 불과 6%밖에 남지 않았다는 말이다. 야생 생물이 차지할 수 있는 공간도 좁아졌다.

피라미드는 균형을 추구한다. 불균형은 조정한다. 이 심각한 불균형을 이룬 지금의 피라미드가 균형을 이루는 과정에서 어떤 일들이 벌어지게 될까? 우리 인간은 괜찮은 것일까? 그 답은 과거 인간이 문명을 이루던 과정에서 벌어진 숲과 인간 사이의 일에서 찾아볼 수 있다.

숲의 지위

수림은 나무가 빽빽한 곳, 우리가 흔히 떠올리는 숲을 말한다. 육지 위에서 다양한 수종이 모여 형성된다. 기후에 따라 6가지의 대분류로 나뉘는데 온대 혼합림, 온대 활엽수림, 온대 침엽수림,

온대 우림, 열대 우림, 열대 건조림으로 나뉜다. 각각의 숲은 나무를 비롯한 식물의 종류와 곤충, 포유류 등 동물의 종류가 서로 다르다. 그리고 그 숲에서 나무들은 빛과 영양 확보를 두고 서로 경쟁한다. 경쟁에서 진 나무는 고사하기도 하지만 동물들의 보금자리로 이용되는 등 숲의 생태계로서 역할을 한다. 현재 지구상에는 이러한 숲이 약 28억 헥타르 정도 있는 것으로 추산한다.

숲의 이산화탄소 흡수 능력은 잘 알려져 있다. 나무는 '이산화탄소 통조림'이라 불릴 만큼 이를 잡아 두는 기능이 뛰어나다. 더 놀라운 것은 이산화탄소를 한 번 포집하면 죽을 때까지 계속 이를 저장해 둔다는 것이다. 나무가 모인 숲은 단위 부피당 이산화탄소를 흡수할 수 있는 식물의 양, 즉 바이오매스가 크다. 2019년 4월, 사이언스Science지에 발표된 연구는 기존 도시나 농업에 영향을 미치지 않으면서도 삼림 면적을 3분의 1 정도 더 늘릴 방법을 제시했다. 이 방법을 적용할 경우 숲은 인간활동으로 배출되는 이산화탄소의 3분의 2를 포집할 수 있다고 전했다. 숲 복원이 지구의 기후 변화에 대한 가장 효율적인 해결책으로 언급되는 이유이다.

하지만 IPCC 지구 온난화 1.5℃ 특별보고서에 따르면 기온 상승을 섭씨 1.5도로 제한하려면 에너지 사용이나 운송 등에서 발생하는 탄소 배출을 급격히 줄이더라도 2050년까지 수십억 헥타르의 숲이 필요하다. 그런데 현재 상황이 녹록지 않다. 지난 20년간 새로 개발된 농지 절반이 천연림을 훼손해 만들어졌다. 여기에 도시화, 자원 발굴 등을 위해서도 숲은 계속 파괴되고 있다. 그런데도 숲을 지켜야 하는 이유는 명확하다. 제7차 생물다양성과학기구IPBES 총회에서 2000년 이후 매년 650만 헥타르의 숲이 사라지고 있고 이에 따라 동식물 100만 종이 멸종위기에 처해있다는 연구를 2019년 4월에 발표했다. 이는 우리가 기후위기 대응을 위한 탄소저장고로서뿐만 아니라, 생태계 보전을 위한 생물다양성을 지키기 위해서라도 반드시 숲을 지키거나 복원하는 것이 필요하다는 것을 보여주었다.

프로메테우스의 길, 길가메시의 선택

프로메테우스가 비록 제우스로부터 불을 훔쳐 인간에게 가져다준 죄로 영원히 독수리에게 심장을 파 먹히는 형벌을 받았지만, 불을 선물 받은 인간은 불의 힘을 이용해 문명을 일으켰다.
프로메테우스가 불을 가져다주는 그림을 보면, 그는 불을 손에 잡고 있지 않다. 나무에 불을 붙여 훔치고 있는 모습이다. 나무가 타기 전까지 불은 살아있을 수 있었고, 그 덕분에 인간에게 전달될 때까지 불은 꺼지지 않을 수 있었다. 동시에 불은 신조차도 뜨거워 함부로 손으로 잡을 수 없는, 유용하지만 위험한 것이라는 것을 보여준다. 마치 인간이 지녀야 할 불에 대한 금언 같다.

인간은 불을 쓰기 시작하면서 불이 붙는 돌이나 가스를 발견하고 이를 쓰기도 했지만, 대개는 마른 풀이나 나무를 써서 불을 폈다. 불은 방어의 목적도 있었지만, 음식을 만드는 데도 쓰였다. 하버드 인류학과 교수인 리처드 랭엄Richard Wrangham은 저서 《요리 본능 Catching Fire》에서 인간의 불 사용이 인류에 미친 영향을 요리 관점으로 말해준다. 불을 씀으로써 음식을 익혀 먹게 되고, 영양 흡수력이 좋아져 다른 동물들에 비해 적은 양의 음식을 먹고도 살 수 있게 했다. 효율이 높아지자 직립 보행에 더 좋은 상태가 되었고 두 손이 자유로워졌다. 이는 인류 진화로 이어진다.

진화론의 창시자 찰스 다윈Charles Darwin은 "인간이 자연 자체를 길들이기 시작한 것은 불을 통해서다"라기도 했다. 또, 나무를 이용해 불을 피워 온기를 유지하고 옷을 입게 됨에 따라 아프리카의 따뜻한 지역에서 벗어나 더 추운 지방으로 뻗어 나갈 수 있었다고 말했다. 그뿐인가? 인간은 동굴에서 나와 원하는 곳에 나무를 이용해 건물을 짓게 되었고, 흙을 빚은 후 나무를 이용해 그릇을 구워내 음식을 저장할 수 있게 되었다.

나무가 타면서 뿜는 화력을 이용해, 쇠를 녹이고 청동기, 철기 문화를 열었다. 그릇과 무기를 만들던 것이 벽돌, 석쇠, 타일 등 건축자재까지 만들게 되었다. 인류사에서 중요하게 쓰여온 유리, 수레, 마차, 타르, 배 등 수많은 물건이 나무로 만들어졌다. 심지어 소금도 만들 수 있게 되었다. 바닷물에 나무를 때워 수분을 증발시킴으로써 귀한 소금도 얻을 수 있게 되었다. 설탕도 마찬가지다. 생활 곳곳 나무가 안 쓰이는 곳이 없었다. 없어서는 안 될 존재였다. 그래서 나무는 많을수록 좋았고, 나무가 모인 숲은 아주 중요한 곳이었다. 그 결과 숲을 차지하기 위해 전쟁도 불사했다.

인류의 4대 문명지 중 하나로 불리는 메소포타미아 지역, 이곳은 중동 국가들이 자리 잡은 곳으로 건조한 사막 지역이다. 나무는 거의 없고 낮에는 50도를 넘어 불처럼 뜨겁고 밤에는 영하로 떨어져 매우 추워지는 데다 모래 바람이 몰아치면 걷기조차 힘든 이곳을 보면 어떻게 정말 문명 발생지였는지 의심이 든다. 그러나 이곳에서 발굴된 유적들을 보면 과거 이 지역이 얼마나 풍요롭고 숲이 풍성했는지 짐작할 수 있다.

이 기원전 2300년경에 만들어진 '아다의 그린스톤 인장 Greenstone seal of Adda'은 돌을 흙 위에 굴려 찍는 도장으로, 흙판에 찍은 모습을 보면 과거 메소포타미아는 숲이 우거진 곳이었다는 것을 짐작할 수 있는 모습이 새겨져 있다. 기원전 28세기경 우루크를 지배했던 왕 길가메시는 자신이 남긴 〈길가메시 서사시〉에서

아다의 그린스톤 인장 BC2300, 대영박물관 길가메시의 이야기가 새겨진 인장. 당시 숲이 풍부했다는 것을 알 수 있다.

자신이 지배하는 땅을 '비옥한 초승달 지역'이라고 불렀다. 고고학자들이 밝힌 바에 따르면 길가메시의 표현처럼 광활한 원시림이 펼쳐져 있었다. 문명이 들어서기 전까지는 말이다. 어떻게 이곳이 비옥함을 잃어갔는지, 길가메시는 자신의 시에 남겼다.

 길가메시는 비옥한 초승달 지역을 덮고 있던 짙은 녹빛의 숲을 어떻게 정복해 갔는지 신을 빌어 표현했다. 이야기는 이러하다. 강과 숲이 있고 먹을 것이 풍부한 이곳에 사람들이 모여살기 시작했다. 수메르인들은 신의 숨결이 닿은, 깊고 무성하며 수많은 생명이 있는 숲이 두려웠지만, 그곳을 차지하고 싶었다. 숲의 것을 가져다 쓰면 많은 것을 할 수 있었다. 고민 끝에 수메르의 왕은 숲을 정복하겠다고 천명했다. 왕의 명목을 앞세워 사람들은 숲을 파괴하기 시작했다. 이를 전해 들은 신, 엔릴Enlil은 분노하며 "그대들이 먹을 양식을 불이 먹을지어다. 그대들이 마실 물을 불이 삼킬지어다"라고 저주를 내렸다. 하지만 사람들은 엔릴의 저주를 무시했다. 오히려 저주를 무력화하겠다며 더 열심히 숲을 '정복'해 나갔다. 파괴를 멈추지 않았다. 건물을 짓고 가구를 만들었으며 도끼와 망치, 괭이, 낫 같은 청동기들을 계속 만들어냈다. 나무를 베어내고 숲을 파괴한 결과 가뭄이 뒤따랐다. 티그리스-유프라테스강을 비롯한 그 지역 강의 상류에서 나무를 대량으로 벌채하면서 엄청난 토사가 강으로 흘러들어 강을 메웠고 메소포타미아 지역까지 흘러들었다. 이는 농사를 짓기 위한 관개용수를 바닥내었음은 물론 원래 바다였던 북쪽 산맥의 퇴적암들이 침식되어 소금기와 함께 이 지역의 농경지를 침투하면서 결국 농사를 지을 수 없는 땅이 되었다. 그 결과 길가메시가 숲을 정복하던 때로부터 300년 뒤 수확량은 42% 감소했고 700년 뒤에는 65%가 감소했으며, 현재 우리가 보는 황량한 지역이 되었다. 숲 위에 세워졌던 메소포타미아 문명이 숲의 몰락과 함께 붕괴하는 것은 당연한 수순이었다.

로마인의 일상을 지키기 위한 노력

숲을 통해 문명을 일으키고 숲이 사라지면서 문명이 붕괴하는 현상은 역사를 통해 지속해서 반복되었다. 크레타 문명, 미케네 문명, 그리스 문명은 물론 수많은 문명이 숲의 생사와 함께했다. 새로운 숲이 차지하게 되면 그것을 힘으로 삼아 주도권을 잡았다. 로마도 마찬가지였다. 로마의 화려한 생활을 충족시키려면 정말 많은 나무가 필요했다. 주택은 물론, 대형의 원형공연장, 검투 경기를 위한 경기장, 공중목욕탕, 대형 연회장 등 건축을 위해서 화려한 건축을 위해 나무들은 끊임없이 들어갔다. 또 로마 부유층은 중앙난방 방식을 통해 난방하였는데, 이를 위해 한 시간에 130kg 이상의 나무가 필요했다. 여기에 더해 상수도, 청동, 철, 올리브오일, 벽돌 등 생활에 필수품들을 위해 끊임없이 나무를 써 댔다.

다른 어떤 문명들보다도 더 적극적으로 숲을 확보하기 위해 북아프리카, 프랑스, 독일, 벨기에, 영국 등 원생 숲 지대가 있는 곳

고대 로마의 공중목욕탕 유적 AD 1C 영국 서머싯주 바스에 있는 유적지로, 분수, 로마신전, 목욕탕, 박물관이라는 로마 공중목욕탕의 4가지 요소를 갖추었다.

이라면 어디든 군대를 보냈다. 그러나 나무가 들어가는 곳이 너무 많았기 때문에 삼림이 황폐해지는 것은 당연한 수순이었다.

로마는 나무 부족에 시달리기 시작했다. 나무를 절약하기 위한 다양한 시도를 했는데, 나무를 많이 써서 만들어야 하는 유리를 재활용하는 것도 그 중 하나였다. 그리고 나무 줄기만 쓰는 것이 아니라 뿌리와 밑동까지도 쓸 수 있도록 숯을 이용하기 시작했다. 요리사들은 연료 절약 요리법을 개발해 다른 사람들에게 전수하기 시작했다. 태양열 난방과 함께 태양을 최대한 활용할 수 있는 건축법도 권고했다. 건축가 비트루비우스는 건물을 지을 때는 겨울철 석양이 비치는 곳을 바라보도록 목욕탕을 배치하도록 했다.

동시에 숲을 조성하기 위한 노력도 시작되었다. 로마인들이 북아프리카로 건너가 숲을 성공적으로 일궜다는 기록도 있다. 그러나 이미 숲의 고갈은 심각한 상태였다. 숲이 풍성했던 때처럼 나무를 쓰기는 어려웠다. 나무를 구하기 어려워지자 로마도 쇠퇴의 길을 걷기 시작했다. 숲이 사라지면서 문명도 사라지는 일은 수 차례나 벌어졌다. 그럼에도 18세기 어느 신학자가 표현했듯 '참나무를 말끔히 없애 온 것은 왕국의 진보 과정'이라는 말처럼 자연을 이용해 더 많은 것을 얻고자 하는 욕구는 과거의 교훈을 기억하지 못하고 숲을 나무조달처로서 취급하게 했다. 그렇다고 숲을 지키기 위한 노력이 전혀 없는 것은 아니었다.

제임스 1세, 최초로 숲 보호법을 재정하다

수메르, 로마 등 많은 문명이 대개 숲의 쇠퇴와 함께 쇠락의 길을 걸었지만, 지금의 영국에 자리 잡은 16세기의 잉글랜드 왕국은 다른 길을 걸었다. 그들은 로마가 그랬듯 나무뿌리까지 캐어 숯으로 만드는 등 나무를 버리는 것 없이 잘 쓰기 위한 방법이 아니라 지속가능한 대안을 찾아냈다.

잉글랜드의 숲은 오래전 로마 시대, 로마의 제철업자들이 철을 만들기 위해 나무를 마구 베어내면서 황폐해졌었지만, 헨리 8세 시절이 되자 완전히 회복했다. 헨리 8세가 집권한 16세기 잉글랜드는 주로 나무를 수출하고 소금, 철, 유리, 무기 등 필수품과 사치품을 수입하고 있었다. 유럽 대륙은 종교전쟁으로 여기저기서 들썩이고 있었고, 각국은 새로운 먹거리를 찾아 항로를 개척하기 위해 경쟁적으로 움직이던 시기였다. 안정된 해상 환경은 영국에 중요한 요소였지만, 종교전쟁이 여기저기서 일어나고 있었고 각국은 새로운 항로를 개척하기 위해 항해에 나서는 시기였다. 헨리 8세가 집권하기 전 스페인 그 과정에서 유럽대륙으로부터 물자를 들여와야 했던 잉글랜드에는 늘 공격의 위험이 도사리고 있었다. 이에 헨리 8세는 자력의 길을 걷기 위해 잉글랜드가 직접 철과 무기를 생산하도록 격려함으로써 자력의 길을 걷기로 했다.

그러나 앞서 문명들이 그러했듯 나무의 유혹을 잉글랜드도 이기지 못했다. 잉글랜드는 부를 쌓기 위해 숲의 나무들을 베기 시작했다. 수많은 나무가 잘려 나갔다. 배가 닿을 수 있는 곳까지 실어

쓰리 브라더 보석을 장식한 모자를 쓴 제임스 1세
1605, 빈 미술사 박물관 나무가 돈이 되는 것을 안 제임스 1세는 숲을 보호하는 최초의 법을 제정했다.

나를 수만 있다면 어느 숲이든 대상이 되었다. 잘린 나무들은 하버 항 등을 통해 필요한 곳으로 옮겼다. 옮겨진 나무들은 연료로 쓰이고, 배를 건조하는 등으로 쓰였다. 특히 엘리자베스 1세가 적극적이었다. 제철업소가 성행했고, 배를 대량으로 건조했으며 해군력을 키워 세계에 진출했다.

숲은 빠르게 고갈되어 갔다. 특히 철이나 유리 생산은 나무를 엄청나게 소비하는 일이었다. 영국의 번영을 이끈 엘리자베스 1세 다음으로 왕이 된 제임스 1세는 누구보다 삼림에 관심이 많았다. 그가 왕으로 취임했을 때, 잉글랜드의 산림은 황폐해져 있었다. 선대 왕인 엘리자베스 1세 치하에서 동인도회사를 설립하는 등 해외 진출이 늘어나자, 선박, 무기 등을 위한 철 소비량이 증가하자 나무 소비량은 급등했고, 가격도 올라갔다. 숲은 빠르게 고갈되어 갔다. 제임스 1세는 열렬한 삼림 보존 연구자인 아서 스탠디시(Arthur Standish, 1552~1615)가 숲을 보호하는 데 앞장설 수 있도록 후원했다. 숲 보호에 관한 법령도 제정해 적극적으로 대응했다.

그러나 돈벌이가 되는 나무가 우글거리는 숲을 지키기는 만만치 않았다. 무기를 만들고 배를 건조하는 것뿐만 아니라, 각종 상품을 만드는 데에도 나무는 필요했다. 나무에는 각종 이권이 걸려 있었고, 이를 포기하려는 사람은 없었다. 심지어 제임스 1세조차도 처음의 의지와 다르게 사치로 재정난에 부닥치자, 숲을 보호한다는 약속을 지키지 못했다. 그럼에도 아서 스탠디시가 삼림 벌채

하버항 지도 The Map of Churchill Harbour, 1897, Jen Munck, Manitoba Historical Maps
인간은 베어낸 나무를 쉽게 옮길 수 있는 숲들을 먼저 벌목하기 시작하였다.

와 기근의 관련성을 알리고 숲을 보호하기 위해 백방으로 노력했다. 하지만, 사람들에게는 나무 보호보다 돈벌이가 더 급했다. 일부 시민이 숲 보호를 외치며 투쟁하기도 했지만, 숲이 파괴되는 것을 막지는 못했다. 숲은 결국 텅 비고 말았다.

나무 부족 문제는 석탄으로 답을 찾았다. 숲 고갈이 심해지자 나무 값이 천정 부지로 올랐다. 그래도 배 건조 등 꼭 필요한 곳에 써야 할 나무가 부족해지자, 그제야 땔나무와 건축 재목 사용, 유리 생산을 위한 나무 사용 등을 제한하기 시작했다. 사람들은 석탄을 나무 대안으로 석탄을 연료로 쓰기 시작했다.

사실 석탄은 3백 년 전에 에드워드 1세가 매연 탓에 사용을 금지했던 연료였다. 그러나 엘리자베스 1세 치정 하에서 동인도회사 East India Company를 설립하는 등 해외 진출이 늘어나면서, 선박, 무기 등을 위한 철 소비량이 증가했다. 나무를 대체할 연료로 결국 석탄을 다시 써야만 했다. 산업혁명이 뒤따라오며 석탄은 연료로 확실하게 자리 잡았다.

나무 부족 때문에 석탄을 선택하는 것은 영국만의 문제가 아니었다. 중국은 이미 4세기 후반 당나라 때부터 석탄을 때기 시작했다. 10세기에 이르자 흔하게 쓰는 연료가 되었다. 우리나라는 순수 석탄 광석이 조선시대에 두 군데 있었으나 본격적으로 사용하기 시작한 것은 1900년경 전후해 외국 자본과 기술이 국내 석탄과 흑연을 채굴했다는 기록이 있다. 가정에서는 연탄이 나오기 전

1950년대까지는 나무를 연료로 사용했다고 한다.

석탄의 사용 이후 석유가 연료로 편입되면서, 이들은 연료로서 나무를 대체하게 되었다. 이로써 일정 부분 숲 벌채를 통해 성장해 나가던 국가에서의 나무 사용을 줄일 수 있었지만, 그렇다고 숲을 없애는 일이 멈추지는 않았다. 오히려 일부에서는 더 적극적으로 숲을 밀어내기 시작했다.

계속되는 숲 파괴 시도

2018년 8월 8일, 영국 데일리메일은 2013년에 촬영된 인도네시아 보르네오섬 칼리만탄바랏주 끄따빵 리젠시에서 오랑우탄 한 마리가 벌목 현장에서 굴삭기를 막으려는 듯 굴삭기로 달려드는 영상을 공개했다. 충격을 주었다. 팜유 농장, 고무 농장 등을 건설하기 위해 이들이 살고 있는 열대우림을 밀어내는 과정에서 벌어진 일이었다. 다행히 이 오랑우탄은 무사히 구조되었다. 그러나 대부분은 그런 행운을 누리지 못했다. 불과 10년 동안 10만 마리의 오랑우탄이 죽었으며, 31만 km^2가 넘는 열대우림이 경작지로 변했다. 열대우림이 기후위기 해결을 위한 상책임에도 말이다.

최근 인도네시아가 팜유를 위해 무분별하게 열대우림을 파괴하지 않겠다고 선언했다. 전 세계에서 열대우림 파괴를 두고 했으나 불과 얼마 전까지만 해도 군부까지 동원되어 거대한 팜유 농장인 팜 플랜트가 활발하게 개척되고 있었다.

2017년에 새로운 오랑우탄 종인 타파눌리 오랑우탄이 발견되었으나, 기쁨도 잠시였다. 이들은 서식지가 파괴되고 있어 멸종위기에 처해 있다. 인도네시아에는 타파눌리 오랑우탄을 비롯해 보르네오 오랑우탄, 수마트라 오랑우탄 세 종이 산다. 아쉽게도 이 세종은 모두 멸종위기 위급으로 분류된다. 이들은 서식지가 줄어들면서 먹이를 구하기 위해 열대우림 부근에 사는 사람들의 먹거리를 훔치는 일이 일어났다. 사람들은 경작지를 망치는 오랑우탄에 분노했다. 오랑우탄을 잡아 학살하는 비극적인 상황이 벌어졌다. 열대우림을 밀어버린 것은 농장주들인데, 사라진 숲의 비극은 열대우림에 기대어 살아가던 이들에게 벌어졌다.

팜 플랜트가 들어서면서 열대우림에 살던 이들은 이곳의 노동자가 되었다. 처음에만 해도 기업이 만든 팜유 농장에서 일하게 되면 삶이 조금이라도 풍요롭게 해 줄 것이라 믿었으나, 저임금 중노동의 상황에 내몰았다. 이러한 일은 아프리카 가봉, 카메룬, 콩고 분지 등 열대우림이 있는 곳이라면 어디든 일어났다. 팜, 코코넛, 카카오 등 돈 되는 작물들을 위한 농장이 막대한 양의 숲을 없애고 조성되었다. 특히 아프리카의 폐로 여겨지는 콩고 분지가 인도네시아 수마트라섬이나 보르네오섬처럼 파괴될 수 있어 우려가 커지고 있다.

2004년 12월 26일, 인도네시아 수마트라섬 서쪽 해안에서 40km 떨어진 곳에서 쓰나미가 발생했다. 이 일로 11개 국가에서

30만 명 이상이 목숨을 잃었고 5만 명 이상이 실종되었다. 인도네시아는 24만 명 이상의 사망자가 발생했는데, 당시 맹그로브 숲이 파괴되었던 지역은 더 큰 쓰나미 피해를 보았다.

맹그로브 숲은 소금물을 먹고 자라는 맹그로브 나무들이 자라는 곳으로 바다와 민물의 중간 지대에 있다. 갯벌과 유사하다. 나무뿌리들 때문에 상대적으로 안전해 수많은 종류의 물고기가 새끼를 낳아 기르는 서식지이기도 하다. 바다에서 육지로 오는 파도나 바람을 막아주고 수질을 정화하는 역할도 한다. 예로부터 이 지역 사람들은 이 숲에서 야생 어업을 하며 살아왔다. 하지만 선진국을 중심으로 전 세계 새우 소비 수요가 늘자 새우 양식이 급부상했다. 문제는 새우 양식에 잘되는 곳에 맹그로브 숲들이 있었고, 사람들은 숲 대신 양식장을 선택했다.

새우 시장은 20조 원에 달하는 국제적인 사업으로, 대부분 동남아시아에서 양식된다. 새우 산업을 위해 1990년부터 2010년까지 20년간 매년 2%씩 맹그로브 숲을 포함한 이 지역의 연안 숲이 파괴되었다. 수익성을 높이기 위해 좁은 면적에 새우를 집약적으로 기르면서 새우 양식장에서 흘러나온 유기물들로 인근 바다와 강까지 오염되었다. 양식장도 오염이 심해 5년을 채 못 쓰고 버려졌다. 필리핀 마닐라만 해도 맹그로브 숲은 60% 이상 파괴된 상태였다.

뒤늦게 필리핀, 인도네시아 등 동남아시아 국가들이 맹그로브를 보호하겠다고 나섰다. 맹그로브를 보호하면서도 새우를 양식하기 위한 방법 등이 시도되고 있지만, 맹그로브를 원래대로 살리는

인도네시아에서 맹그로브를 심고 기르는 모습 세계은행 기후변화 대응을 위해 국제 사회가 함께 해당 국가와 맹그로브숲 조성에 나섰다.

데는 더 많은 시간이 필요할 것이다. 그럼에도 살려야 하는 이유는 맹그로브 가치에 관해 연구 결과가 보여준다. 맹그로브 숲을 양식으로 개간했을 때와 원래 상태를 유지했을 때의 연간 경제적 가치를 말레이시아를 기준으로 측정한 결과, 양식을 했을 때는 1천70만 달러라면, 맹그로브 생산물의 연간 평가 가치는 약 1천 230만 달러로 양식장보다 160만 달러나 더 경제적 가치가 높았다.

2019년 8월 20일, 영국 BBC를 통해 처음으로 브라질 아마존 일대가 3주째 불이 꺼지지 않고 있다는 사실이 전 세계에 알려졌다. 그 지역의 환경 운동가들이 부단히 알리려고 해도 알려지지 않던 이 사실이었다. 이 화재는 경작지를 만들기 위해 지른 불에서 시작되었는데, 산불이 점점 커져 볼리비아 등 인근 국가 국경까지

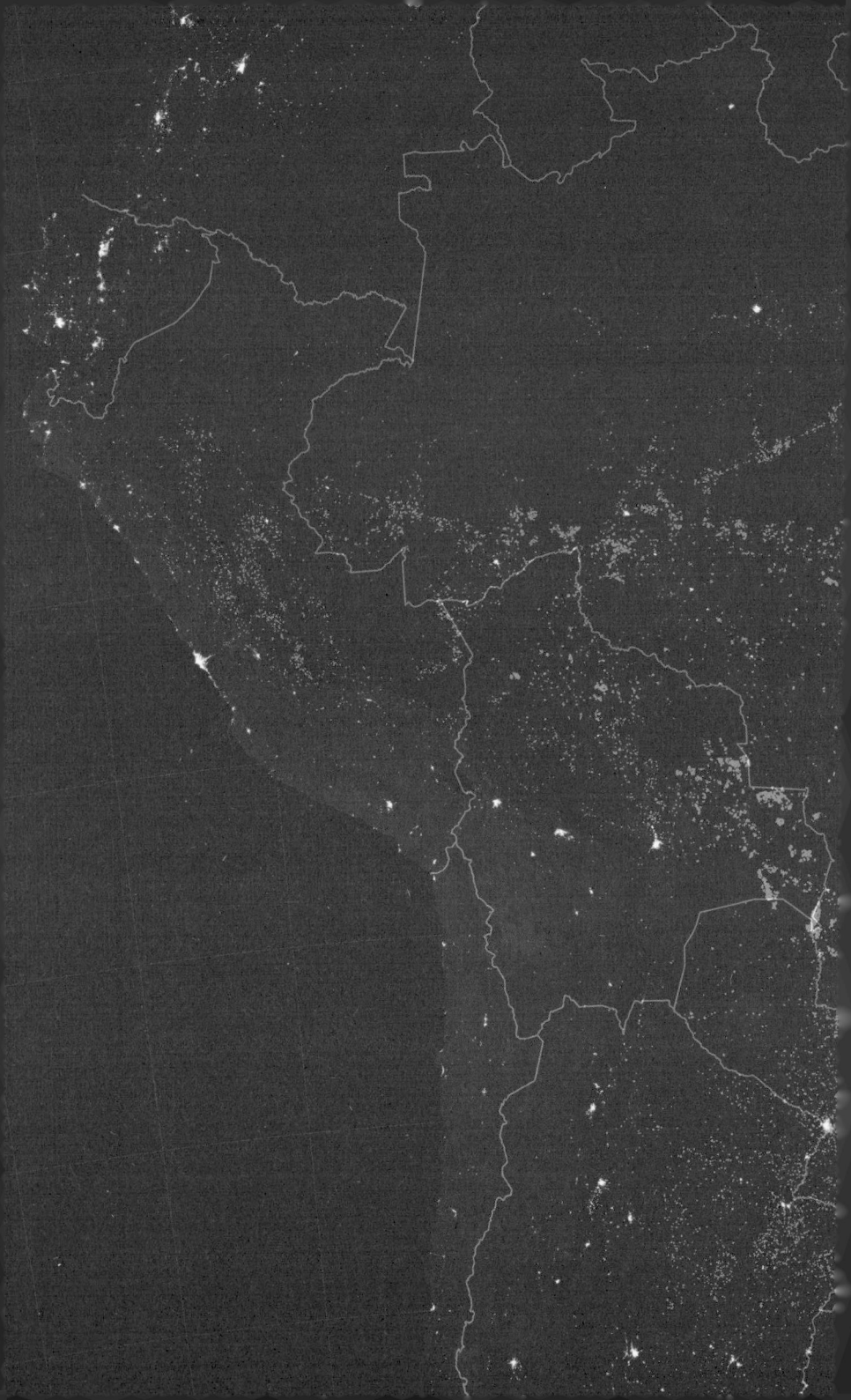

아마존의 밤 풍경 NASA 내륙의 흰 점들은 숲이 불타고 있는 곳들이다. 동시다발적인 벌목과 화전으로 아마존이 죽어가고 있다.

확대되었다. 그럼에도 브라질 정부는 아무런 적극적인 조치도 취하지 않았다. 원래 아마존 땅은 축축한 산성의 땅이었기 때문에 불이 지나가고 나면 그 자리에는 콩이나 옥수수 등 작물도 심을 수 있고 소도 기를 수 있는 땅이 될 테니 말이다. 손쓰지 않고 숲을 밀어버리는 방법이었다.

아마존 산불 상황이 전 세계로 보도되자, 즉각적으로 전 세계에서 비난과 항의가 일었다. 하지만 당시 브라질 대통령이었던 보로소나우는 각국 대사관을 통해 들어오는 항의에 대하여 내정 간섭이라며 외국의 산불 개입에 불만을 표했다. 그는 아마존 개발론자였다. 오히려 환경 운동가들이 불을 낸 강력한 용의자라고 주장하는 한편, 선진국들이 브라질이 발전한다는 취지의 의견을 내놓았다. 브라질이 아마존 보호를 대가로 많은 국가가 참여한 '아마존 펀드'를 지원받고 있다는 것을 생각하면 그의 주장은 어불성설이었다.

브라질 정부가 아마존 파괴를 계속 묵인하자, 독일이 가장 먼저 아마존 펀드 지원 중단을 선언했다. 뒤를 이어 노르웨이, 프랑스도 지원 중단하겠다고 선언했다. 그럼에도 보르소나우는 산불을 진화하기 위한 G7의 자금 지원을 브라질이 받지 않겠다고 버티면서 산불은 더 번져갔다. 인공위성을 통해서도 아마존의 산불이 쉽게 확인될 만큼 산불은 커졌다. 전 세계로부터 비난과 항의가 점점 더 강해졌다. 결국 보로소나우는 4만 4천여 명의 군대를 동원해 아마존 산불 진화에 나섰지만, 이미 4만 ㎢의 숲이 불타 사라진 뒤였다. 이 면적은 우리나라 면적의 40%나 되는 어마어마한 크기였다. 2019년 그해 1월~8월까지 산불 발생 건수는 8만 626건으로 2013년 이후 최대치였다.

지구가 보내는 레드카드

최근 이집트에서 사막 메뚜기가 갑자기 늘어나, 거대한 무리를 이루어 이동하며 농작물을 모두 갉아먹기 시작했다. 구름처럼 하늘을 날아다니는 이들은 여러 무리가 관찰되었다. 그중 한 무리는 길이 60km, 폭 40km에 이를 만큼 규모가 컸다. 이들은 하루 동안에만 8천4백만 명분의 식량을 먹어 치워, 농작물 피해가 매우 컸다. 그런데 이는 이집트로 끝나지 않았다. 메뚜기 떼는 하루 100~150킬로미터씩 이동하며 빠르게 에티오피아, 케냐, 남수단까지 도달했다. 이 지역은 3월에 수확이 시작되는데, 이들의 이동 시기가 수확기와 겹치며 피해는 더욱 커졌다. 최근 가뭄으로 기근이 심해지고 있던 상황에서 메뚜기 떼를 6월까지 어떻게든 막아야 했지만, 방제에 성공하지 못했다. 피해 면적은 500배 가까이 늘었고, 하루 3만 5천 명분을 먹어 치웠다. 1950년대 있었던 메뚜기 떼 피해 이후 최악의 사태였다. 왜 이런 일이 벌어졌을까?

사막 메뚜기 떼의 공격이 시사하는 점은 생태계가 무너지면 인간의 생활에도 영향을 받는다는 사실이다. 기후변화로 인도양에서 자주 발생하는 사이클론이 메뚜기가 서식하기 좋은 환경을 만들고, 이는 메뚜기 수를 급증시켰다. 이 점은 앞으로도 같은 상황은 반복해 발생할 수 있다는 것을 시사한다. 늘어난 메뚜기 떼는 그만큼 많은 먹이가 필요했고, 그들이 먹을거리를 찾아 날아다니는 것은 자연스러운 일이었다. 다만 먹이가 풍부하게 있는 곳이 인간의 경작지였던 것이 문제였다. 인간은 메뚜기 떼에게 먹을거리를 빼앗기는 상황이 되었다. 생존을 위한 먹거리 전쟁이었다. 먹을 것을 찾아 인간과 접점이 가까워진 동물의 사례는 전 세계 곳곳에 깔렸다. 밀려 나간 숲으로 인해 줄어든 먹거리를 해결하려 농작물을 먹으러 오는 인도네시아 오랑우탄, 북극곰의 마을 출현, 농작물을 파헤치는 멧돼지 등이 그 예이다. 오랑우탄의 경우를 좀 더 자

이동 중인 메뚜기떼 2016, Hotel Kaesung 기후변화 영향으로 급증한 메뚜기떼가 농작물을 휩쓸면서 가뭄으로 위태로운 아프리카 식량 문제를 더 심각하게 했다.

세히 보면, 팜유, 바나나 농장 등을 위해 밀어버린 열대우림 때문에, 오랑우탄이 보금자리를 잃은 것과 함께 먹을 것을 구할 수 없게 되자 사람들이 재배하는 농장까지 내려와 먹을 것을 구하게 된 경우다. 농장 주인의 입장에서는 자기 재산을 먹는 것이었기 때문에 오랑우탄을 공격하게 되고, 오랑우탄은 다시 인간을 공격하게 되는 악순환을 낳았다.

이상기후가 아프리카에서 메뚜기 떼의 출현을 불렀다면, 캐나다와 같은 추운 지방에서는 다른 곤충으로 문제를 맞고 있다. 바로 모기이다. 원래 분리된 환경에서 살던 우림의 모기가 숲이 사라지면서 인간 세상으로 나오게 된 것이다. 거기에다, 기후변화로 기온이 상승하면서 모기가 서식할 수 있는 범위가 넓어졌다. 미국 플로리다 대학의 연구팀은 희귀열대병 연구를 통해 앞으로 30년 이내에 5억 명이 모기로 인한 질병에 추가로 노출될 수 있다고 경고했다.

생태계의 균형은 인간이 지구에 손을 대기 전에는 자연스럽게 맞춰지고 있었다. 하지만 인간이 자신이 필요한 부분만을 남기고 다른 부분들을 파괴하면서 생태계 피라미드는 비정상적인 상태이다. 인간과 가축이 전체 동물의 94%를 차지하고 야생동물이 6% 밖에 되지 않아 극심한 불균형을 이룬다. 인간이 만든 이 불균형은 인간에 의해 유지되고 있지만, 결코 좋은 모습이 아니다. 팜유 생산을 위해 밀어버린 열대우림의 빈자리는 팜과 코코넛 나무로 대체되었다. 그 결과 생태계의 중간은 사라지고 인간과 팜유만 존재한다. 팜유를 소비하는 다른 어떤 동물도, 그 동물을 소비할 포식자도 아무도 없다. 정상적인 생태계가 아니다. 이런 지역이 극히 일부라면 다른 지역과 상호 보완을 통해 생태계가 유지될 수 있겠지만, 이런 곳이 늘어난다면 생태계가 과연 버틸 수 있을까? 안타까운 점은 지금 지구에는 인간이 재배하거나 기르고자 하는 식물과 가축, 그리고 인간만으로 채워진 곳이 점점 더 많아지고 있다는 것이다.

자연이 사라진 자리, 잃어버릴 기회들

IPCC는 기후변화가 가져올 변화를 표1과 같이 정리했다. 특징적으로 1℃ 이상 상승 시 종의 30%가 멸종될 수 있다고 연구에서는 말하고 있다. 하지만 생물학자들의 걱정은 이보다 더 크다. 현재 생태계의 붕괴가 기존에 있었던 5번의 대멸종과는 다르게 식물의 멸종이 일어나고 있다는 점 때문이다. 앞서 살펴보았듯이 생산자인 식물이 멸종한다는 것은 곤충은 물론 초식동물, 육식동물이 다 함께 줄어들 것이라는 것을 의미한다. 생태계의 일부인 인간도 마찬가지이다. 2020년 3월 네이처 Nature지에 발표된 논문에서는 곤충의 생물량 자체가 줄어들었다는 연구가 발표되기도 하여, 생산자의 감소와 1차 소비자의 감소가 실제적인 것으로 드러나고 있다. 거기다 인간이 만든 기후변화가 종의 멸종을 가속하고 있다. 생물 멸종 속도가 이전보다 100~1,000배 더 높다고 한다. 생물학자들은 6번째 대멸종이 끝나면 역대 최대 규모가 될 것으로 예측한다. 참고로 가장 많은 멸종이 일어났던 오르도비스기는 90%의 생물종이 멸종하였다. 과연 우리는 어떤 길을 가게 될까?

눈에 보이든 안 보이든 우리는 수많은 생물의 도움을 받아 살아가고 있다. 뼈와 근육으로만 이루어져 있을 것 같은 인간의 신체조차 생명을 유지하기 위해 다양한 박테리아로부터 도움을 받고 있다. 또한, 수많은 곤충이 식물의 수분을 도와 인간이 먹을 수 있는 곡물과 채소와 과일이 열리게 해 준다.

이뿐인가? 다양한 생물로부터 얻은 아이디어들 덕분에 우리는 많은 생명을 구했다. 파스퇴르가 푸른곰팡이에서 페니실린을 발명해 수많은 생명이 목숨을 건진 것처럼 말이다. 또 버드나무는 우리가 겪는 두통을 해결해 주었다. 우리에게 이름도 생소한 일일초는 혈액암의 치료제가 되었다. 이 외에도 수많은 사례가 우리 주변에 있다.

에드워드 윌슨이 이야기했듯이 생태계는 가장 복잡한 시스템으로, 우리는 이에 대해 0.1%도 알지 못한다. 그런데도 우리는 모든 것을 알고 있는 것처럼 자연을 우리의 입맛에 맞춰 바꾸려 하고 있다. 우리가 아무리 자연을 정복한다고 하더라도 우리는 지구라는 생태계를 벗어나서 살 수 없다. 우리는 서로 긴밀하게 연결되어 있다. 다른 생물들이 사라지면 우리도 사라진다. 철저한 유기조직,

그 피라미드가 무너지면 우리도 무너진다.

지금, 순간에도 매시간 축구장 128개 분의 숲이 사라지고 있고 그 속에 살아가는 생물들도 사라지고 있다. 기후변화, 우리와의 긴밀성 등 다양한 이유로 숲과 생물다양성으로 대변되는 자연의 중요성이 더 부각되고 있음에도 현실은 이를 따라주지 못한다. 도입에서 살펴보았듯이 지금 숲의 파괴는 바로 우리의 삶의 방식에서 나오고 있다. 육식과 가죽 사업을 위한 목축업, 이들 가축을 먹이기 위한 콩과 옥수수 등을 재배하기 위한 경작, 음식과 세제 등에 쓰일 팜 플랜트 구축을 위한 벌채, 새우 등 각종 연안 양식, 그 외에도 바나나, 아보카도 등 단일 품종 대량 경작, 도시를 위한 건물과 도로의 건설, 종이 생산 등 먹고 사용하고 이동하는 우리의 일상을 위해 일어나고 있는 일들이다. 그러니 어떻게 저 멀리 열대우림의 일이 우리 일이 아닐 수 있겠는가?

이제 우리는 스스로에게 냉정한 질문을 던져야 한다. 우리가 하는 일상의 행동이 숲 파괴에 일조하고 있지 않은지 말이다. 새우를 즐기고 매 끼 육식을 하고 있는 것은 아닌지, 쓰지 않아도 될 종이를 낭비하고 있지는 않은지, 산이 깎여 나가더라도 빨리 갈 수 있게 도로를 더 만들어달라고 요구하고 있지는 않은지 등을 말이다. 편안한 삶을 위해 불편한 진실을 외면하고 있지는 않은 지 말이다. 국립생태원장을 지냈던 최재천 교수의 말처럼 "아주 불편한 진실과 조금 불편한 삶"이 필요해 보이지만, 우리의 삶은 그것을 잊은 채 풍요를 누리는 데 모든 에너지를 쓰고 있는 것처럼 보인다. 조금이라도 절제하면 불행해질 것처럼 말이다.

여섯 번째 멸종의 갈림길

지구 역사 46억 년 동안 총 다섯 번의 대멸종이 있었다. 오르도비스기 말, 데본기 후기, 페름기 말, 트라이아스기 말 그리고 백악기 말이 그것인데, 이 중 세 번의 대멸종은 기후변화와 밀접하게 관련 있었다. 데본기 후기는 이산화탄소 급감으로 대기 온도가 급격히 냉각되어 일어났고, 페름기 말과 트라이아스기 말은 반대로 이산화탄소 급증으로 대기 온도가 급격히 상승하면서 벌어졌다. 다섯 번째 대멸종이 지나간 후 인간이 나타났다. 운이 좋게도 인간이 나타난 26만 년 동안 간빙기와 빙하기가 있기는 했으나 오랜 시간에 걸쳐져 변화가 일어났고, 대체로 지구의 환경은 안정적이었다.

인류세, 이산화탄소의 시대

산업혁명 태동 이후 200년이 넘는 시간이 흘렀다. 수억 년을 지나오며 땅속에 잠자던 석탄과 석유를 꺼내 미친 듯이 산업을 일으

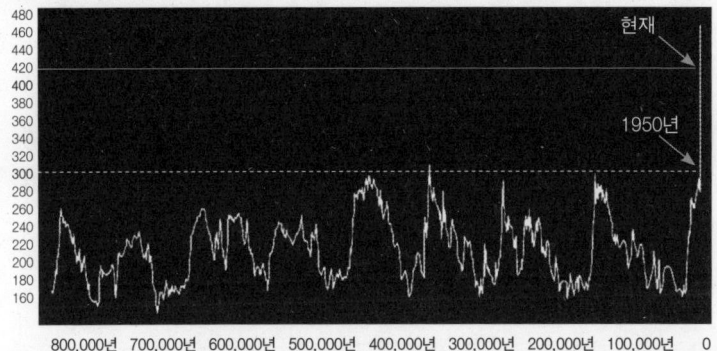

지난 백 년간 이산화탄소 농도 변화 NASA 백만 년간 300ppm 넘지 않던 이산화탄소 농도는 1950년대 이후 60% 증가하였다.

켰다. 화석연료의 힘을 빌려 수많은 자원을 캐내고 수많은 것을 만들었다. 사는 지역을 벗어나 기차로, 배로, 비행기로 어디든 날아갔다. 이렇게 풍요로웠던 시절은 없을 거라는 말처럼 보통 사람의 삶이 과거 왕들의 삶보다 더 화려하고 풍요로워 졌다. 그 사이 지구 대기 중 이산화탄소는 1800년에만 해도 283ppm였는데, 2024년에는 424ppm까지 50% 가까이 상승했다. 과학자들이 415ppm은 기후 위험 한계치라 경고했지만 2019년 5월 하와이 마우나 로아Mauna roa 관측소 관측 결과 이미 넘어버렸다. 현재의 누리고 있는 삶을 최소라도 유지하려면 1.5℃를 유지해야 한다고 경고했지만, 위태로운 상태이다. 2024년 12월 NASA 데이터 기준으로 지구 평균 기온은 1.4℃로 상승했다. 순간 상승 기온은 1.63℃를 기록했다.

인류가 만든 기후위기로 여섯 번째 멸종이 진행되고 있다는 의견이 나오고 있다. 지구에서 기후가 일상을 강타하는 일은 최근 20년이 과거 20년보다 1.7배 늘었다. 기후위기가 일상이 되고 있다. 많은 이가 기후위기 대응에 적극적으로 나와 달라고 요구하고 있지만, 기후위기를 촉발한 생활 방식은 대부분 유지하거나 확산하고 있다. 기술로 모든 문제를 해결할 수 있다고 말하는 이도 있지만 아직은 요원해 보인다. 우리가 머뭇거리는 사이, 기후위기 대응이 가능한 시간은 계속 줄어들고 있다. 과연 우리는 이 멸종의 위기에서 살아남을 수 있을까? 지구에서 일어났던 다섯 번의 멸종을 들여다봄으로써 그 실마리를 찾아볼 수 있을 것 같다.

식물, 지구를 얼리다

지구에는 크게 다섯 번의 대멸종이 있었다. 4억 5천만 년 전 오르도비스기에서 실루리아기로 넘어가며 처음으로 생물종의 85%가 사라진 대멸종 후로 데본기, 페름기, 트라이아스기를 거쳐 마지막 대멸종이 백악기에 일어났다. 백악기, 지구를 지배하던 공룡이 자취를 감췄다. 모든 대멸종에는 나름의 이유가 있지만 그 시기를 살아가는 생물들이 적응한 지구 환경이 급격히 변했다는 공통점이 있다. 그중 데본기 말과 페름기 말에 일어난 두 번의 대멸종은 대기중 이산화탄소 변화의 영향을 특히 많이 받아 일어났다.

데본기는 4억 1천만 년 전에 시작되었는데, 오르도비스기 말에 수많은 생명이 지구에서 사라지는 대멸종을 겪었음에도 살아남은 소수의 종은 이산화탄소 농도 2,500ppm이 넘는 이 데본기에 적응해 다시 생명을 폭발시켰다. 2024년 현재 427ppm을 기록하고 이산화탄소 농도와 비교하면 6배는 더 짙은 이산화탄소 농도였다. 지금보다 평균 6℃가 더 높았고, 훨씬 따뜻하다 못해 더웠다. 북극도 따뜻했고 남극도 따뜻했다. 따뜻한 기후 속에 바다 생물이 다양해지며 '어류의 시대'가 도래했다. 그리고 바닷속에는 모든 척추동물의 조상이 될, 길이 9미터에 달하는 강한 턱을 가진 둔클레오스테우스가 바다의 제왕으로 군림해 있었다. 흉악한 성격 탓에 일부 어류는 육지로 살길을 찾아 떠났다. 육지에는 원시 곤충과 거미

데본기 식물 화석 3.6억년 전, 아일랜드 국립식물원. 데본기가 되자 드디어 식물이 출현해 번성하기 시작했다. 이들은 이산화탄소를 흡수하여 기온이 떨어져 대멸종에 이르렀다.

도 나타나기 시작했다.

 데본기 중기가 되자, 획기적이자 대멸종을 부를 생물인 나무가 등장했다. 당시 나무는 지금과 달리 야자수 같은 몸통에 가늘고 수염 같은 뿌리가 나 있었다. 어떤 이는 '거대한 잡초'라고 표현했지만, 나무로써 이산화탄소를 흡수해 산소를 만들고, 단단한 암석에 파고 들어가 토양을 만들어냈다. 그 덕에 암석에서 풀려난 영양분은 바다로 흘러 들어가 그곳을 더 풍성하게 만들었다. 나무는 진화를 거쳐, 데본기 말에는 '씨앗'이란 방법을 통해 더 멀리 퍼져 나가는 데 성공했다. 그런데 이것이 당시 데본기를 살아가던 생물들에게는 독이었다. 나무가 번성할수록 더 많은 영양분이 바다로 흘러 들어가, 부영양화가 일어났다. 그 여파로 바닷속 산소가 급속히 사라졌고 수많은 물고기가 숨 쉬지 못해 떼로 죽었다. 땅 위에서는 전 세계로 퍼져 나간 나무가 이산화탄소를 빨아들였다. 나무들이 번성하면서 대기 중 이산화탄소 농도는 90% 이상 줄어들었다. 지구를 덮고 있던 이산화탄소 이불이 벗겨지자 지구는 급격히 추워졌다. 얼음이 없던 바다와 강은 꽁꽁 얼어붙었다. 빙하가 대륙을 휩쓸었고 많은 생물종이 추위와 먹이를 구하지 못해 멸종했다. 데본기 후기를 지나면서 당시 생물종의 75%가 지구에서 자취를 감췄다. 두 번째 대멸종이었다.

판게아의 이동, 다시 이산화탄소가 치솟다

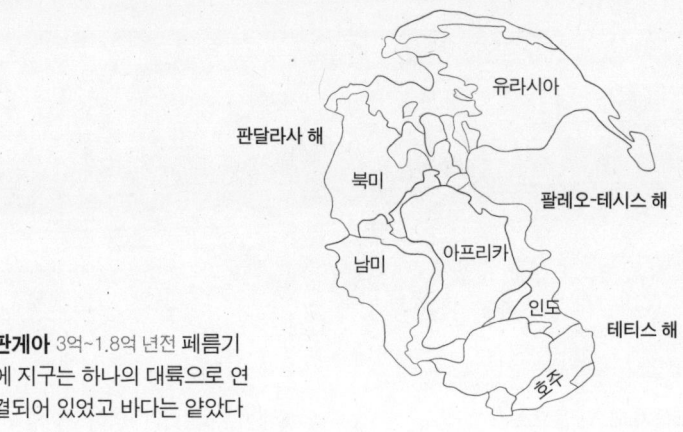

판게아 3억~1.8억 년전 페름기에 지구는 하나의 대륙으로 연결되어 있었고 바다는 얕았다

시련의 시기에도 살아남은 생물은 석탄기와 페름기를 다시 일궈냈다. 지구 환경이 안정되어 가면서 모든 생물이 줄어든 이산화탄소의 세계에 적응해 살아갔다. 약 1억 년 동안 생물들은 다시 다양해지고 번성했다. 데본기 무렵 날개가 생겨나기 시작한 곤충은 석탄기에 들어 더 다양한 종으로 분화하면서 잠자리, 하루살이가 등장하기 시작했고, 페름기에 이르러 번데기를 만드는 곤충까지 생겨났다. 앞으로 디메트로돈과 같은 공룡으로 진화할 반룡들이 단일한 대륙인 판게아Pangea를 누비며 돌아다녔고, 얕은 해양에서는 상어의 조상인 오타칸투스가 먹이를 찾아 어슬렁거렸다. 다양한 양서류가 진화하여 페름기의 주요 구성원이 채웠다. 식물도 번성했다. 기후가 습해 양치식물로 번성해지며 열대 삼림도 풍부해졌다. 이들은 먼 훗날 석탄이 된다. 바다에는 산호가 터를 잡고 군락을 만들어갔다.

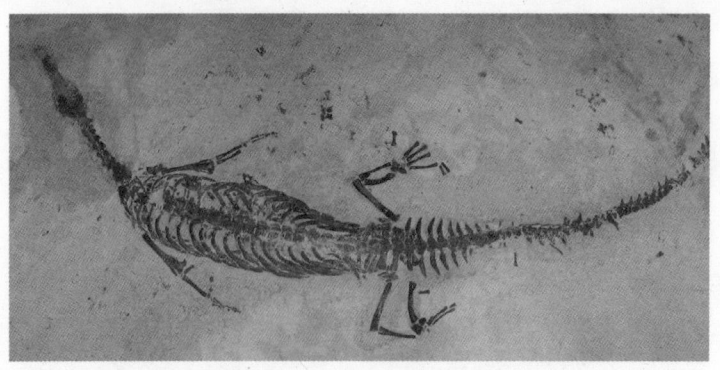

페름기 메소사우루스 스페인 마드리드 지질학 박물관 연안에 살았던 1미터 길이의 이 파충류는 여러 대륙에서 발견되는데, 판게아가 현재 대륙으로 갈라졌다는 증거다.

한 덩어리의 땅이었던 판게아는 시간이 흐르면서 맨틀 대류로 이동하기 시작했다. 짧은 기간 동안 대규모 지진과 초 화산 폭발이 일어났고, 용암 홍수가 대륙을 덮었다. 그 규모가 얼마나 컸는지, 지금의 시베리아 지역에서 분출된 용암이 얕게는 800미터, 두껍게는 거의 4킬로미터로 러시아 전역을 뒤덮었다. 엄청난 양의 화산 가스를 방출되면서 이산화탄소가 어마어마하게 대기로 뿜어졌다. 황화수소가 뿜어져 나왔고, 마그마의 열기로 바위에 갇혀 있던 할로젠화 부탄, 브로민화 메틸과 같은 오존층을 파괴하는 가스들이 대기로 풀려났다. 400ppm이었던 이산화탄소 농도는 2,500ppm, 학자에 따라서는 3만ppm까지 치솟았다. 이 과정에서 초강력 엘니뇨가 발생했고 극도의 고온과 해양 산성화, 강렬한 산성비, 오존층 파괴 등으로 수많은 생물종이 버티지 못하고 지구에서 사라졌다. 1천만 년, 지질학적으로는 그리 길지 않은 시간 만에 페름기를 살아가던 생물종의 95%가 멸종하였다.

이후 새로운 생명이 전성기를 맞기까지 천만년이 필요했다. 곤충과 파충류, 포유류의 조상이 살아남았다. 살아남은 이들에게는 다시 멸종이 일어났고 공룡 시대가 열렸으며 이들이 다시 한 번 더 일어난 대멸종으로 지구에서 자취를 감추었다. 이후 거대 포유류들이 나타나 그들의 시대를 열었으나, 환경 변화로 사라졌고, 다시 그 자리를 인류와 현재 함께 살아가는 생명으로 채워졌다. 그리고 지금 '대멸종'이 다시 올 가능성을 이야기하고 있다.

천 배 빨라진 멸종 속도, 6번째 대멸종

인류세, 인류가 지구 지질이나 생태계에 영향을 미치기 시작한 지질 시대를 뜻하는 이 단어에는 그만큼 인류가 지구에 커다란 지질학적 변화를 일으켰다는 의미가 포함되어 있다. 위키피디아에 따르면 이런 변화에는 기후변화, 매머드 같은 대형 포유류 등 생물종의 멸종, 플라스틱 등 인공 물질의 확대, 석탄, 석유 등 화석 연료의 사용, 핵실험 등이 포함된다.

이 중 생물종의 변화는 지금까지 다섯 번의 대멸종과 비교했을 때 유례가 없다. 미국 듀크대 스튜어트 핌 교수가 이끄는 국제 연구팀이 멸종되는 생물종을 연구한 바에 따르면, 100만 종의 생물 중 100종이 매년 멸종하고 있다. 핌 교수는 인간이 나타나기 전의 생물종 멸종 속도와 비교하면 1,000배 이상 빠른 속도로 진행되고

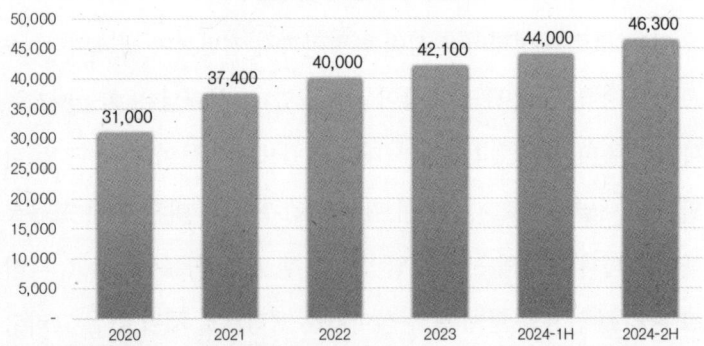

IUCN 적색목록 멸종위기 생물종수 2020~2024, IUCN Red list 2024년 하반기, 2020년과 비교해 멸종위기종은 50% 이상 증가했다.

있다고 밝혔다. 그는 여섯 번째 대멸종에 직면해 있을지도 모른다며 현재 상황의 심각성을 경고했다. 실제 세계자연보전연맹IUCN의 적색목록에 따라면 멸종위기종 수가 2020년 31,000종에서 불과 4년 만에 46,300종으로 증가했다. 바로 인간이 각종 서식지를 파괴하고 오염시키는 것은 물론, 대기 중으로 이산화탄소를 페름기 때보다 열 배는 빠르게 주입하고 있기 때문이다.

엘리자베스 콜버트는 자신의 저서 ≪6번째 대멸종The Sixth Extinction≫에서 남미 등 전 세계에서 일어나고 있는 생물종의 멸종을 취재한 경험을 담으며 대멸종을 경고했다. 현재 같은 추세라면 여섯 번째 멸종은 예견된 사실로 보인다. 물론 지금까지 역사를 보면 멸종이 일어나더라도 그 이후 생명은 이를 극복했다. 다섯 번의 대멸종 끝에도 생명은 살아남았고 새로운 생명의 폭발을 일으켰다. 96%의 종이 멸종했던 페름기 말의 대멸종에서도 생명은 살아남아 결국 생명을 꽃피웠고, 트라이아스기 말에 한 차례 대멸종이 있었고, 그 뒤 공룡들이 융성한 쥐라기와 백악기가 열렸다. 그 후 백악기 말 대멸종을 한 번 더 겪은 후 포유류의 시대가 도래했다. 이렇듯 지구에는 다섯 차례나 대멸종이 있었지만, 다시 회복해 다른 생명으로 채워졌다. 반면, 여섯 번째 대멸종은 인간과 지금의 시대를 살아가는 생물들의 문제이지 지구의 문제가 아니라는 것이다. 우리에게 멸종의 순간이 오더라도 생명은 다시 일어날 것이다.

우리가 만들기 시작한 이 위기를 극복하는 것은 우리의 숙제이자 숙명이다. 또한, 인류로 인해 멸종위기에 처한 지구 상의 모든 생물에 대한 책임이다. 사람들은 심각해지는 기후변화와 여섯 번

멸종저항 시위 장면 2020 기후변화에 대한 적극적인 대처를 요구하며 많은 이가 시위에 참여하고 있다.

째 멸종이 올지도 모른다는 위기의식에, 변화해야 한다는 목소리를 내기 시작했다. 2018년 영국에서 '멸종저항$^{Extinction\ Rebellion}$' 운동은 그런 대표적인 목소리 중 하나이다. 이들은 인류가 멸종된 상태를 상징하는 다이^{Die} 메시지 등의 퍼포먼스를 통해 각 정부가 지금 당장 기후변화 대응에 나서 줄 것을 강력하게 촉구하고 있다. 현재 위기의 가장 큰 원인인 기후변화 대응을 요구하며 어린 환경 운동가들이 활동하는 것은 물론, 생물다양성을 지키기 위한 다양한 노력이 지구 곳곳에서 일어나고 있다.

이런 상황에서 과거, 지구에 있었던 대멸종은 우리에게 어떻게 해야. 살아남을 수 있을지 실마리를 보여준다. 데본기 후기, 나무의 팽창이 들려주는 이야기처럼 말이다. 그리고 이런 이야기를 귀 기울여야 하는 이유는 멸종의 문제가 엄밀히 말하면 우리가 살아가는 인류세의 종말, 우리와 우리 시대를 함께 살아가는 생명체들의 종말일 뿐, 지구에는 문제가 되지 않기 때문이다. 시간이 오래 걸리더라도 지금까지 그래 왔던 것처럼 다시 회복할 것이니 말이다.

인류가 사라진 후 아주 먼 미래의 일을 상상해 본다. 여섯 번째 멸종이 지나간 후, 어느 지혜로운 존재가 나타나 인간이 살았던 지질 시대를 발견하고, 연구하게 되었다고 말이다. 만약 그들이 인류세를 연구하게 된다면 이렇게 이야기할지도 모르겠다.

지구의 탄생 이래 있었던 다섯 차례 대멸종은 진화의 과정에서 불가피한 과정이었다. 특히 마지막 여섯 번째 멸종은 어떤 시기들보다도 더 급진적으로 이루어졌는데, 그 원인의 흔적은 희미하지만 강렬하게 남아있다. 지질 층에서 강렬하게 남아있는 한 줄에는 급격한 이산화탄소 증가가 포착되는데, 특이한 점은 화산활동 등 갑작스러운 탄소 농도 변화의 지질적인 원인은 보이지 않는다는 점이다. 인위적인 원인에 의한 멸종인 것으로 추정되나, 그 원인에 대해서는 앞으로 좀 더 연구가 필요하다. 다만, 특정 종의 급격한 증가와 함께 일부 종을 제외한 다른 종들의 급격한 감소 혹은 멸종이 상관관계가 있어 보인다.

지구의 해법을 찾아서

인간이 지구에 나타난 이래, 지구에는 수많은 일이 있었다. 혹독한 빙하기가 있었지만 살아남았으며, 오히려 빙하기에 아프리카를 떠나는 모험을 강행하며 전 세계로 뻗어 나갔다. 시행착오를 발판 삼아 자연을 다루는 지식을 쌓았고, 자연을 이용해 살아남았다. 역경의 극복 과정은 인간에게 자연을 다룰 수 있다는 자신감, 자신은 동물과 분리된 존재라는 생각, 인간의 힘만으로 살아갈 수 있다고 생각하게 했을지도 모르겠다. 요즘 지구에 남아있는 생명들을 들여다보면 우리 인간은 통제할 수 있는 가축과 식량만 있으면 우리는 1,400만 종의 야생동물이 없어도 잘 살 수 있을 것 같다는 느낌마저 든다. 이렇게 인간이 자신감을 드러내는 사이 2008년 전 세계 1만 7천여 종이었던 멸종위기 생물이 2024년에는 4만 6,300종으로 늘었다.

우리의 바람대로 우리 눈앞에 필요한 것들만으로 잘살 수 있으면 좋겠다. 하지만 실상은 그렇지 않았다. 20세기 중반 중국에서 나락을 먹는 참새를 유해 동물로 분류해 거의 멸종될 정도로 모두 잡은 적이 있었다. 참새가 없어지면 식량을 더 많이 생산할 수 있을 거라 믿었지만, 오히려 해충이 급격하게 늘어나 수만 명이 기아로 사망했다. 요즘은 보기 힘들지만, 80년대까지만 해도 봄철 해충을 없애기 위해 논에 불을 질러 해충을 없애는 지르는 불에 해충보다 익충이 82% 이상 더 죽는다는 연구가 있다. 인간은 바나나 중 한 종만 선택해 식량으로 길러내기 위해 열대우림을 밀었지만, 그 바나나는 치명적인 전염병 때문에 멸종될지 모를 위기에 처해 있다. 고기 공급을 위해 공장식으로 사육한 수많은 가축으로 수질 오염과 온실가스 증가를 겪고 있다. 심지어 인수공통의 전염병까지 나타났다. 인간이 통제하면 해결될 것으로 보였는데 사실 그렇지 않았다.

인류가 살아남을 수 있는 길

우리가 먹는 식량의 대부분이 가축을 제외한 동식물들에 의존하고 있으며, 의약품의 46%가 동식물에서 추출한 성분으로 되어 있다. 농사를 지을 때 땅속에 질소고정 미생물을 포함해 다양한 토양미생물이 없으면 식물은 땅속 무기질 영양소를 흡수하지 못한다. 지렁이는 땅속을 돌아다니며 흙을 부드럽게 만들고 공기가 통할 수 있도록 한다. 참새는 나락도 먹지만 우리가 해충이라 생각하는 벌레를 잡아먹는다. 박쥐 또한 마찬가지다. 가축은 어떠한가?

동물 생장에 필요한 영양소인 비타민 B12는 사실 땅속 미생물들에 의해 흙을 통해 공급된다. 사과나 자두, 복숭아의 꽃은 벌, 무당벌레, 나비 등의 도움을 받아 수분을 하고 열매를 맺는다. 그 나비를 개미가 돕는다. 이들은 모두 야생동물이다.

지금은 풍요로워진 아프리카 부르키나파소는 1980년대에 심각한 가뭄에 처해 있었다. 기후변화의 영향으로 연간 강우량이 20퍼센트나 줄어들었다. 굶주림으로 수백만 명이 목숨을 잃었다. 하지만 야쿠바 사와도고로부터 시작된 경작지와 숲이 만난 '농림업'이 이를 해결했다. 경작지는 늘지 않았지만, 곡식 저장고는 서너 배씩 늘었고 물이 다시 풍부해지고 사라진 작은 야생동물들이 돌아왔다. 그 결과 이 농법이 주변에 퍼져 나갔고, 이는 2억 그루의 나무 재배와 602만 헥타르의 땅 복원으로 이어졌다. 우리나라 농촌에서도 오리 농법, 우렁이 농법, 무당벌레 농법 등 농약 대신 천적을 활용해 자연도 지키면서 비용을 절감한 사례 등이 주변에서 쉽게 들을 수 있다. 인간이 분리하고자 했던 자연과 분리되지 않음으로써 오히려 모두가 살아났다. 현명한 선택이 가져온, 모두가 좋아지는 결과였다. 이는 자연을 복원하는 것이 인간에게도 좋다는 것을 보여준다. 인류의 가장 큰 숙제, 기후변화에도 이는 마찬가지이다.

지구는 탄소, 산소 등으로 이루어져 있다. 기후변화를 일으키고 있는 탄소도 지구에 원래 있던 존재들이다. 땅속 깊은 탄소와 해저 깊은 곳의 석유로, 혹은 영구동토층의 얼어버린 메탄으로 말이다.

원래 있던 원소였지만 지금 문제는 과거라면 지층으로 존재하고 있어 지각 변동이 일어나지 않는 한 드러나지 않았을 존재였지만, 지금은 인간이 에너지 혹은 육류 등을 얻어내기 위해 이들을 뽑아 쓰면서 온실가스인 이산화탄소나 메탄으로 변화시켰기 때문이고, 그로 인해 데워진 공기가 얼음으로 묶여 있었을 영구동토층의 메탄을 깨우고 있기 때문이다.

다행인 것은 잠든 탄소를 뽑아낼 수 있기만 하는 곳이라면, 어떤 곳은 탄소를 추가로 저장까지 할 수 있는 곳도 있다. 잠든 탄소를 뽑아내는 곳이 석탄, 석유, 석탄, 천연가스 등 화석 연료, 육류, 가죽 등 가축이라면, 탄소를 저장할 수 있는 곳은 숲과 바다, 토양, 생물다양성과 같은 자연이다. 탄소를 저장하는 기술도 있지만 아직은 요원한 기술이다. 이는 결국 온실가스를 줄이려면 자연 생태계를 복원해야 한다는 것을 말해준다. 얼마나 자연 생태계를 복원할 수 있을지에 따라 기후변화 시나리오도 달라질 것이다.

우리는 이런 자연을 탄소흡수원 혹은 카본 싱크라고 부른다. 대기 중에는 온실가스가 줄어들 기미 없이 계속 증가하고 있다. 기후변화는 기후위기를 넘어 기후절망으로 가고 있다. 카본 싱크를 살리는 것이 이 일을 해결할 강력한 방법이다.

숲 저장소

육상생태계를 아우르는 숲은 그린 카본 Green Carbon 이라고도 불린다. 가장 잘 알려진 탄소흡수원인 숲은 밀도나 면적이 증가할수록 더 많은 대기 중 탄소를 흡수할 수 있다. 세계식량기구가 2020년 발표한 자료에 따르면 전 세계 숲 면적은 육지 면적의 31%로 총 40억 6천만 헥타르이다. 영국 리즈대학이 40년간 아프리카, 아시아, 남미 열대우림을 조사한 연구에 따르면 전체 탄소 배출량의 18%를 열대우림이 흡수하고 있다.

숲이 탄소를 저장하는 곳은 동식물, 죽은 나무, 낙엽이나 동물의 사체, 토양유기물이다. 세계식량기구가 발표한 자료에 따르면, 숲이 저장하는 탄소는 나무와 풀 같은 바이오매스에 44%가 저장되고, 죽은 나무에 4%, 부엽토나 동물 사체 등에 6%, 토양유기물

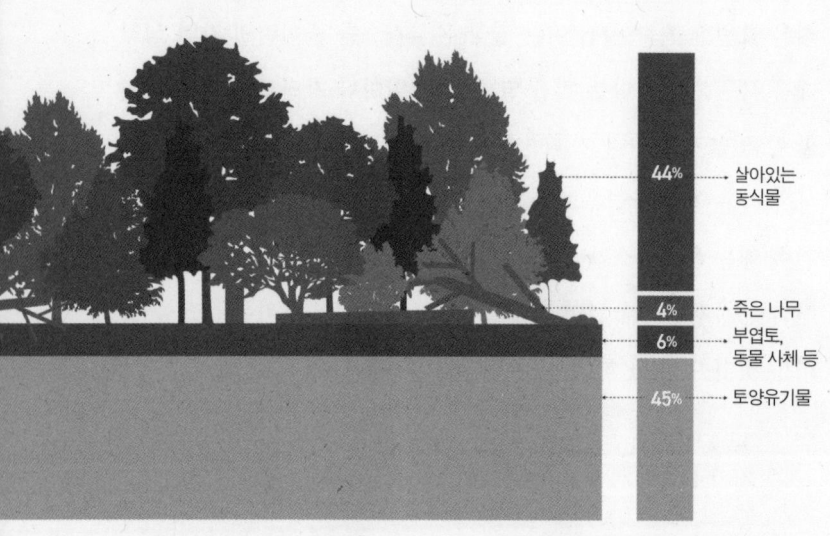

그린 카본 숲의 탄소 저장 비율 FAO 살아있는 식물을 비롯하여 죽은 나무와 낙엽, 토양, 동물들까지 다양한 요소가 모여 숲의 탄소저장 능력을 높인다.

에 나머지 45%가 저장된다. 이중 대표적인 탄소흡수원은 나무인데, 나무는 광합성을 통해 대기 중 이산화탄소를 포집해 영양소를 만든다. 이를 이용해 나무는 성장하고 영양을 열매나 뿌리 등으로 저장한다. 그 과정에서 나무는 탄소를 자신의 몸에 잡아두게 된다. 나무가 죽어 썩거나 태워지는 상황이 되었을 때 저장했던 탄소를 배출한다. 이런 특성 때문에 나무는 '탄소통조림'이라 불린다.

오래된 나무일수록 나뭇잎, 나뭇가지 등 탄소를 흡수할 수 있는 바이오매스가 많아지는데, 무게 당 이산화탄소 흡수량은 어린 나무가 높은 편이지만, 나무 전체로 따지면 오래된 나무의 탄소 흡수량과 저장량이 더 많다. 우드 와이드 웹Wood wide web을 밝혀낸 수잔 시마드Suzanne Simard 박사에 따르면 오래된 나무들은 어린나무들이 잘 자랄 수 있도록 돕는다. 죽은 나무도 이산화탄소를 뿜어내지만 이끼가 자라는 것을 돕고, 이끼는 숲의 수분을 유지하고 땅을 보호하는 역할을 한다. 나무 둥치는 유기물로 분해되어 땅을 비옥하게 한다.

숲에 동물과 식물의 종 다양성이 높을수록 숲의 탄소 흡수 능력도 높아진다. 미국국립과학원회보PNAS에 발표된 연구에 따르면 식물 다양성이 토양의 저장 능력을 높인다. 스탠퍼드대 연구팀은 아마존 연구를 통해 동물 다양성이 높을수록 나무의 성장과 토양의 탄소 저장 능력에 긍정적인 영향을 미친다는 것을 밝혀냈다.

숲이 탄소 흡수 능력을 상실하는 과정은 살아있는 나무와 풀 같은 식물이 사라지는 것에서 시작한다. 벌목이나 개간, 산불이 계기가 된다. 살아있는 나무가 사라지면 땅 위로 떨어지는 낙엽이 없어지게 된다. 몸을 은신할 수 없게 된 동물들이 숲을 떠나고 자연스레 그들의 배설물이나 사체도 함께 사라진다. 뒤따라 이들이 보호하고 있던 토양이 드러나면서 흙 속의 탄소가 대기 중으로 방출되고, 토양은 건조해진다. 지속해서 공급되던 낙엽, 죽은 동식물과 같은 유기물과 미생물 등이 사라지면서 탄소 흡수 능력을 상실하게 된다.

숲은 기후위기 문제를 해결하기 위해 반드시 지켜야 할 곳으로 인식되지만, 경작기 개간, 펄프, 건축, 도시개발, 전쟁 등의 이유로 파괴되고 있다. 환경단체 트릴리온 트리Trillion Trees의 조사에 따르면 2000년부터 20년간 590만 헥타르의 숲이 복원될 동안 2020년 한해에만 1,200만 2천 헥타르의 숲이 사라졌다. 이는 2019년보다 12% 증가한 수치다. 특히 브라질, 인도네시아, 콩고의 열대 우림은 전 세계 산림의 85%를 차지하고 생물다양성의 보고로 불리지만, 축산업, 팜유 재배, 자원 개발 등을 목적으로 가장 많은 면적이 파괴되고 있다. 2020년 한해에만 420만 헥타르가 사라졌다. 2021년 9월 통계에 따르면 브라질 아마존은 역대 최대 규모의 파괴가 일어났으며, 240만 헥타르의 숲이 사라졌는데, 이는 축구장 330만 개에 해당하는 면적이다. 아마존 숲 파괴의 90% 이상이 방목, 가축용 사료 재배 등 축산업과 관련되어 있다.

시작은 사람의 적극적인 숲 훼손이었으나, 최근에는 자연이 스스로 작동하기 시작했다. 지구 평균 기온이 상승하면서, 나무가 말라 대형 산불이 캘리포니아, 그리스, 전 세계 각지에서 발생하고 있다. 나무가 생존해야 할 환경이 열악해지면서 나무의 탄소 흡수 상태도 달라졌는데, 2021년 7월에는 아마존이 기후변화, 지속적인 방화 등이 원인이 되어 탄소흡수원에서 탄소배출원으로 돌아섰다는 연구 결과가 발표되어, 아마존의 역할을 기대하고 있던 전 세계에 충격을 주었다. 또한, 영국 에든버러대University of Edinburgh와 미국 스미스소니언 열대연구소Smithsonian Tropical Research Institute가 연구한 바에 따르면 온난화로 기온이 4 ℃가 상승할 경우 열대 토양은 주변보다 55% 더 많은 탄소를 2년간 배출하는 것으로 관찰되었다.

숲을 보호하기 위해 26번째 유엔 기후변화 당사국총회COP26에서 100여 개 국가가 2030년까지 산림 파괴를 중단하겠다고 공약했으며, 여기에는 브라질, 인도네시아, 콩고도 참여했다.

토양 저장소

토양은 지구의 육지를 덮고 식물에 영양을 공급하여 생장할 수 있게 한다. 그곳에 인간은 식량을 기른다. 지구의 입장에서 볼 때, 이곳은 습자지보다도 얇은, 평균 1미터에 불과한 공간이지만, 낙엽 등의 식물 폐기물, 동물 사체 등이 수많은 작은 동물과 미생물에 의해 분해되어 영양분이 되어. 토양에 탄소는. 저장된다. 토양이 비옥할수록 유기탄소, 즉 탄소 저장량이 많아지는데, 1헥타르에 2톤을 훨씬 넘는 양까지 저장할 수 있다. 그렇다고 토양이 무조건 탄소를 흡수할 수 있는 것은 아니다. 토양 생태계가 훼손되면 탄소 흡수를 멈춘다.

토양 생태계가 훼손되었다는 것은 무엇일까? 이는 토양이 황폐해졌다는 것으로, 영양이 되는 유기물이 사라지고, 미생물과 흙을 건강하게 하는 작은 생물들이 감소하여 식물이 살기 어렵게 된 상태를 말한다. 토지 황폐화가 극단적으로 진행되면 사막화 상태가 된다. 사막의 모래를 생각해 보라.

이러한 상태는 대개 농약과 화학비료의 과도한 사용, 과도한 경작, 과도한 방목, 채광 및 채석, 삼림 벌채, 등으로 일어나는데 최근에는 기후변화도 토지가 황폐해지는 데 영향을 미치고 있다. 일상과 연결해 보면 육식 소비 증가로 소, 돼지, 양, 오리 등 각종 가축 산업이 커지면서 이들을 재배할 공간과 함께 먹일 사료로 쓸 콩, 옥수수 등의 재배가 늘어나고 있다는 점, 음식쓰레기 증가로 불필요하게 낭비되는 경작지가 발생하고 있는 것이 토지 생태계를 파괴하는 데 일조하고 있다. 특히 콩, 옥수수 등을 재배할 때 품질보다는 수확량에 초점을 두다 보니 더 많은 농약과 화학비료를 사용하고 있다. 그 결과 땅속의 미생물, 지렁이 등 토양의 탄소 저장 능력에 영향을 주는 생물이 사라지고 있어 토양이 가지는 탄소 저장 능력을 제대로 발휘하지 못하고 있다.

안타까운 사실은 현재 많이 사용하는 화학 질소비료는 생산 과정에서도 많은 온실가스를 배출하지만, 토양에서 과도한 양이 들어가게 되면 아산화질소를 배출한다는 것이다. 아산화질소는 이산화탄소보다 온실 효과가 300배 높다. 그뿐만이 아니다. 토양이 황폐해지면 작물을 기를 수 없고 식량 안보에 위기가 오게 될 수밖에 없다. 이는 인구가 80억 명을 넘어간 상황에서 세계식량기구가 토지와 토양 보전 문제를 최우선으로 다뤄야 한다고 했던 이유이다.

건강한 토양이 중요한 탄소흡수원이라는 것이 알려지면서, 땅을 건강하게 지킬 수 있는 유기농법에 대한 관심도 높아지고 있다. 세계식량기구가 온실가스와 관련한 토양 연구에 주목할 필요가 있다. 2007년 수행한 이 연구에서 유기농으로 재배하는 토양은 1헥타르당 900~2,400kg의 탄소를 대기에서 분리해 저장하는 반면, 농약이나 비료 등을 쓰는 관행농법으로 키우는 일반 경작지에서는 200~400kg의 탄소를 분리 저장하는 것으로 나타났다. 유기농 재배 기술이 발달하면서 농약과 화학비료를 쓰는 관행농법보다 생산성을 더 높일 수 있게 되었다. 스위스에 있는 유기농연구소[FIBL]가 발간한 보고서에 따르면, 2015년 기준 전 세계 유기 농경지 면적은 전체 경지 면적의 1%에 불과했지만, 각국은 유기농 면적을 점차 늘려가기 위해 노력하고 있다. 대표적으로 유럽연합[EU]는 2030년까지 유기 농지 비율을 25%까지 늘리겠다고 선언했다.

바다 저장소

해양생태계를 아우르는 바다는 블루카본Blue Carbon이라고도 불린다. 유엔환경계획에 따르면 바다는 지구 전체 이산화탄소의 93%를 저장하고 있으며 대기로 내뿜어진 탄소의 30%를 제거한다고 한다. 또한, 육상 생태계보다 탄소 흡수 속도가 최대 50배 이상 빠르고, 수천 년 동안 탄소를 저장할 수 있다.

식물성 플랑크톤과 해조류는 육지의 숲과 같은 역할을 한다. 식물성 플랑크톤은 대기 중 이산화탄소의 40~50%를 흡수한다는 연구가 있으며, 해조류는 바다에 흡수되는 온실가스의 10%를 해결

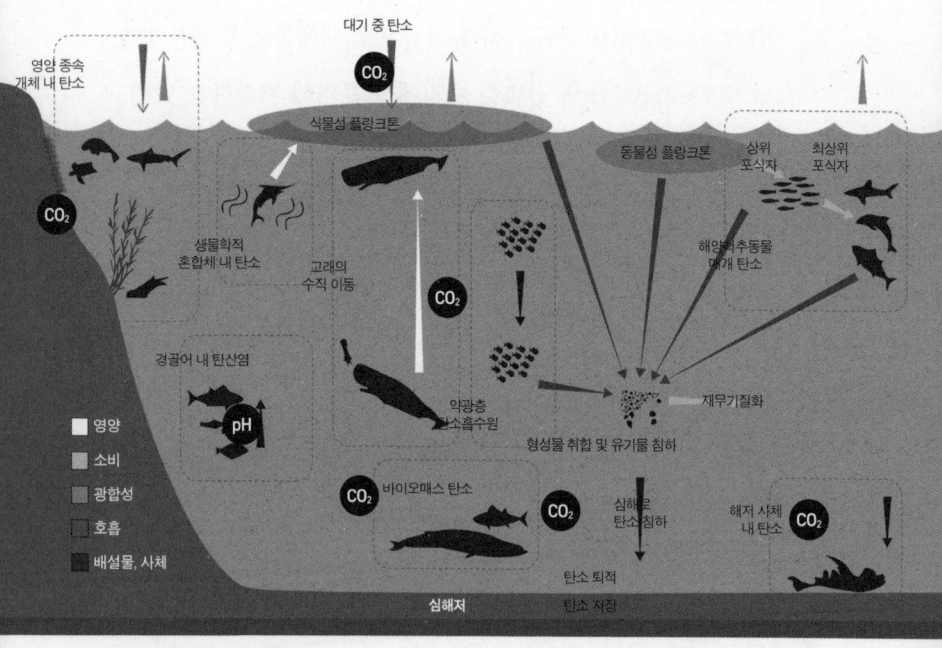

블루카본의 작동 원리 GRID Arendal 바다에서는 다양한 주체가 유기적으로 연결되어 탄소를 흡수해 저장하고 있다.

해 준다. 2012년 네이처Nature지에는 연안 해조류가 연간 8만 3천 톤의 탄소를 흡수해 육지 숲의 3만 톤을 크게 앞질렀다는 연구가 게재되었다. 산호 군락지 또한 인간이 뿜어내는 이산화탄소의 10%를 처리하는 것으로 알려져 있다.

이와 함께 최근에는 해양 생태계 구성원 중 해양 척추동물을 별도로 구분해 '피시 카본 Fish Carbon'이라 부르기도 한다. 해양 척추동물의 생애부터 죽은 이후까지 흡수하고 저장하는 탄소의 양 때문이다. 대왕고래 한 마리는 80년~90년을 살면서 33톤의 탄소를 흡수하고, 죽으면 탄소를 간직한 채 해저에 가라앉으며 탄소를 저장한다. 이는 나무 한 그루가 한 해 22kg 저장하는 것을 고려해 계산해 보면 무려 18배에 해당하는 양에 해당한다. 이렇다 보니 고래 개체 수를 늘려 온실가스를 줄이자고 주장하는 과학자도 있다. 피시 카본에는 고래, 듀공 같은 해양 포유류와 바닷새와 같은 해양 조류, 상어, 참치, 정어리와 같은 어류가 있다. 일생 33톤의 탄소를 흡수하는 고래를 비롯해 모든 바다 생물이 지구 생태계를 유지하는 역할을 하고 있다. 이는 생물 다양성이 왜 중요한가를 보여주는 것이기도 하다.

바다와 육지가 만나는 지역에 생성되는 맹그로브숲, 갯벌 같은 연안 생태계도 블루카본에 속한다. 열대와 아열대 지역에 생성되는 맹그로브숲은 지구에서 생물다양성이 매우 풍부하면서 탄소를 매우 많이 저장하는 곳 중 하나이다. 1헥타르당 1천 톤의 탄소를 저장하는 것으로 알려져 있으며 이는 열대우림의 여섯 배이다. 글로벌 맹그로브 연맹이 2022년 발간한 보고서에 따르면 맹그로브 숲의 손실을 1%만 막아도, 2억 톤의 온실가스 배출량을 줄일 수 있다. 만약 파괴된 맹그로브숲 중 1996년부터 파괴된 것을 복원한다면 해양 어패류 개체 수를 250억 개 이상 늘릴 수 있고, 410만 명의 어부가 이 혜택을 볼 수 있다. 또한, 1,500만 명 이상에게 홍수 위험이 줄어든다. 덧붙이자면 다른 연구에서는 맹그로브 숲을 양식으로 개간했을 때와 원래 상태를 유지했을 때의 연간 가치를 측정한 결과, 말레이시아를 기준으로 양식 가치가 연간 1천70만 달러라면 맹그로브 생산물의 연간 평가 가치는 약 1천230만 달러였다. 양식장보다 160만 달러나 더 가치 있는 것이었다.

아직 IPCC의 블루카본 목록에 오르지는 못했지만, 갯벌도 탄소 흡수 능력이 뛰어난 것으로 밝혀지면서 새롭게 주목받고 있다. 서울대 연구팀에 따르면 우리나라 갯벌은 약 1천300만 톤 규모의 탄소를 저장하고 있으며, 연간 최소 26만 톤에서 최대 49만 톤의 이산화탄소를 흡수한다.

그린 카본이 위기에 처한 것처럼 블루카본도 위기에 처해 있다. 이는 곧 바다가 탄소 흡수의 기능을 상실하고 있다는 것이다. 먼저 바다가 탄소흡수원으로서 기능을 상실하고 있는 이유는 종류에 따라 조금씩 차이가 있는데, 공통으로 해양오염과 대기 중 온실가스 증가로 이미 과도한 탄소를 흡수해 산성화가 심각해지고 있고, 지구 평균 기온이 상승하며 해수 평균 온도도 상승하고 있기 때문이다. 해조류는 해수 온도 상승에 남획으로 해조류 생태계 균형이 무너지며 '바다 사막화'로 불리는 갯녹음화가 진행 중이고, 산호 군락지는 해수 온도가 상승하면서 직격타를 맞고 있다. 해양 동물들은 저인망 어업 등으로 남획과 혼획이 일어나며 전체 개체 수가 급격히 줄어든 데다, 해양 산성화로 다시 한 번 더 타격을 주고 있다. 이렇게 해양 생태계와 해양 생물들이 사라져 가고 있다.

바다에서 인간이 하는 행위 중 저인망 어업은 '트롤 어업Troll Fishery'는 매우 큰 피해를 일으키고 있다. 이 어업 방식은 쌍끌이, 깡끌이라고 불리는 큰 그물을 쓰는데 큰 것인 길이가 10킬로미터에 달한다. 바닥까지 닿는 이 어망의 끝을 한두 대의 배가 끌고 가면서 어획하는, 이른바 싹쓸이 어획을 한다. 그 과정에서 전 세계 해양 65.8%에서 번식량보다 많은 물고기가 잡고 들이고 있다. 바다가 텅 빌 위기에 처해있다. 거기에 상어, 돌고래, 바다거북, 바닷새 등 불필요한 물고기까지 혼획해 더 심각한데, 세계식량기구는 이렇게 버려지는 동물이 매년 전체 어획량의 10.8%인 약 910만 톤에 이른다고 집계했다. WWF는 매년 30만 마리의 돌고래와 바닷새가, 미국 듀크대 연구팀은 1990년에서 2008년까지 19년 동안 바다거북 150만 마리가 이런 불상사를 겪었다는 연구를 내놓았다. 어업 과정에서 바다 밑을 훑으면서 해조 숲, 산호 군락지 등 해양 생태계가 파괴되는 일도 벌어지고 있다. 유엔은 자체 보고서를 통해 전 세계 해상 생태계에서 일어나는 환경 파괴의 95%는 원양 저인망 어업이라고 밝혔다.

여기서 끝이 아니다. 대량 상업 어선들은 원래 조업하던 바다가 고갈되자, 다른 지역의 공해로 이동해 어획하기 시작했다. 공해는 영유권이나 배타권이 없는 바다였기 때문에 상업 어선들은 제한 없이 남획했다. 이는 공해 생태계에 악영향을 미친 것은 물론 인근 국가들의 어업에도 영향을 미쳤다. 그중 아프리카는 어업이 붕괴하였다. 물고기에 의존하던 주민들은 생존을 위해 숲으로 들어가 야생동물을 잡아들여 팔았다. 이는 생물들의 멸종을 앞당긴 것은 물론 '에볼라' 같은 인수공통전염병이 인간 사회에 들어오는 결과를 초래하였다.

기후변화도 해양 생태계를 위협하는 큰 요인이다. 탄소흡수원이기도 한 해양 생태계가 기후변화의 피해자이기도 한 것이다. 해양은 대기 중 온실가스의 중요한 흡수원이다. 바다가 있기 때문에 그나마 인간이 배출한 이산화탄소를 어느 정도까지는 감당하고 있었다. 그러나 대기 중 이산화탄소가 더 늘어나면서 이산화탄소가 과도하게 바닷물에 녹아 해양 산성화가 점점 심각해지고 있다. 바다를 벗어날 길이 없는 갑각류, 조개류 등은 해양 산성화의 영향을 받아 껍질이 약해지거나 구멍이 뚫리는 등 정상적인 개체 수가 줄어들었다.

이와 함께 지구 평균 기온이 상승하면서 해양 생물들의 서식 환경도 열악해지고 있다. 해조 생태계에서는 해조가 줄어드는 데다 해수 온도가 상승하자 성게가 급증하면서 해조류가 고갈되었다. 그 결과 갯녹음 현상이 확산하면서 해조 숲에 살던 해양 생물도 함께 사라지고 있다. 해수 평균 온도가 다른 나라보다 더 많이 상승한 우리나라의 경우 그 상황이 심각해서 2020년 기준으로 동해 48.3%, 제주 3.3.3%, 남해 12.6%로 나타났다고 한국수산자원공단이 밝혔다.

높아진 수온에서 살아남기 위해 산호들이 먹이활동을 멈추다가 급기야 백화되어 죽는 면적이 늘어나고 있다. 서식지를 잃은 해양 생물들도 함께 사라지고 있다. IPCC는 2018년 공개한 〈지구온난화 1.5℃ 특별보고서Special Report on Global Warming of 1.5 ℃〉에서 지구 평균 기온이 1.5℃ 상승하게 되면 전 세계 산호의 70~90%, 2℃에 도달하면 99%가 사라질 것으로 예측했다.

연안 생태계도 위태로운 상태이다. 간척지, 도시 개발과 같은 연안 개발, 새우 등의 연안 양식업, 연안 오염 때문이다. 매년 1%의 맹그로브가 사라지고 있으며, 맹그로브를 포함한 전 세계 갯벌 면적이 1984년 이후 33년간 16% 감소했다. 특히 맹그로브는 해양 생물들이 알을 낳아 기르는 장소로 많이 활용되는데, 그 공간이 줄어들다 보니 생물다양성을 지키는 데도 영향을 미치고 있다.

해양 생태계 붕괴를 막고, 해양생물을 보호하기 위해 해양보호구역을 늘려야 한다는 목소리는 계속 커지고 있다. 해양을 보호함으로써 바다가 복원된다는 실증적인 증거는 여러 나라에서 나왔다. 영국 스코틀랜드의 로크 그레이크니쉬Loch Craignish에서 시작한

씨와일딩 프로젝트Seawilding Project는 그 지역의 황폐해진 해초와 굴을 복원하기 위한 활동이었다. 지역 사회가 주도하고 해양보호구역으로 정하고 73헥타르에, 토종 굴 35만 개를 복원했고, 40만 개의 해초 씨앗을 심었으며 1만 8천 그루의 해초를 심었다. 그 결과 죽어가던 이곳 바다는 굴과 해초는 물론 다른 해양 생물들도 돌아오면서 건강한 생태계로 거듭나고 있다. 호주도 해양보호구역을 지정해 사라져가던 상어를 살려냈다. 호주 북서부에 있는 애쉬모어 산호 해양 공원Ashmore Reef Marine Park은 산호가 많고 다양한 상어가 서식하는 곳이다. 2000년대 초반만 하더라도 이곳은 불법 어업이 성행해 상어 개체 수가 계속 감소하고 있었고, 이곳 생태계가 무너지기 시작했다. 상어는 산호 군락의 최상위 포식자로 균형을 이루는 중요한 역할을 하는 존재였다. 호주는 즉시 절대보전해역으로 이곳을 지정하고 철저하게 관리했다. 그 결과 이곳에는 뱀상어, 표범상어, 대서양수염상어 등이 돌아왔고, 회색암초상어의 경우 다른 산호 지역보다 4.5배 많은 개체 수가 돌아왔다. 현재 이 해양공원에는 바다뱀을 비롯해 듀공, 붉은모리 바다거북, 매부리바다거북, 푸른바다거북 등이 살고 있다.

이렇게 국에 속한 영해의 경우 국가가 나서 적극적인 보호 활동을 펼치고 있다. 그러나 배타적 수역 밖에 있는 공해는 보호할 마땅한 수단이 없었다. 공해 중 1.2%가 해양보호구역으로 지정되어 있었지만, 공해로 나가 어업하는 배들이 많아지면서, 공해의 해양

보호구역 비율을 30%까지 높여야 바다를 복원할 수 있다는 연구 결과가 나왔다. 이에 유엔이 2004년부터 국제해양조약을 재정하기 위해 추진했다. 그러나 해양 자원 활용을 둘러싸고 선진국과 개발도상국이 타협점을 쉽게 찾지 못했었다. 개발도상국 입장에서는 해양 자원 활용이 제한된다는 것은 경제에 영향을 줄 수밖에 없다고 보았다. 하지만 기후변화 문제가 심각해지면서 2018년부터 다시 본격적인 논의가 시작되었다. 마침내 2023년 뉴욕에서 열린 〈유엔 생물다양성보전협약 제5차 회의〉에서 전 세계 바다 30%를 보호구역으로 지정하는 '국제해양조약'에 관한 합의가 이루어졌다, 20년 만에 도출된 역사적인 합의였다. 이에 따라 그동안 무법지대에 가까웠던 공해에서의 어획량, 항로, 심해 광물 채굴 등 활동을 제한할 수 있게 된다.

맹그로브 숲이 몰려 있는 필리핀, 인도네시아 등 동남아시아 국가들과 국제 사회가 맹그로브 보호에 나섰다. 필리핀에서는 2016년부터 맹그로브 100만 그루 심기 프로젝트가 시작되었고, 인도네시아는 2021년 이탄지•맹그로브 복원청Badan Restorasi Gambut dan Mangrove, BRGM을 신설했다. 세계은행은 해양 탄력성을 위한 맹그로브 프로젝트World Bank Mangroves for Coastal Resilience program를 발족해 맹맹그로브 복원을 지원하는 데 나섰다. 반기문, 빌 게이츠, 게오르기바 IMF총재가 공동 설립한 GCAThe Global Commission in Adaptation은 맹그로브숲 보호를 기후 적응 5대 핵심 분야로 꼽고 이를 위한 지원에 나섰다. 그럼에도 빠르게 사라지고 있는 맹그로브숲을 원상

갯벌에 새로 자라나는 맹그로브들 최근 맹그로브의 탄소흡수원 및 생태적 공간으로서 중요성이 밝혀지면서 이를 복원하기 위한 움직임이 일어나고 있다.

복구 하는 데는 시간이 더 필요해 보인다.

악화의 양화

지구에는 다양한 생태계가 존재하고 이는 지구 시스템 내에서 각자의 역할을 하며 안정적인 상태를 유지하는 역할을 한다. 태양에너지도 하고 수많은 카본 싱크가 있어 태양에너지가 지구 온도가 일정하게 유지되도록 안정시키는 역할을 한다. 최근 이들이 손상되거나 사라지면서 적어도 인간이 지구에 나타난 이후 오랜 시간 겪어온 안정적 기후가 무너지고 뜨거워지는 방향으로 가고 있다. 인간이 하는 행동 중 생태계에 악영향을 미치는 것이 무엇인지 가만히 들여다보면, 많은 부분이 먹는 것에서 비롯된다. 육류와 유제품, 생선 등 동물성 식품을 먹고자 했던 강한 열망이 자연을 착취함으로써 결국 우리가 먹을 것을 구하고 있는 자연을 걷어차고 있는 모습이다. 그것이 부메랑이 되어 기온을 상승시키고, 상승한 기온이 다시 생태계를 파괴하는, 악의 양화가 구축되고 있다. 이를 막을 방법은 결국 생태계를 복원하는 일이다.

다행인 것은 여전히 파괴가 일어나는 곳도 있지만, 생태계 중요성에 관한 인식이 개선되면서 시민사회는 물론 국가들에서도 생태계 복원하기 위한 다양한 노력이 벌어지고 있다. 시민사회의 북극곰, 코끼리, 고래, 듀공 등 야생 생물을 보호하기 위한 활동부터 숲, 하천, 해초, 산호 등 환경을 보호하는 일, 자연을 깨끗이 청소하기 위한 플로깅 활동, 플라스틱 제로 운동 등 다양한 활동이 일어나고 있다. 이런 활동은 시민사회를 넘어 국가 차원에서도 일어나고 있는데 각종 보호구역, 보호종의 지정하는 것은 물론 직접적으로 환경을 살리기 위한 투자도 일어나고 있다. 우리나라의 경우 갯녹음화되고 있는 해양 환경을 복원하기 위해 동해안을 중심으로 인공어초를 심어 해양 생태계를 복원하고, 막았던 둑을 풀고 바닷물이 다시 흐르도록 한다든가, 더 이상 쓰지 않는 염전을 다시 갯벌로 복원하는 작업 등 다양한 방법이 시도되고 있다. 그리고 앞으로도 생태계를 살리기 위한 노력은 더욱 확대될 것이다.

인간은 지구에서
지속할 수 있을까?

 지구는 변하고 있고 우리도 변하고 있다. 인간이 최초의 농사, 가축 사육이 시작된 이후 많은 것이 변했다. 식량문제가 해결되자 인간의 수는 계속 증가했다. 생태계의 일반적인 동물이라면 개체 수가 지나치게 늘어났을 때 자연에 의해 그 수가 조정된다. 하지만 인간은 자연의 개체 조정을 피해 새로운 생존 방법을 찾아내며, 농경이 시작되기 전 불과 300만 명에 불과하던 수를 2022년 11월, 전 세계 인구는 80억 명을 넘어섰다. 70억에서 80억 인구가 될 때까지 걸린 시간은 불과 11년이었다. 그리고 현재 추세라면 2100년이 채 되기도 전에 110억 명에 도달할 것이다.

 그러는 사이 지구 평균 기온이 1.5 ℃를 넘으면서 지구가 보내는 경고의 신호는 점점 더 거세지고 있다. 50 ℃가 넘는 더위, 하늘이 뚫린 듯 쏟아붓는 폭우, 영하 20℃는 쉽게 넘기는 북극 한파 등 계속해서 나오고 있다. 무신경했던 사람들도 체감적으로 우리에게 다가올 위기를 느끼고 있다. 위기는 이상기온의 상황을 막기 힘든 환경에 있는 이들과 나라들에 먼저 닥치고 있다.

2022년 태평양에 있는 섬나라 투발루의 사이먼 코페 외무장관은 COP26에서 자신들이 처한 위기를 국제 사회에 알리기 위해 수중 연설을 진행했다. 그는 해발 고도가 3미터도 채 되지 않는 투발루는 매년 4mm씩 해수면이 상승하며 국토가 점점 사라지고 있다며, 국제사회의 도움과 기후위기 대응에 적극 나서야 한다고 호소했다.

지구에서 삶은 정착과 함께 농경, 가축 등으로 식량이 풍부해지자 인구가 늘어났고, 그만큼 더 많은 사람이 먹을 수 있을 만큼 더 많은 식량 재배 방법을 찾아내야 했다. 숲을 개간해 곡식을 키울 경작지나 가축을 키울 초지로 바꿔 나갔다. 식량 재배 방법을 개선했고 가축을 더 많이 키울 방법을 연구했다. 산업혁명을 지나면서 발명한 대량 생산 기술이 더 많은 식량 재배와 가축 사육에도 적용되었다. 거기에 식량이 거대 산업화되면서 돈을 벌기 위해서라도 더 많은 식량을 생산하는 데 열중했다. 식량 생산 증가와 인구 증가는 꼬리에 꼬리를 물고 일어났다. 다 함께 살아남기 위해 지금까지는 땅을 개간하고 기술을 개발했다. 기술을 통해 같은 면적에 더 많은 식량이 생산될 수 있도록 했지만, 숲이나 빈 땅을 개간해 새로운 경작지를 만든다는 방법이 사라지는 것은 아니었다. 기술 없이도 가장 쉽게 적용할 수 있기 때문이었다. 인간을 위해 더 많은 자연을 인간의 재배 영역으로 편입시켰다. 편입된 땅에 원래 살던 야생 생물들은 살 곳을 잃어 사라지거나 사라질 위기에 처했다. 여전히 인구는 계속 증가하고 있고, 점점 더 많은 자원이 필요할 것이다.

인간이 기르는 가축 종류는 35가지. 소, 돼지, 양, 꿀벌, 오리, 고양이, 토끼, 말, 개 등이 포함된다. 이들의 무게를 인간의 무게와 합치면 전 세계 동물의 94%를 차지한다. 물론 처음부터 그랬던 것은 아니다. 하지만 오랜 시간에 걸쳐 인간과 공생을 시작으로 길들고, 어느 순간 인간을 위한 자원으로 길러지게 된 동물이 바로 이들이다.

최초로 인간에게 길든 동물은 개로 알려져 있다. 최근 DNA검사를 통해서는 13만 5천 년 전에 가축화되었다고 알려주고 있지만, 개를 기른 가장 오래된 기록은 이라크 팔레가우라 동굴에 남아 있는, 약 1만 2천 년 전 기록이다. 인간이 야생동물로부터 자신을 보호하기 위해 개와 공생을 시도하면서 가축화가 시도하지 않았을까 추정하고 있다. 1만~6천 년 전에는 돼지가 사육되기 시작했고, 9천 년 전에는 염소와 양이 서아시아에서 사육되기 시작했다고 한다. 그리고 기원전 4천 년 전에 메소포타미아 지역에서 소젖을 사용했다는 기록이 있는 것으로 보아 이미 이때 소가 가축화되었던 것으로 보인다. 그 후 우리가 아는 닭, 토끼, 말 등이 가축으로 편입되었다. 이들 가축은 처음에는 공생에 가까웠지만, 지금은 인간의 편리를 위해 없어서는 안 되는 존재가 되었다. 식량이자 동력원이며, 갖가지 물건을 만들기 위한 '자원'이 되었다.

인간이 '농경'이라는 식물 재배를 시작한 것은 동물을 길들인 것보다 뒤의 일이다. 1만 5천 년 전 빙하기가 끝나고 지구의 온도가 올라가기 시작했는데, 농사도 이때 시작되었다. 식량이 안정되자 인구도 증가하기 시작했다. 매머드 같은 거대한 동물은 멸종되었고 살아남은 동물은 사냥하기 어려워지면서 새로운 식량원이 필요했다. 그러다 우연히 씨앗이 떨어진 곳에서 싹이 나고 다시 열매가 맺힌다는 것을 알게 되었다. 식물 재배의 역사가 시작되었다.

맨 처음 밀을 재배하기 시작해 보리, 옥수수, 콩, 쌀 등으로 재배하는 종류를 늘려갔다. 농사는 장시간 동안 정성을 들여 키워야 하므로 정착해야 했다. 이 과정에서 마을을 이루었다. 이는 협동으로 이어져 더 많은 식량을 생산할 수 있게 되었다. 이는 가축을 키우는 것을 더 쉽게 해줘, 결과적으로 더 많은 동물을 가축으로 키우는 데 영향을 주었으리라 추측해 볼 수 있다. 시작은 곡식, 가축이었지만 시간이 지날수록 더 많은 자연을 이용하고 그 과정에서 다시 더 많은 자연의 것들을 투입해야 하는, 그래서 점점 더 자연의 것을 더 많이 빨아들여 파괴하는 회오리 같다. 산업화 이후 현대 사회는 더더욱 그랬다. 그것이 일시적인 풍요를 우리에게 쌓아주었지만, 지금은 자연의 거대한 힘 앞에 모아놓은 것들을 모두 내놓아야 하는 상황이다.

산업혁명에서 시작한 지금까지의 시간은 인간이 자신이 자연의 일부라는 것을 극단적으로 잊어버린 시간이었다. 자연을 어떻게 바라볼 것에 관한 생각은 산업혁명 이전에는 각 나라, 각 대륙이 처한 상황에 따라 달랐고 거기에 따라 각자의 문명이 발전해 왔다. 과학이 발달하고 산업혁명이 일어나 사람들 간의 거리의 거리가 가까워지고 나라, 대륙까지 서로 거리가 가까워져 지구촌이 되었을 때, 이 세상이 가진 자연에 관한 주류 사상은 자연은 '자원'으로, 인간은 그것을 자본주의에 따라 자유롭게 이용할 가치가 있으며, 그것을 통해 삶은 풍요롭게 하는 지극히 물질주의적 사고로 바라봤다. 거기에는 생명도 마찬가지였다.

우리는 어디로 갈 것인가? 지구 위의 인간 상황을 고려하는 것이 아니라 인간사 중심을 돌아가고 있는 현재 상황은 트럼프의 석유는 천연자원이므로 자유롭게 써도 된다는 주장에서 극대화된다. 지구라는 닫힌 공간에서 한정된 자원을 가지고 살아가고 있다는 것을, 우리의 유한한 생명 때문에 지금 당장 문제가 되지 않으면 눈 감아버리기 쉽다.

그러나 눈 감지 않으려는 이들은 많았다. ≪침묵의 봄≫은 농약, 제초제의 위험성을 우리에게 알렸고, 우리는 건강하게 땅을 가꾸는 방법에 대해 배우고 있다. 플라스틱 빨대가 코에 꽂혀 괴로워하는 거북이의 모습을 통해 우리가 버리는 것들에 대해 돌아보고 소비 방식을 바꾸고 있다. 또한 협력하는 고래의 모습, 서로를 양육하는 나무들의 네트워크, 서로 다른 종간에도 도움을 주는 모습 등을 보면 인간만이 아니라 다른 생명들도 존중받아야 할 존재임을 깨닫고 있다. 우리는 그렇게 하나씩 배워나가고 있다. 현생 인류가 나타난 지 20만 년. 1억 4,500만 년 전부터 7,900만 년간 지구를 호령했던 공룡과 비교하면 1%의 반도 되지 않는 기간을 살아왔을 뿐이다. 이 짧은 시간 동안 이렇게 지구를 망가뜨릴 수 있는가에 한탄할 수도 있다. 하지만, 앞으로의 시간을 어떻게 보내느냐에 따라 우리의 길은 달라질 것이다. 이때로 기후변화를 가속하는 길을 걸음으로써, 누군가의 농담처럼 여섯 번째 멸종을 위해 준비된 생물종이 될 수도 있다. 하지만, 지구와 이 속에 살아가는 모든 생물에 적응하여 인간이란 생물 종에 주어져 있을지도 모를 수 천만 년의 시간을 살아가게 될지도 모른다. 그것은 오직 우리 자신, 인간에게 달려있다.

맺는 말

모든 것은 돌고 돌아
우리에게 온다

    11월 중순인데 낮 기온이 22도를 넘어서 반팔을 입었다. 카페에 앉아 글을 쓰고 있는데 나만 더웠던 건 아닌지 카페를 찾은 사람들은 아이스 아메리카노, 아이스 말차라떼, 아이스티 등 얼음 들어간 것을 찾고 있었다. 11월이 이랬던가. 다음 날 다시 선선해지려나 싶더니 그다음 날 아침 기온이 영하 1℃를 찍었다. 갑자기 추어지니 몸도 쑤시는 것 같고, 추워도 너무 추워서 패딩까지 꺼내 입고 글을 쓰기 위해 카페를 찾았다. 이제는 다들 따뜻한 것을 찾는다. '날씨가 이상해'라고 말하지만, 사실 인간이 만든 도시라는 공간에서 내가 느끼는 기후변화는 고작해야 이상한 날씨였다. 그래서 무감했었는가 싶었다.

    히말라야산맥에 의존해 사는 마을이 빙하 쓰나미로 사람이 죽고 다쳤다고 해도, 이란 우미마르 호수가 말라붙어 소금 평원이 되고 수 세기 동안 가라앉아 있던 유적이 발견되었다는 소식을 들어도. '아이고, 어떡하냐?'라든가 호숫가 사람들의 식수 문제보다 소금 평원이라든지 숨겨진 유적이 발견되었다는 소식에 더 귀를 쫑긋거린다. 도시에 사는 우리에게 당장 와 닿는 것은 그런 것들이다. 그래서 지구에 흩어져 있는 우리들은 각자의 삶, 서로 상관없는 삶을 사는 것처럼 보인다.

하지만, 이 순간에도 인간은 숨을 들이마시며 공기 속에 든 지구의 다양한 원소를 폐로 받아들인다. 이중 산소는 영양소와 결합해 우리가 움직일 에너지를 만들어낸다. 그 과정에서 이산화탄소를 포함한 숨을 내뱉는데, 식물이 이를 이용해 광합성을 하며 받아들여 다시 인간이 마실 산소로 만들어낸다. 공기 하나만으로도 연결되어 있다. 또한, 여기 오기까지 지구에서 나는 것을 먹고 쓰고 느끼며 살아왔다. 태양의 열기, 공기의 움직임, 공기 중에 섞여 냄새를 만드는 지구의 물질들, 땅을 적시는 비, 그 위에 선 나무와 풀, 온갖 동물들 그 모든 것이. 지구라는 닫힌 세계에서 끊임없이 순환하며 연결되어 있다. 가장 자연과 가까워 보이는 먹을 것부터 반도체와 같은 첨단 제품처럼 인간의 것이라 믿는 것까지 지구 아닌 것에서 만들어진 것은 없다. 그것이 진실이다. 우리 인간은 이 지구의 일원, 일부분이라는 것을 알아야 한다.

인류는 200만 년 전 처음 지구에 나타나 수많은 지구의 변화에도 살아남았다. 발전에 발전을 거듭하며 두 손을 쓰고 불을 다루며 지구에 적극적으로 적응하기 시작했다. 자연에 순응하기도 했지만 극복하려고도 했다. 어느 순간 인간은 지구를 마음대로 이용할 권리를 가진 존재인 것처럼, 지구의 것들은 인간이 마음대로 써도 되는 것이라는 사상을 세웠다. 그 생각은 유럽의 산업화를 거쳐 세계화가 되더니 대부분 인간의 생각이 되어 버렸다. 지구를 화수분 같은, 가득 차 있는 창고로 취급했다.

이를 위해 이성을 내세우고 과학을 내세웠다. 그런데 그 이성과 과학이 인간 또한 지구의 일원이며 서로 연결된 존재라는 것, 다른 생명의 고통은 인간의 고통이 된다는 것을 쏙쏙 밝히고 있다. 제레미 리프킨은 저서 ≪회복력 시대≫에서 "우리가 공기를 들이마시고 물을 마시고 음식을 먹을 때마다 엄청나게 많은 원자가 지구의 생물권에서 우리 몸으로 들어온다. 역으로, 숨을 내뱉고 땀을 흘리고 배변할 때마다 원자는 다시 생물권으로 돌아가고 결국 다른 사람이나 다른 생명체에게 흘러들어 간다"라고 말했다. 또한 "과학적인 관점에서 우리 몸은 폐쇄적인 자율적 주체라기보다는 개방적인 소산 시스템"이라고 말한다. 우리가 먹는 것이 몸을 이루고, 우리가 배출하는 것이 자연으로 돌아간다는 것을 생각하면 리프킨의 말은 당연한 이치이다. 그래서 과학 칼럼니스트인 샘 킨은 로마의 장군이었던 카이사르의 마지막 숨이 먼 시간을 뛰어넘어 우리 폐 속에서 춤추고 있다고 표현했다. 이런 연구들은 인간이 지구 상의 다른 존재들과 마찬가지로 지구를 이루는 한 부분이라는 것을 알려준다.

지금 인간은 에너지를 사용량이 얼마나 발전했고 살기 좋은지의 기준이 되는 사회에 살고 있다. 1970년대 초 로마클럽의 학자들은 지구가 가진 자원의 한계를 연구한 결과를 발표했다. 내용을 살펴보면 지구에서 인류의 성장은 인구 문제, 자원 등의 문제로 한계가 있으며, 그 과정에서 발생하는 지구온난화, 즉 기후변화로 인류가 위험에 처할 수 있다고 경고했다. 반세기 가까운 시간이 흘렀고, 그 사이 지구는 더 뜨거워졌다. 현시대의 에너지 원천이 되는 화석연료가 만들어낸 온실가스의 비중도 더 올라갔다. 2018년 스웨덴에서 열다섯 살의 그레타 툰베리가 등교를 거부하고 국회 앞으로 가 기후 위기 대응을 촉구하는 1인 시위를 시작했다. 툰베리가 쏘아 올린 청소년 기후 파업이었다. 수많은 청소년이 툰베리와 뜻을 함께했다. 그들은 기후위기 해결을 위한 기성세대의 적극적인 움직임을 촉구했다. 전 세계에서 이에 동조하는 목소리가 커졌다. 변화가 있으나 괄목할 만한 변화는 더뎠고, 일부 과학자는 기후변화가 기후위기를 넘어 이미 되돌릴 수 없는 상태가 되었다고 이야기한다. 2024년 지구의 평균 기온이 1.5℃를 넘겼다.

인간은 오랫동안 우리 자신을 자연과 분리해 왔다. 특히 성경적 사고가 지배적이었던 서구에서 보기에 자연은 여호와가 인간에서 에덴동산을 맡긴 것처럼 인간에게 맡겨진 관리 대상이자 활용해야 할 자원이었다. 문명을 일으킨 인간은 생존 문제를 넘어선

삶의 양식을 구축하기 위해 생물, 무생물을 가리지 않고 자연을 개척하고 활용했다. 그 과정에서 인간은 스스로 올라선 생태 피라미드의 가장 높은 자리에서 지구의 많은 것을 착취하였다. 인간 스스로 위협하는 순간도 있었으나 개선을 통해 극복했고, 위협되지 않는 것에는 무감하게 굴었다. 광물부터 육지와 바다생물들까지 인간의 손아귀를 벗어나는 것은 일간의 발이 닿지 않은 곳이 아니고는 불가능해 보였다.

인간이 비호하는 생명을 제외한 다른 것은 생태계에서 사라지고 있다. 상황이 이러하니 지구와 인간의 불협화음은 당연하다. 다양성이 근간인 자연계의 균형은 인간 중심으로 심각하게 훼손되었다. 무너진 균형은 환경 오염, 기후변화 등의 형태로 나타났다. 그나마 다행인 것은 앞서 이야기했듯이 인간과 지구가 연결되어 있다는 사실이 과학적으로 밝혀지면서, 인간이 지금까지 자연을 대했던 태도를 바꿔야 한다는 것을 깨달았다는 것이다. 지금 인류는 지구에서 살아남기 위한 답을 찾아 나가고 있다.

지금까지 다른 생명들을 위협하며 만든 불협화음의 위기가 이제 우리를 향하고 있다. 인류가 했던 큰 시행착오의 하나가 바로 과도한 화석연료 사용, 산림 벌채 등으로 생태계를 파괴함으로써 기후변화를 불러 일으켰다는 것이다. 얼마나 심각한지 이대로 가다가는 여섯 번째 대멸종을 맞을 것이라고 우려하는 상황이다. 우리의 미래는 어떻게 흘러가게 될까? 얼마의 시간이 걸리든 지구는 결국 균형을 찾아갈 것이다. 그렇다면 지구에 나타난 지 얼마 되지 않은 우리는 어떻게 되는 걸까? 수억 년씩 살다 간 다른 생물만큼은 살아남을 수 있는 걸까? 아니면 플라스틱 지층 한 줄을 남기고 사라지게 될까?

인류가 지구에 나타나 생존하고, 문제를 극복하며 자신을 자연에서 분리해 왔다. 더는 안 된다. 시간이 없다. 진지하게 인류의 생존을 생각한다면 지구의 일원으로 살아가야 한다. 그런 점에서 지구에 나타난 지 얼마 되지 않은 인류가 짧은 시간을 살아오며 겪었던 시행착오의 잘 알려지지 않았던 이야기들을 통해 우리가 무엇을 해야 할지, 어떤 희망을 품을지에 관한 영감을 줄 수 있기를 바란다. 그리고 말하고 싶다. 희망을 버리는 것도 우리 자신이고, 희망을 갖는 것도 우리 자신이라는 것을...